U0050791

元華文創
頂尖文庫 EA004

新世紀公司法研究論叢

楊君仁　著

自序

公司法前輩張肇元(1946 年公司法修正有限公司起草者)曾言，「外人讀我法律，必曰既非甲制，又非乙制。既有甲制之骨骼，又有乙制之皮毛，猶長衣袍掛，西冠革履，事實如此，誠非謬論。然老大古邦一躍而為新興強國，即在其能取人所長捨人之短耳。」壯哉斯言！但問題是，法制能夠隨意嫁接乎？法制能夠盡「取人所長捨人之短」乎？

本人自留學德國，師事 Prof. Dr. iur. Uwe Blaurock，因師門(Prof. Dr. iur. Dr. h.c. mult. Ernst von Caemmerer)一脈向來主導德國比較法學會，學術研究上自然習於法比較(Rechtsvergleichung)，對於法制移植(Legal Transplants)與法制法理(Rechtsdogmatik)不免有更多及深層根本性的思考。尤其是，臺灣公司法制自公司律以降，已經超過百年的發展，早已應該建立嚴謹紮實的公司法制法理，法制的移植繼受應展現在本土同化(Assimilation)的過程，而不應僅停留在法制移植嫁接的表象層級而已。本書收錄的各篇論文，都是本於上述理念與期許所寫，這怎麼說呢？詳下說明：

〈臨時動議減資的法律問題——並檢討現行股東會召集事由的規定〉，雖以減資為題，但實際上其僅為引例楔子，而主要在指出現行股東會召集事由法律規定的邏輯謬誤，並提出法律修正對策上中下三議。因為當公司法第 172 條第 4 項為原則規定時，則第 5 項列舉事由應僅為通例(第 4 項)之子集地位而已，兩者並列原本就顯突兀，邏輯義理不明。而且，更因實務歷來爭訟都聚焦在第 5 項未明定列舉之事由，是否即屬得為臨時動議之事由？如此發展，除了誤解與濫用臨時動議，致使臨時動議反而成為召集法制之任意門，侵蝕股東會召集事由通知公告之法律功能。公司藉由臨時動議以行減資，雖經 2014 年行政院函送立法院審議「公司法部分條文修正草案」，於第 172 條第 5 項增列公司減資及申請停止公開發行，均應於股東會召集通知載明，而不得以臨時動議提出，但因草案未列「優先審議通過之急迫性法案」而無疾而終，新制並未真正施行。何況，即使條文增列減資不得以臨時動議提出，但因規定的邏輯謬誤仍在，法制法理上，召集事由的問題並未根本解決。

〈董事會召集股東會決議瑕疵對股東會決議的效力〉，可謂是公司法重要而且非常複雜的問題。原因在於，公司法對於股東會與董事會雖分別設有召集程序之條文，但卻僅規定股東會違反召集程序決議瑕疵的法律效果，因此，董事會決議瑕疵如何處理，原本已是問題，如果再連動股東會決議的效力，更是疑義叢生。司法實務上，不乏諸多將董事會無效之召集股東會決議的爭訟，質變為股東會違反召集程序之決議瑕疵，提起得撤銷的法律效果，究竟橋是怎麼搭過來的，都亟待法制法理的澄明。雖然，最高法院 106 年台上字第 57 號民事判決，「召集程序違法而無效之董事會決議召集股東會，既有董事會決議之外觀，並據以召集股東會，則尚不得逕認股東會決議不成立或無效。」提供了立場見解，但可惜缺少法理論證，以致仍然餘留諸多前提要件有待釐清。

〈董事會法制變革的問題與對策〉凸顯臺灣股份有限公司董事會兼容雙軌制與單軌制的複雜圖像，不免令人質疑公司法是否有足夠的承載能力？而且，董事會設常務董事(會)，此種「會中有會」的獨特法制，除了混淆公司機關之職權設計，而向來合理化設置理由的董事會成員過大，也完全經不起法實證的研究，因此，如何配合董事會組織變革近來傾向英美單軌制的發展，試為提出對策而有本土化的新貌，以達到法理可通，法制可行的規範運作。

公司法第 193 條第 2 項的規定，「董事會之決議，違反前項(法令章程及股東會之決議)規定，致公司受損害時，參與決議之董事，對於公司負賠償之責；但經表示異議之董事，有紀錄或書面聲明可證者，免其責任。」可謂是董事規避責任的天條。因為董事應對公司負損害賠償責任與否，尚得因其是否出席會議，參與決議時是否反對，與反對是否存有記錄而有不同對待。此種割裂式的責任規定，既未能切合董事會合議制之立意精神，積極激發良善，善盡董事注意與忠實義務，及監督義務等，更是無意間造成董事對立的基模，或是輕職消極的現象，甚至造成誰是責任歸屬主體，法院都仍有諸多疑義，〈臺灣公司法董事責任法制之釐正〉，即為解決上述諸多問題。

〈董監薪酬及適當性的問題與比較德國法之對策〉，涉及如何能有效防制董監肥貓的問題，究竟是依賴組織變革？或者是應藉由司法管制？其實也是法政策上路徑(approach)的選擇。本文除了反對理所當然地認為藉董事會設置薪酬委員會，即可有效處理董監肥貓的問題外，更清楚指出金融監督管理委員會訂定之「股票上市或於證券商營業處所買賣公司薪資報酬委員會設置及行使職權辦法」，規定薪酬委員會僅具有董監薪酬的建議權，然而其作為董事會之功能委員會，反而可能因此造成董事會脫法的風險，產生法律規範失靈的現象。而由 2010 年證券交易法規定設置薪酬委員會至今，媒體不時仍有董監肥貓的報導來看，這樣的懷疑並非無據，因此，主張宜考量德國立法例，引進適當性原則的法律機制，作為管制董監肥貓的對策。

〈有限公司不執行業務股東兼任經理人者之監察權——以請求權基礎評析法院判決〉，初衷乃起於司法信心，關懷裁判品質。因為目前學者評析法院判決常見的行文模式，其文章結構大都以簡介案例事實、法院裁判要旨及作者析論爭議之法制法理與結論作收，但有時為比較介紹外國立法例，反而與系爭案例事實脫勾，甚或不論請求告訴之適法裁判究應如何。故本文藉請求權基礎的嚴謹法律思維，評析法院判決，並提供相對應的比擬裁判以供比較，適時教正法院正確用法之立論理由，並使讀者得藉系爭案例進修法律，以明(法)條義，以見法制，以識法理，期能發揮法學界監督裁判品質的效果。

〈最低資本額及資本不足與債權人保護——德國法的觀點〉與〈公司治理與企業社會責任——德國法的觀點〉兩篇，在時序上已有點久遠，深怕有減分作用，原本不考慮收錄於此書。但對讀者而言，德國法制仍有其比較參考價值，而且內容亦未與其現行法有所衝突，故思揣再三後，仍予編入，特此說明。雖然，臺灣對於最低資本額，向來大都著意「有限公司及股份有限公司最低資本額標準」變動，而自 2009 年公司法修正後，正式廢除公司最低資本總額的規定，學術心力若再耗費於此，似乎已無意義。但反觀德國 2008 年修正有限公司法(MoMiG)，增訂第 5a 條(§ 5a GmbHG)所謂的「企業公司」(Unternehmensgesellschaft)，廢除最低資本額的限制，但並未因此忽視與相關聯的資本不足與債權人保護的問題，德國法制的發展經驗足供參考。

〈公司治理與企業社會責任—德國法的觀點〉涉及公司法近來兩大火紅的議題：公司治理(Corporate Governance)與企業社會責任(Corporate Social Responsibility)。而德國作為大陸法系領頭羊，是公司雙軌制的代表性國家，對照於臺灣在公司治理旗幟下有點簡化傾向單軌制的發展，德國如何堅持傳統法制，與調和公司治理的現代意義，本就充滿比較研究的興味。尤其是，德國股份法曾經規定共同福祉條款(Gemeinwohlklausel)，富含社會主義色彩，則其如何轉化呼應企業社會責任，亦有值得觀摩借鏡之處。

本書承元華文創公司蔡佩玲總經理邀請，將過去幾年已發表的論文集結成冊，除了私心上可免於散落各處，亦方便讀者閱讀，而且將議題相近論文成書，整體上更能呈顯作者為學態度與思路，在此特向蔡總致謝，而讀者若對筆者有所指正，亦歡迎賜教。

臺北 2017/06/05

自 序

臨時動議減資的法律問題

——並檢討現行股東會召集事由的規定

關鍵字：召集程序、通知及公告、召集事由、減資、變更章程、臨時動議、股東會、法律漏洞、撤銷決議之訴、重要性原則

一、前言

過去常有公司利用股東會臨時動議的方式通過減資案[1] [2]，此股歪風亂象經媒體報導後，引發主管機關行政院金融監督管理委員會的重視，隨即於2013 年 1 月 17 日每月固定召開的跨部會委員會，出席部會代表包括央行、財政部與經濟部等，會中指出公司在股東會上以臨時動議提出減資案，實已剝奪小股東的權益，故為強化本國證券市場與投資的穩健管理，已請公司法主管機關經濟部研議修法，把減資列為禁止臨時動議提出之項目[3]。

2014 年 1 月 10 日，行政院以院臺經字第 1030121288 號函送立法院審議

---

[1] 本文所指公司，除非有特別指明公司種類者，不然皆指「股份有限公司」。

[2] 如 2004 年倫飛，2009 年旺旺保、農林，2011 年太設，以及今年(2012)威盛、旺旺保、台苯、眾星及鴻松等，相關報導請參閱《自由時報》2012 年 7 月 2 日，記者陳永吉，〈大股東臨動突襲減資 坑殺小股民〉，http://www.libertytimes.com.tw/2012/new/jun/18/today-e5.htm;〈股東會亂象 主管機關凍袂條〉， http://www.libertytimes.com.tw/2012/new/jul/2/today-e10.htm，最後瀏覽日：2012/07/02。

[3] 相關報導請參閱《自由時報》2014 年 2 月 22 日，記者王孟倫，〈股東會臨時動議 將禁提減資案〉，http://www.libertytimes.com.tw/2013/new/jan/18/today-e12.htm，最後瀏覽日：2014/02/22。

「公司法部分條文修正草案」[4]，草案中修正條文第 172 條，於該條第 5 項增列公司減資及申請停止公開發行，均應於股東會召集通知載明，而不得以臨時動議提出，以保障股東權益。只是，草案送審至今已過相當時日，而且亦未列「行政院亟需立法院在第 8 屆第 6 會期優先審議通過之急迫性法案」[5]，顯見新制欲真正施行，前途仍不免漫漫長路。而且，雖然近來公司因主管機關公開宣示立場後，已少見臨時動議減資案，但是，即便歪風亂象似乎有受壓抑，原先公司法制所存在之問題，依然有待澄明修補。

再者，公司法第 172 條第 5 項規定，選任或解任董事、監察人、變更章程、公司解散、合併、分割或第 185 條第 1 項各款之事項，應在召集事由中列舉，不得以臨時動議提出。其立法目的應在於保障股東權益，俾使股東能夠事先知悉股東會所議究竟何事，預作準備以參加股東會行使表決權，故特別就其事屬重大而要求列舉載明，因此，公司如違反此規定者，通說認為構成公司法第 189 條之股東會決議撤銷事由[6]。問題是，就股東權而言，上述立法目的同樣適用於公司法第 172 條第 4 項之通例規定,「通知及公告應載明召集事由」，應該並不因召集事由係屬重大與否而有另外特別規定之必要。

故據上可知，第 172 條第 5 項應在召集事由中列舉之規定，原本就不得以臨時動議提出，而依第 172 條第 4 項應於股東會之通知及公告中載明召集

---

[4] http://www.ey.gov.tw/News_Content5.aspx?n=875F36DB32CAF3D8&sms=7BD79FE30FDFBEE5&s=3C7155C021035D54，最後瀏覽日：2014/09/29。

[5] 相關急迫性法案列表，請參 http://www.ey.gov.tw/cp.aspx?n=6FEC4AC6C3BF0A3E，最後瀏覽日：2014/09/29。

[6] 劉連煜(以代詳舉)，《現代公司法》，臺北：新學林，2007 年 2 月，頁 279。又如經濟部 61 年 6 月 30 日商字第一七八九七號函釋，「查公司改選董事監察人係屬重大事項，是以公司法第一百七十二條第四項但書特予規定，應在股東常會或臨時股東會之召集事由中列舉，不得以臨時動議提出，旨在保障股東權益，至於董事監察人在任期中因故出缺，就其缺額予以補選，其與改選之性質相同，仍有上述規定之適用。」即在強調其事項重大性，故董監於任期中因故出缺，就其缺額補選，實無異於(改)選任董監，應於召集事由中列舉，不得以臨時動議提出，違者即構成公司法第 189 條之股東會決議撤銷事由。

事由即可。因此，法條如此規定，是否顯現第 172 條第 5 項之規定，反而有滋生同義重覆贅詞(Tautologie)之嫌，因為同樣股東會之召集通知及公告，如違反公司法第 172 條第 4 項規定，並未載明召集事由者，則違反此規定之股東會決議，依法亦應構成公司法第 189 條撤銷之事由。

因此，當吾人比較上述公司法第 172 條第 4、5 項規定時，不免疑惑與饒富興味。首先，何以條文規定如此，概如將第 5 項視為例示規定，則原則與例示並列之作法，或許可說明立法目的，乃在揭示例示事由因係屬重大事項[7]，故而特別強調其公開透明之規範密度，然而目前學說、主管機關及法院公司實務看法卻非如此，而是都將第 5 項視為列舉規定，以其有無列舉作為用法之依據。但是，若將原則與列舉同條並列，除與原則 - 例外(principle-exception)之常例不同外，亦難建立其有不同於第 4 項「應載明召集事由」之說法，不免有法律規範內在邏輯之矛盾。而且，假使列舉事由乃因其係屬重大事項，事前「載明事由」自較現場「臨時動議」來得慎重，對待自應輕重有別，但公司法對於違反此不同規定者，卻都同樣課以得撤銷股東會決議之法律效果，完全混亂舉重以明輕(Argumentum a maiori ad minus)或舉輕以明重(Argumentum a minori ad maius)之解釋論理[8]。

還有，如果視載明召集事由為股東會通知及公告之常理，則臨時動議自屬例外規定，但是，當並列比較第 4、5 項法條規定時，似乎臨時動議之例外規定，反而成為召集法制之常例，因為第 5 項規定之選任或解任董事、監察人、變更章程、公司解散、合併、分割或第 185 條第 1 項各款之事項等，應在召集事由中列舉，不得以臨時動議提出。問題是，此種臨時動議(原則)——

---

[7] 試舉現行公司法第 172 條第 5 項於民國九十年修正時之立法理由為證，「按公司為分割或第 185 條第 1 項各款重要事項召集股東會，事涉股東、債權人權益甚鉅，爰修正現行條文第四項，增訂分割或第 185 條之事項亦應在召集事由中列舉，不得以臨時動議提出，並酌作文字修正，移列為第 5 項。」見《公司法修訂資料彙編》，五南圖書出版公司印行， 2001 年 11 月，頁 124。

[8] 相關闡論請參閱王澤鑑，〈舉重明輕、衡平原則與類推適用〉，載於氏著：《民法學說與判例研究》，第八冊，著者自版，1996 年 10 月，頁 1-98；Karl Larenz, Methodenlehre der Rechtswissenschaft, 6. Auflage, S. 389 (1991)。

列舉載明(例外)的看法，應該不合公司法制法理，所以，第 5 項列舉載明召集事由，仍然必須維持其原則常例的性質，只是當其與第 4 項(更是原則)並列條文規定時，唯有將第 5 項解釋為僅具再次強調宣示意義而已，始有解第 5 項所列舉事由，實屬第 4 項規定子集之邏輯關係，但如此處理方式，卻應非立法者之本意。總而言之，可見公司法第 172 條第 4、5 項規定，實在存有相當問題，並非如其 46 年來外表那樣相安無事，是以，應從通知公告載明召集事由之整體公司法制，根本予以檢討闡明。

二、減資為變更章程事項者，當然不得以臨時動議提出

公司資本額是公司章程法定必要記載事項，資本雖有定數，但因臺灣公司法於民國五十五(1966)年修正時，即取法英美授權資本法制(authorized capital)，公司股份得以分次發行(公 130, 156Ⅱ, 278Ⅱ)，因此，公司實收資本未必即是公司章程所定資本總額[9]，致使減資應分為涉及章程變更與不變更章程兩種。下文(「(一)」～「(四)」)部分主要論述涉及變更章程之減資，至於，涉及公司實收資本不變更章程之減資，則於(「(五)」)參酌行政院「公司法部分條文修正草案」(2014 年)以為說明。

---

[9] 即此授權資本制，實與德國法制完全不同，依德國股份法規定(§§ 202～206 AktG)，所謂授權增資(genehmigtes Kapital)乃是經由章程載明或股東會決議，授權董事會在公司資本(Grundkapital)之外，一定額度內(最多為公司資本之 50%)增資發行新股，授權期限最長 5 年。而此處之公司資本必須於章程確定，股東實際全數繳足(實收資本就是公司章程所定資本總額)，公司持續維持不變，除非經股東會變更章程嚴格表決程序之增、減資決議通過始可，如此法制即是德國所謂的資本三原則。臺灣公司法既於民國五十五(1966)年修正規定，公司股份得以分次發行(公 130, 156Ⅱ, 278Ⅱ)，其實就已脫離大陸法系德國資本三原則之嚴格思維，至於，其後並授權由董事會隨時決議發行新股(公 266Ⅱ)，如此資本雖有定數，但實際上可能只為空骸虛架而已，並無德國法確定繳足維持之實。方嘉麟(以代詳舉)，論資本三原則理論體系之內在矛盾，《政大法學評論》，第 59 期，1998 年 6 月，頁 155-226。

(一)資本總額是公司章程法定必要記載事項

資本總額是公司章程法定必要記載事項，公司法對不同種類公司都設有明文規範(公 41I、116、101I)，而股份有限公司之資本，乃以每股金額乘以股份總數所構成，對此公司法第 129 條雖僅於發起設立股份有限公司，明文規定應訂定公司章程，載明：一、公司名稱。二、所營事業。三、股份總數及每股金額。四、本公司所在地。五、董事及監察人之人數及任期。六、訂立章程之年、月、日。但如此規定應無礙於資本總額作為股份有限公司章程應記載事項，故據此可知，股份有限公司如需變更公司資本即屬變更章程事項，應經股東會決議(公 277I)始可。

變更公司資本，既然必須經股東會之決議始可，自然應載明於股東會之召集事由，當然不得以臨時動議提出。所以，公司若單純欲以公司法並未列舉禁止臨時動議減資案為據，主張利用臨時動議通過減資案，除屬誤解法律強詞之辯外，在現行公司法制上並不可行。但是，主管機關經濟部對此卻持相反之見解，曾經函釋得以臨時動議提出減資議案[10]，「按公司法第第 168 條第 1 項前段規定：『公司非依股東會決議減少資本，不得銷除其股份；減少資本，應依股東所持股份比例減少之』；同法第 172 條第 5 項規定：『選任或解任董事、監察人、變更章程、公司解散、合併、分割或第 185 條第 1 項各款之事項，應在召集事由中列舉，不得以臨時動議提出』（本部 92 年 2 月 6 日經商字第 0920205640 號函釋影本併請參照）。是以，除其他法令有特別規定外，非屬上開規定事項，股東得於股東會議以臨時動議提出減資議案，而由股東會以普通決議行之。」

至於，主張臨時動議決議減資之真正潛在原因[11]，有時在於公司實務作業不及的取巧之行，或者是將減資案列入召集事由議程中，恐有損及公司形

---

[10] 經濟部 98 年 4 月 21 日經商字第 09802047330 號函。

[11] 《自由時報》http://www.libertytimes.com.tw/2012/new/jun/18/today-e5.htm; http://www.libertytimes.com.tw/2012/new/jul/2/today-e10.htm，同前註(2)，最後瀏覽日：2012/07/02。

象，或者因此有礙委託書之徵求，影響股東會出席股數之計算，甚至招引來職業股東與小股東到現場抗議，主管機關及投保中心的關切等等，無形中增加減資案通過的難度，則更屬謬論，完全不可採。

(二)召集事由僅載明變更章程，並不足以明示減資事由

公司資本既為公司章程應記載事項，則其變更無論增資或減資，均屬變更章程字義(Wortsinn)所及事項，因此，如果召集事由僅載明「變更章程」，那純就現行公司法條文以觀，解釋適用上應可包含減資事項，其實並無疑慮。問題是，公司章程內容多端，是否可「以一代全」，只要是屬於章程內容記載事項有所變更者，全都可以「變更章程」之召集事由代之？如此則以公司章程內容多端，「變更章程」可以概括一切，是否亦為法條法制所寄意者，確實值得深究。

因為減資案可以變更章程為之，增資案自亦可以變更章程代之，所以，如召集事由僅載明「變更章程」時，究竟股東會是為減資或是增資之決議，不免出現疑義，顯然召集事由僅載明變更章程，並不足以明示減資事由，完全不合乎通知及公告召集事由之立法目的。試更舉歸類食品的上市公司統一企業為例[12]，假設其欲經營機械設備製造業，增刪經營業務可僅以「變更章程」之召集事由代之；增設分公司或工廠，自得以「變更章程」為之；股票遺失與補發程序有所修正，得以「變更章程」為之；董事及監察人報酬授權董事會議定，亦得僅以「變更章程」之召集事由為之；其他於董監或審計委員會、經理人顧問或會計事項之變更，亦得僅以「變更章程」之召集事由為之，例如公司設董事人數改為十三人，得以「變更章程」為之；修正公司解散之事由；……。由以上可再繼續延伸的例證，雖然純就現行公司法條文以觀，文義解釋上以「變更章程」為召集事由，應可總括所有凡屬章程記載內

[12] 此乃以統一企業股份有限公司101年6月22日修正之公司章程版本為例，未必合乎該公司現制，應予說明，請參www.uni-president.com.tw/invest/101公司章程.doc，最後瀏覽日：2014/05/04。

容之變更者，適用上應不違反現行公司法，但卻明顯無法達成通知公告載明召集事由之立法目的，由此可見如此解釋適用之荒謬，而宜從載明召集事由之法制法理予以檢討闡述。

1. 載明召集事由目的在使股東事先知悉將議何事

公司法第 172 條規定股東會之召集程序，要求公司在召開股東會前之法定期間內，載明召集事由通知各股東及公告，其目的即在於使股東事先知悉股東會將議何事，以便有所準備，屆時與會議事，行使股東權[13]。所以，為期股東出席與會能有意義地行使，要求公司慎重召集，法條清楚表明必須以文書書面方式，載明召集事由通知各股東，此原則雖於 2005 年公司法修正時，增訂「其通知經相對人同意者，得以電子方式為之」[14]，但無損於事先通知股東，使其知悉將議何事之立法目的。故據此可知，載明召集事由既涉股東知的權利，並且攸關股東權之行否，故其召集程序之規定，應具有強制規定之性質[15]，因此，股東會違反載明召集事由所為之決議，應視為是召集程序之瑕疵，而有依公司法第 189 條得提起撤銷決議之訴(民 71)[16]。

對此，德國立法例應可提供比較借鏡，其股份法(Aktiengesetz, AktG)第

---

[13] 最高法院 86 年度台上字第 1188 號判決，「旨在防止公司隱匿重要事項，避免股東在毫無預警、準備之情況下，為人所操縱，致損及公司與股東權益，倘公司於股東常會召集事由及公告中，載明討論變更章程事項，因各股東對公司章程修正案之提出及討論，事先有所預知並得先為充分準備，公司實無庸再於召集事由中列明章程修正議案之詳細內容或敘明如何修改何條款，以避免洩漏公司業務之機密，侵害公司股東大會之職權。」可資參照。

[14] 據此，則前經濟部 86 年 10 月 20 日商字第 86032115 號函釋，「是以股東會之召集通知，以電話聯絡之方式為之者，尚與上開之規定(通知)不合。」已與現行公司法不合，應不再適用。至於國外立法例，德國股份法規定通知應以掛號信件(mit eingeschriebenem Brief)為之，除非章程另有規定者(§ 121 Abs. 4 S. 2 AktG)。

[15] 「國內學者亦明白表示此立場者」，施智謀，《公司法》，著者自版，1991 年 7 月，頁 144；「因為關於股東會召集的種種事項都是強制規定，縱係落於形式一途，就法言法，也不能有例外的。」陳顧遠，《商事法》(中冊)，臺北：復興書局，1968 年 8 月，頁 323。

[16] 最高法院年 77 年台上字第 602 號判決，「倘上訴人所稱通知書並無議程等附件確為實在，似難謂股東會之召集程序無違法，上訴人不得訴請撤銷該股東會決議。」可供參照。

124 條第 4 項規定，議程(Tagesordnung)所列事由未經合法公告(與寄發股東, § 121 Abs. 3 S. 2 AktG)者，不應該作成決議。因議程乃在載明股東會上所欲處理事由之內容與順序，雖無需將提案文字內容詳盡公告，通常以關鍵字(Stichworte)表明即可，但仍必須股東得以清楚充分知悉待議之事為何，待決之議為何始可，所以，假如是單純指明章程事由者，並非法所容許[17]。換句話說，議案之載明內容必須具體到股東或其代理人無庸再回問(Rückfrage)，即得理解股東會「待議何事？待決何議？」的程度。至於，違反此規定者，其決議得依同法第 243 條第 1 項「股東會之決議，因違反法律與章程者，得提起訴訟撤銷之。」除非是，此召集程序之瑕疵，因存在股東全員到齊(Vollversammlung)，且對程序瑕疵並未表達異議(§ 121 Abs. 6 AktG)之例外規定而補正[18]。

事實上，德國股份法對召集股東會，載明事項之通知與公告，有更嚴格無效之規定者。例如公司未於召開股東會前至少 30 日前，載明公司商號、所在地與股東會開會時間與地點，通知各股東及公告召集者(§§ 121 Abs. 3, 4, 123 Abs. 1 AktG)，則依股份法第 241 條第 1 款之規定，股東會之決議無效。但是，此無效規定亦有補正可能，亦即例外於股東全員到齊且無人提出異議之情形者，即使召集程序違反整個股東會召集節次之規定(§§ 121~128 AktG)，其所為股東會決議仍然有效，既非無效，亦不得撤銷[19]。

綜觀以上德國股份法立法例，視違反召集程序之不同，股東會之決議得撤銷或無效，卻都可因全員到齊條款而完全補正，在在都具體展現載明召集

---

17 Barz in Großkomm. AktG, Berlin: De Gruyter, Anmerkung 2 zu § 124 (1973).

18 此種因全員到齊而補正之立法例，前輩學者早已援引德國法制以為說明，「蓋在此情形，決議為公司之所謂『普遍的股東會議』(Universalversammlung)所作成，無股東因不知股東會之召開未克出席而受損也。」劉甲一，《公司法新論》，臺北：五南圖書，1971 年 9 月，頁 201。詳細介紹請參閱楊君仁，〈董事會召集股東會決議瑕疵對股東會決議的效力〉，載於《法學的實踐與創新：陳猷龍教授六秩華誕祝壽論文集》(上冊)，2013 年 7 月，頁 497。

19 Hüffer in Münchener Kommentar zum Aktiengesetz, Band 7, 2. Auflage, Rn. 35 zu § 241 (2001); Schwab in K. Schmidt/Lutter (Hrsg.), AktG, § 241 Rz. 12 (2008)。

事由之法目的，乃在使股東事先知悉將議何事，以保障其股東權益，而且，即使是事前召集程序有所不備，但如現場股東會全體股東親臨，至此始知悉議程將待議何事，且未提出召集程序瑕疵之異議者，股東事後即不得再以召集程序之瑕疵，而質疑股東會之決議。

2. 召集事由之載明應以明確具體為尚

公司召集股東會，是公司法制與公司實務非常重要的議題，股東會之議事流程，最先起於股東會之召集通知，而後始有集會議事討論與決議，但我公司法雖有召集程序之規定，惟對於載明召集事由之格式內容應該如何，並無詳細明文規定，主管機關亦未訂明格式要項以供參閱，而且學者對此亦乏著墨[20]，所以目前公司召集通知運作如何，僅可說是約定俗成，仰賴公司實務相互參酌模仿，通常將開會通知書以摺頁方式寄發股東，記載會議主要內容：(一)報告事項：……；(二)承認事項：……；(三)討論暨選舉事項：……；(四)其他議案及臨時動議明。

因此，在公司約定俗成寄發股東會開會通知書實務運作下，如何載明召集事由之內容，就應從載明召集事由之立法目的以為評斷。據此而論，則最高法院所主見解，「被上訴人公司之董事會通知召開股東臨時會已載明召集事由為『討論修改章程、改選董監事及其他董事會所提議案』，上訴人謂：召開股東臨時會之通知，未詳載擬討論修改章程之何一條項為不合法云云。惟查公司法第一百七十二條第四項之規定意旨，無非謂：以變更章程為召集事由者，應於召集通知之召集事由中列舉，未載明者，不得以臨時動議提出之意，

---

[20] 從實務取向教戰手冊到學者專著教科書都未見格式例示者，巫鑫，《如何規劃及召開股東會》，2005年5月，頁57；鄭玉波，《公司法》，1980年9月，頁123；林咏榮，《商事法新詮》(上)，1985年3月，頁285；梁宇賢，《公司法論》，1986年7月，頁354；楊健華，《公司法要論》，1986年1月，頁94；劉清波，《商事法》，1988年10月，頁97；施智謀，前揭書，頁145；武憶舟，《公司法論》，1992年9月，頁323；王泰銓，《公司法新論》，1998年1月，頁304；賴源河，《實用商事法精義》(修訂新版)，1998年10月，頁133；柯芳枝，《公司法論》，1999年10，頁253月；廖大穎，《公司法原論》，2002年2月，頁173；王文宇，《公司法論》，2003年10月，頁301；劉連煜，前揭書，頁279。

非謂應將擬修正之章程條項詳列，上訴人執此指摘召集程序違法，自非可取。[21]」究之於載明召集事由之立法目的，事實上依法並不可採，因為未指明討論修改章程何條項，無法使股東藉股東臨時會之召集事由通知，即可事先知悉所議何事，實際上其通知效果，等同於無通知，斯有違載明召集事由之目的[22]，應視為是違反召集程序，而有公司法第 189 條之適用。

所以，為實體現股東會召集程序規定之立法目的，在使股東事先知曉相關事由議案，能有足夠時間準備參加股東會，並有以拘束業務執行機關不能胡亂變動議案，以便屆期出席議決行使股東權[23]。所以，召集事由中如遇變更章程者，雖然無需詳列其擬修正章程條項內容或新舊對照表[24]，但仍應列舉載明諸如「減資變更章程案」或「減資案」、「增資變更章程案」或「增資案」、「所營事業變更章程案」或「變更所營事業」、「修改董(監)人數案」、「修正本公司取得或處分資產處理程序部分條文案」、「本公司辦理現金增資發行普通股擬採公開申購或詢價圈購方式」為宜，而如此簡潔清楚關鍵詞式(schlagwortig)的文字表達方式，除了不會增加股東會召集事由印(編)製之繁瑣冗長外，亦可以使股東清楚知悉變更章程究竟所議何事，更可防止公司投機取巧，藉此隱匿重大議決事項，致使外圍(少數)股東毫無所悉，反而難忍情緒據法提起召集程序違法，撤銷瑕疵決議之訴，增加後來法律爭訟資源浪費與紛擾。

(三)將減資解為不在禁止臨時動議之列，實屬誤解法理

所謂臨時動議，乃指未載明於議程預定討論之事項，而於會議現場所提

---

[21] 最高法院 72 年台上字第 113 號判決。

[22] 持相同立場者，劉連煜，前揭書，頁 279；曾宛如，〈股東會與公司治理〉，《臺大法學論叢》，第 39 卷第 3 期，2010 年 9 月，頁 132。

[23] Günter Henn, Handbuch des Aktienrechts, 4. Auflage, S. 328 (1991).

[24] 德國股份法(Aktiengesetz, AktG)第 124 條規定，議程事項涉及變更章程者，應公告擬變更之建議文字；涉及契約簽定者(如我公司法第 185 條第 1 項之各款事項)，應公告契約之重要內容；涉及監事或檢查人選舉者，應附具其職業與住所資料之建議名單，其規定實較我現行法嚴謹。

出之新事件，經附議成立宣付討論及表決之議案[25]。據此可知，臨時動議仍然可以作成決議，只是因其得於會議現場隨時提出，不免有侵損股東權(除非是全員到齊之例外)，因此，其所能提出臨時動議之事項，應以事務性或是未來者為限，如來年股東會應移更妥適場地某處，或是公司應修改章程某某以應競爭挑戰，而不應及於事關公司股東權益之事項，而於當次會議即藉臨時動議以作成決議。

所以，如股東於股東常會中提議另行擇期召開股東臨時會改選董監事，案經附議成立宣付討論及表決通過者，其為合法之臨時動議決議，應無疑義，並可以之作為後續召開股東臨時會，啟動召集程序載明召集事由「改選董監事」之依據[26]。而最高法院 62 年台上字第 2674 號判例所言，「股東常會召集之通知及公告，應載明召集事由，此項召集事由得列臨時動議，公司法第一百七十二條第三、四項定有明文。本件被上訴人公司召集股東常會之通知上所載『其他有關提案等事項』，依其文義，當然包括臨時動議在內。」亦可說明何謂臨時動議之例證。

臨時動議相較於召集事由，既不在會議前已明確預定討論事項之列，而是屬於會議現場臨時所提出之議案，惟有等到提案時始知究竟何事，其討論表決應屬例外之舉，而且應不適用於影響股東權益重大之事項，應不言可喻。對此，公司法第 172 條第 5 項規定，選任或解任董事、監察人、變更章程、公司解散、合併、分割或第 185 條第 1 項各款之事項，應在召集事由中列舉，不得以臨時動議提出。除此之外，公開發行股票之公司，證券交易法於第 26

---

[25] 請參閱中華民國 54 年 7 月 20 日內民字第 178628 號公布施行之會議規範。當然，此會議規範擬定目的，在「以輔導社會民眾於舉行會議時有資遵循之運作方式，僅為一種『規範』，人民團體須經以章程或決議採用，始得作為該團體議事程序法源之一。是以，公司既已自訂股東會議事規則，自當優先適用，應無牽涉與本部訂頒之『會議規範』產生適用順序之疑義。」請參內政部 84 年 9 月 20 日台(84)內民字第 8406264 號函釋。

[26] 經濟部 83 年 6 月 6 日商字第 210083 號函釋，「按公司法第一七二條第四項係規定關於改選董事、監察人、變更章程或公司解散或合併之事項，應在召集事由中列舉，不得以臨時動議提出。至股東於股東常會中建議另行擇期召開股東臨時會改選董事、監察人，尚不違反前開規定。惟公司如依其建議召開股東臨時會，其召集程序仍應受前開條文之規範。」

條之1另增設特別之規定，亦即關於公司法第209條第1項董事競業之許可、第240條第1項紅利發行新股及第241條第1項公積撥充資本之決議事項，應在召集事由中列舉並說明其主要內容，不得以臨時動議提出。

再者，證券交易法第43條之6規定，公開發行股票之公司，進行有價證券之私募者，因其乃向特定人為招募有價證券之行為，使企業籌募資金方式更具有彈性[27]，而無庸再準備公開說明書等文件，履行公開募集有價證券之繁瑣程序，但是，如此卻有損股東之優先認股權，造成其股東權益遭受稀釋，故應經有代表已發行股份總數過半數股東之出席，出席股東表決權三分之二以上之同意始可。所以，公司有私募之行者，即應於股東會召集事由中列舉載明，並說明：一、價格訂定之依據及合理性；二、特定人選擇之方式。其已洽定應募人者，並說明應募人與公司之關係；三、辦理私募之必要理由等事項，而不得以臨時動議提出。究其立法目的，當然在於私募影響股東權益甚鉅，應使股東事先知曉相關議案原由，能有時間準備參加股東會，並決意屆期出席或委託他人行使表決權，不能任由業務執行機關胡亂變動議案，以臨時動議提出[28]。

故當公司法與證券交易法就此等公司重大事項，採正面表列方式，列舉應在召集事由中載明，而不得以臨時動議提出者，則依拉丁法諺，「省略規定之事項，應為有意省略」(Casus oimssus pro omisso habendus est)，或者「明示其一，排除其他」(Expressio unius est exclusio alterius)[29]，減資既屬改變公司資本總額之變更章程事項，事實上已為「變更章程」所涵蓋，應依公司法第172條第5項之規定，必須在召集事由中列舉，而不得以臨時動議提出。因此，當減資既在禁止以臨時動議提出之列，其相對性措施之增資案，自亦不

[27] 請參閱行政院90年10月17日證券交易法部分條文修正草案總說明。

[28] 賴英照，《最新證券交易法解析》，2009年10月，頁79；曾宛如，《證券交易法原理》，2005年3月，頁73；廖大穎，《證券交易法導論》，2005年5月，頁125；劉連煜，《新證券交易法實例研習》，2004年9月，頁71。

[29] 中文譯文引自鄭玉波，《法諺》(一)，1986年，頁22、24。

得以臨時動議提出，而應於召集事由中載明始可，此見解亦可以最高法院下述判決為證。

最高法院 75 年台上字第 593 號判決，「而公司減少資本與增加資本，係不同之兩事。前述增資案之修正案中，所稱之『應先辦減資』，苟其僅為限制增資所附之條件，而不同時為實行減資之決議，固不失為原增資案之修正。但若係併指實行減資而言，且同時提出實行減資之表決，則此實行減資表決之提出，似無異為另一議案，是其是否不得視為臨時動議，自非無疑問。如其然，而此在召集通知及公告之召集事由又未經列舉，其予以提出，既難認與同法第一百七十二條第四項但書之規定不相違背，倘其為決議，即不能謂其決議方法猶無違反法令。」

所以，如果大股東敢於利用臨時動議作出減資決定的主要論據，竟僅以條文未明示「減資」兩字，因而第 172 條第 5 項應列舉之召集事由，實僅限於選任或解任董事、監察人、變更章程、公司解散、合併、分割或第 185 條第 1 項各款之事項而已，即可主張排除列舉之適用，得以臨時動議提出減資，並無違法之可能者，除了明顯誤解法條之文義外，亦屬對於前述兩則拉丁法諺之誤用，其實並不可採。

(四) 減資為應載明之召集事由，並不存在法律漏洞

Meier-Hayoz 在瑞士民法伯恩注釋書中，開門見山表明已成經典著名引言，「法規(典)充滿著漏洞[30]」，時至今日，「法律必然存在漏洞」已為共識，從而涉及法官造法法律續造的重要課題[31]。而所謂法律漏洞(Gesetzeslücke)，

[30] Arthur Meier-Hayoz in: Berner Kommentar zum schweizerischen Zivilgesetzbuch, Einleitungsband: Art. 1 ~ 10 ZGB, Bern, N 311 zu Art. 1 (1962).

[31] 請參閱德國法學方法論經典著作 Karl Larenz, Methodenlehre der Rechtswissenschaft, 6. Auflage, Kapitel 5 (Methoden richterlicher Rechtsfortbildung), S. 366ff. (1991); 陳愛娥(中譯),《法學方法論》,臺北：五南，1999 年，頁 277 以下。

依德國法家家 Karl Larenz 所言，就是法律有違計畫的不完整[32]，亦即法律對於某一事項，具有規範意圖(Regelungsabsicht)，所欲追求的立法目的，然依現行法律秩序之規範計畫(Regelungsplan)，應該對其設有規定，但卻由於立法者顯未預見，或者環境情況變更，以致實際卻未設有規定者而言。或者如 Canaris 所稱，(法律)漏洞乃是以整體有效之法秩序為評斷標準，於實證法內違反計畫之不完整之謂，意即當法律在其字義(Wortsinn)可能的界限內，與習慣法都不存在規範，但整體法秩序應要求有此規範時，即出現(法律)漏洞[33]。

問題是，公司法第 172 條第 5 項未明文減資應載明於召集事由中時，是否即出現規範不足而存在漏洞？按公司法設有召集程序，規定應載明召集事由，並於一定期間前通知或公告者，目的即在使股東事先知曉相關議案事由，能有足夠時間準備參加股東會，以便屆期出席議決行使股東權。此規範意圖於民國 55 年修正公司法，首度增設第 172 條第 4 項召集事由得列臨時動議時，同項但書中明文規定，「關於改選董事監察人，變更章程或公司解散或合併之事項，應在事由中列舉，不得以臨時動議提出」，即已清楚揭櫫公司重大事項，不得以臨時動議提出之立法目的。

而且，亦如前所述，減資既屬改變公司資本總額之變更章程事項，事實上已為「變更章程」所涵蓋對象，乃屬「變更章程」字義理解所及的範圍，根本不可能出現法律並無規範的情況。所以，公司法第 172 條第 5 項之規定，即使條文中沒有「減資」兩字，但都不存在法律漏洞，減資仍屬應載明之召集事由，應於通知與公告中列舉，而不得以臨時動議提出。

(五) 授權資本制實收資本減資之規定

現行公司法因採授權資本法制，公司股份得以分次發行(公 130, 156Ⅱ,

---

[32] “Eine Gesetzeslücke ist eine planwidrige Unvollständigkeit des Gesetzes.”此語其實最早出自 Hans Elze, Lücken im Gesetz, München und Leipzig, S. 3ff. (1916),請參閱 Karl Larenz, Methodenlehre der Rechtswissenschaft, 6. Auflage, S. 373 (1991).

[33] Claus-Wilhelm Canaris, Die Feststellung von Lücken im Gesetz, 2. Auflage, S. 39 (1983).

278 II)，公司實收資本未必全數繳足公司章程所定資本總額，是以減資亦有不涉及章程變更者，臺灣公司實務上之減資大多屬此。只是，此類減資案，雖然不涉及變更公司章程，而僅屬變更登記事項，但因鑒於其減資仍影響股東權益至鉅，自不能僅以第 172 條第 5 項未列舉規定，即容許其得以臨時動議提出，始符合通知與公告載明召集事由之立法目的，有以保障股東權。

但是，當吾人仍拘泥於第 5 項列舉載明規定，而忽略同條第 4 項之原則規定時，即有可能導致(如下參所論述)以臨時動議為原則，例外列舉載明規定(第 5 項)之法制風險，因為脫法者可以堅持，減資既不在第 5 項列舉載明事由之內，當然無庸載明於通知與公告事由之中，自得以臨時動議提出，而且，只要臨時動議經決議過半數同意通過者，即具合法效力。至此，減資案可以，則增資案、董監薪酬案自亦可行，任何只要非屬第 5 項列舉事由者，即使嚴重損及公司股東權益，都得以臨時動議提出，反而任由毀法者肆行，應非我國通知與公告載明召集事由法制之福，而宜從第 172 條第 4 項與第 5 項作根本性的釐清。

2014 年，行政院函送立法院審議之「公司法部分條文修正草案」，已見以臨時動議提出減資案之不當，影響股東權益至鉅，因此修正公司法條文第 172 條，第 5 項增列公司減資(及申請停止公開發行)事由，規定應於股東會召集通知列舉，而不得以臨時動議提出，以保障股東權益[34]。

另外，增資雖非本文論述之重點，但因增資與減資同樣都觸及公司資本結構措施(Strukturmaßnahme)[35]，增、減資兩者間具有相對性的關係，依理自應採用相同之規範設計，故當減資不得以臨時動議提出，增資自亦不得以臨時動議提出，而應於召集事由中載明。至於，增資有實質增資及形式(名義)增資之別：實質增資(effective Kapitalerhöhung)，乃是將章程所定資本總額提高，以解決公司資金需求的問題，而股東於認購新增股份後，即負有繳足股款

34 公司法部分條文修正草案總說明，同前註(4)。

35 Jan Wilhelm, Kapitalgesellschaftsrecht, 3. Auflage, Rn. 591 (2009).

的義務；至於形式增資(nominelle Kapitalerhöhung)則是將公積轉增資發行新股，依股東原持股比例配發新股，股東無需再繳納股款，此時增資後之股東持股狀況，亦僅實際反映公司現有財產價值而已。無論是增資或減資，原則上都應經股東會決議始可，但因我公司法授權資本制下，公司資本之變動，增資方面設有特別之規定，未必都需經股東會程序，是有不同於減資者，故附及論述之。

增資必須發行新股，但公司法對於發行新股之基礎，設有不同之態樣，公司法第 266 條第 1 項規定，「公司依第 156 條第 2 項分次發行新股，或依第 278 條第 2 項發行增資後之新股，均依本節之規定。」據此可知，公司法規定發行新股之情況有二：一是公司章程所載股份總數下得分次發行之股份；另一則是於章程所載股份總數悉數發行後，因增資變更章程所增加應發行新股之股份總數，此股份總數亦當然得分次發行。

因此，除非是公司法第 278 條第 1 項所指情況，亦即已將章程所定之股份總數全數發行後之增加資本，此時由於事涉股份總數異動之變更章程事項，依公司法第 277 條第 1 項之規定，應經股東會之決議始可，則此時增資召集程序即與減資之決議相同，必須於召集事由中載明，而不得以臨時動議提出。但是，如果發行新股為公司法第 156 條第 2 項公司之股份總數得分次發行者，或是第 278 條第 2 項增資後股份總數之分次發行者，均屬授權資本制所及對象，由董事會以董事三分之二以上之出席，及出席董事過半數同意之決議行之即可，而無需再經股東會之決議，此時當然並無召集事由載明，或臨時動議與否之問題。

三、公司法第 172 條第 5 項規定法制之檢討

本節次之論述，因涉及整體股東會通知及公告召集事由法制，故先予圖示，或許更能清楚隨後論點之說明。

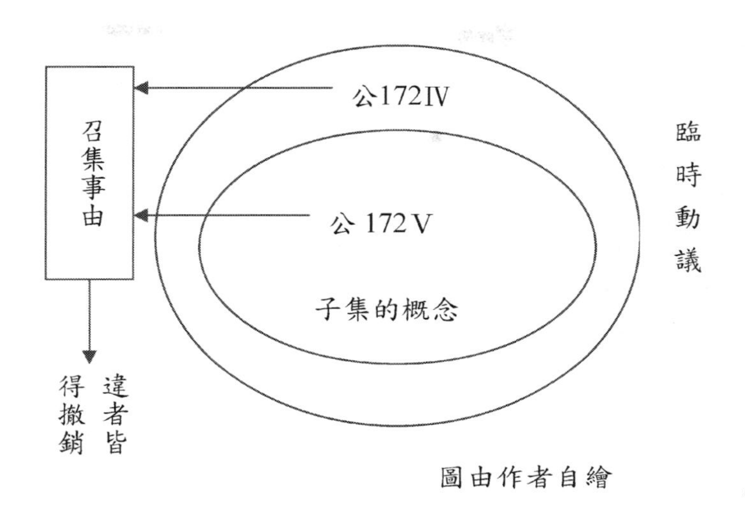

圖由作者自繪

。

(一) 臨時動議之規定混淆法制常規

1.「通知及公告應載明召集事由」已規範整體召集法制

公司法第 172 條第 5 項之規定，「選任或解任董事、監察人、變更章程、公司解散、合併、分割或第 185 條第 1 項各款之事項，應在召集事由中列舉，不得以臨時動議提出。」究竟在整體股東會召集法制中的角色地位為何？因為從邏輯關係上，第 5 項之列舉事由屬於第 4 項之子集，所有列舉在第 5 項之事項，原本就通通歸屬第 4 項應該規範的對象，如此就已存在的東西為什麼還要再去立法，增訂第 5 項再次列舉，實在是令人疑惑與充滿研究興味的問題。

因為，公司法第 172 條第 4 項「通知及公告應載明召集事由」，目的在於使股東事先知悉股東會將議何事，以便有所準備，屆時與會議事，行使股東權，原則上其實已經規範整體召集法制，非常明確規定股東會之通知及公告應載明召集事由，否則違反此規定所作出之決議，股東自得依公司法第 189 條提起撤銷股東會決議之訴。

2. 召集事由中列舉載明，應非宣示意義而已

既然，公司法第 172 條第 4 項規定，「通知及公告應載明召集事由」，已足以包括同條第 5 項所列舉之事由，其原本就不得以臨時動議提出，而應於股東會之通知及公告召集事由中載明，那何以尚需要增訂公司法第 172 條第 5 項規定？是為了再次重申載明之重要性，因此而列舉相關召集事由特別強調嗎？如果立法的目的在此，那就此而論，則公司法第 172 條第 5 項之規定，當其與第 4 項同條並列時，乃屬同義重覆贅詞，僅具宣示(deklaratorisch)意義而已。

但是，如此將公司法第 172 條第 5 項規定，視為是僅具宣示意義的說詞，應不合立法者之本意[36]，主管機關之立場[37]，而且，通說向來亦認為選解任董監、變更章程、公司解散或合併……等，係屬重大事項，故要求應在股東會之召集事由中列舉，不得以臨時動議提出，旨在保障股東權益，並藉以引起股東之注意，俾踴躍參加股東會[38]。因此，公司如有違反此規定，未在召集事由中列舉，而以臨時動議提出並作成決議者，構成公司法第 189 條得撤銷股東會決議之事由。顯然欲將第 5 項列舉載明召集事由之規定，解為是僅具宣示意義的說詞，完全違反立法者本意、主管機關立場及通說看法，但問題是，如此的話，又將如何闡釋第 4 項之規定呢？

3. 法條項間存在解釋論理矛盾

問題是，當吾人比較公司法第 172 條第 4 項與第 5 項之規定，不免疑惑何以影響股東權益重大而應列舉載明召集事由之第 5 項規定，其違反者所作

---

[36] 請見前民國九十年修正公司法第 172 條第 5 項時之立法理由以為例證，同(註 7)。

[37] 經濟部 61 年 6 月 30 日商字第 17897 號函釋，「查公司改選董事監察人係屬重大事項，是以公司法第一百七十二條第四項但書特予規定，應在股東常會或臨時股東會之召集事由中列舉，不得以臨時動議提出，旨在保障股東權益，至於董事監察人在任期中因故出缺，就其缺額予以補選，其與改選之性質相同，仍有上述規定之適用。」

[38] 柯芳枝(以代詳舉)，前揭書，頁 253。

出之股東會決議，卻僅只得撤銷而已，絲毫並未適度反映出其重大違法該有之較重對待，致使法律適用上，其規定條項有所不同，但對違反者卻同樣都課以得撤銷股東會決議之法律效果，更何況，公司法第 172 條第 4 項之原則規定，基本上已經足以包含 5 項之對象，則公司法第 172 條第 5 項如此規定，可謂充滿矛盾，應屬立法不明之缺失。

而且，法律於列舉規定之條文，解釋論理上不免有就法律要件與法律效果間之關聯，而為法律上衡量之判斷者，通常藉助舉重以明輕(Argumentum a maiori ad minus)或舉輕以明重(Argumentum a minori ad maius)，以為目的性論證適用之方法。例如警察刑事紀錄證明核發條例第六條規定，「警察刑事紀錄證明應以書面為之；明確記載有無刑事案件紀錄。但下列各款刑事案件紀錄，不予記載：一、合於少年事件處理法第八十三條之一第一項規定者。二、受緩刑之宣告，未經撤銷者。三、受拘役、罰金之宣告者。四、受免刑之判決者。五、經免除其刑之執行者。六、法律已廢除其刑罰者。七、經易科罰金或依刑法第四十一條第二項之規定易服社會勞動執行完畢，五年內未再受有期徒刑以上刑之宣告者。」但卻對於不起訴或緩引訴之案件無所規定，此時即可援引「舉重以明輕[39]」論理解釋，「受緩刑之宣告者」尚且不予記載，「不起訴或緩起訴」當然不予記載。

然而，純就公司法第 172 條第 5 項之規定而言，卻完全終結此解釋論理上之可能，譬若董監薪酬案，公司向來都是依股東會決議定之，如其卻僅因非第 5 項規定之列舉事由，即得以臨時動議為之，而不顧臨時動議所決議之董監薪酬顯有不當過高，明顯有損公司、股東、公司債權人及勞工之權益[40]，以致於當有股東提起撤銷決議之訴時，法院即使以其違反載明召集事由之法

---

[39] 唐律，「諸斷罪而無正條，其應出罪者，則舉重以明輕；其應入罪者，則舉輕以明重。諸斷罪皆須據引律令格式正文，違者笞二十。」

[40] 此為德國通說可供參考，LG Düsseldorf, NJW 2004, 3275 (3277); Mertens in Kölner Kommentar zum AktG, 2. Auflage, Rn. 2 zu § 87 (1989); Hefermehl/Spindler in Münchener Kommentar zum Aktiengesetz, Band 3, 2. Auflage, Rn. 3 zu § 87 (2004); Uwe Hüffer, Aktiengesetz, 10. Auflage, Rn. 1 zu § 87 (2012).

制規範目的，欲藉助「選解任董監、變更章程」尚需載明，不得以臨時動議提出，則「董監薪酬案」如此與公司、股東、公司債權人及勞工權益相關的重要事項，當然應該載明，亦不得以臨時動議提出，寄望藉此以保障股東權，並求召集程序規範之周延有效，誠已屬不可能之舉[41]。

(二) 從法制變遷追憶簡明規範之美

1. 應載明召集事由實為常理

如果視「應載明召集事由」，為股東會通知及公告之常理(公 172 IV)，那臨時動議自屬例外規定，則公司法第 172 條第 5 項「……應列舉(載明)，不得以臨時動議提出」之規定，其立法格式所潛存的風險，即是「臨時動議」質變為原則，而「應列舉事由」反為例外，如此則臨時動議之例外反而成為召集通案，如此規定用法的結果，應非法制所樂見。更何況，事前「載明事由」自較現場「臨時動議」來得慎重，對於會議之討論決議，股東權益之保障，決議之順利執行，以及減少決議爭訟等都有助益，但今卻可能因第 172 條第 5 項規定而亂此常軌，實非法制之福。

2. 列舉載明無法論證其不得以臨時動議提出之重要性

或有以為公司法設第 172 條第 5 項之規定，乃在據此以阻抑公司藉臨時動議的方式，通過選解任董監事、變更章程、公司解散、合併、分割或第 185 條第 1 項各款之事項，用以規避事先通知及公告事由的規定。此種說法，或

---

[41] 最高法院雖曾質疑以臨時動議提出通過董監薪酬案之合法性，但終未能敲定法槌以明是非，殊為可惜。請參最高法院 86 年台上字第 1188 號判決，「本件被上訴人公司八十五年度股東常會開會通知固載有『……(四) 討論修訂公司章程。(五)……』，惟觀之其股東常會議事手冊載明，討論事項第二案『案由：公司章程修正案。說明：1.……。2.以上，提請核議。』，依此第二案之案由及說明記載，被上訴人該次股東常會所指討論修訂公司章程案，似指提高章程所訂之資本額案。果爾，則關於修訂章程第三十一條第二項所訂董監事酬勞部分，似未預先載明於通知及公告，而僅於開議時建議併案修正，經主席徵詢在場股東同意後，修正通過而已，是則該條項之修正，既係以『臨時動議』提出，依上開說明，是否合法，不無再事研求之餘地。」

許有其見地，但卻經不起法律規定的縝密邏輯，實際上並不具有說服力。因為，就在前項，同條文第 4 項，明文規定股東會召集通知及公告應載明召集事由，否則其股東會後續就該事由(議案)所為之決議，自得以違反召集程序而訴請法院撤銷其決議。所以，事實上公司想以臨時動議以規避事先通知及公告召集事由之法律風險，其實等同於違反第 5 項之規定，兩條項間之不同規定，並無法論證第 5 項之列舉載明事由有其重要意義。

3. 立法求全之策使臨時動議反客為主

或有以為公司法設第 172 條第 5 項之規定，乃在明確指明選解任董監事、變更章程、公司解散、合併、分割或第 185 條第 1 項各款之事項等，不得以臨時動議提出，避免公司藉臨時動議作成決議致生合法性之疑慮。此種說法，自有其理據，畢竟任何會議，均不免臨時動議之議程[42]，只要其提案之事項為法所不禁，且為會議權責範圍內所得議定者，則臨時動議經附議成立宣付討論表決，並經法定表決權數通過後，此決議即為股東會之合法決議，並不因臨時動議性質而有損其法律效力，所以，公司法第 172 條第 5 項清楚表彰其明確性，規定應事先於通知及公告中列舉載明其事項，自有其立法之必要性。

問題是，上述說法不免畫地自限，委曲求全，實非法制大道格局所應為，蓋即使公司欲藉臨時動議以選任董監或合併或分割公司，並亦作成決議者，則任何在股東會現場對此表明異議之股東[43]，或不在場之股東，均得以其股東固有權受有侵害，雖有參與股東會之權，但卻未能會前知悉將議何事，致使召集事由之通知及公告，等同是並無通知及公告，違反公司法第 172 條第 4 項而提起撤銷之訴。

---

[42] 經濟部 87 年 1 月 23 日商字第 87202158 號函釋，「股東會議程進行中，股東自得依法為臨時動議之提案，此允屬股東之固有權，尚不得於公司章程或公司自訂之股東會議事規則中加以限制(包括附議之限制)。」可為參照。

[43] 最高法院 73 年台上字第 595 號判例及 75 年台上字第 594 號判例可供參照。

況且，此種立法求全之策，將使臨時動議反客為主，似乎公司所有決議事由，都得以臨時動議為之，除非是例外於選解任董監事、變更章程、公司解散、合併、分割或第 185 條第 1 項各款之事項等，始應於召集通知及公告中載明，如此則將完全掏空第 172 條第 4 項之規範功能，此種有違公司法制法理之結果，諒非我公司法之本意。惟既然如此，卻何以現行公司法規定如是，除不免「法令滋彰，盜賊多有」之感喟外，實宜從第 172 條第 5 項法制變遷，追本溯源釐清以求其正道。

4. 歷來修法造成治絲愈棼之糾結現象

現行公司法第 172 條第 4 項與第 5 項規定，其間共歷 7 次修正變革而有今日面貌(如次頁圖示)：

由次頁圖可清楚顯示，第 4 項與第 5 項之規定，第 5 項既無新法與舊法或特別法與普通法優先適用之關係，而且，條文內容雖每隨修正而愈見擴張，但法制上卻明顯有棄原則而向細節明文列舉的發展。究其因，或許可從下述之爭訟實例判斷，乃是起於為應付公司執據法條並無列舉事項之明文，即以臨時動議輕鬆為任何決議之脫法行為，而主管機關與司法裁判亦未深明召集事由通知及公告之立法目的，忽視其為股東權不可侵蝕之內涵，忽略其為強制規定之性質，疏於對公司法制與法理之認識與堅持，致使捨本逐末，主客易位，而有今日治絲愈棼之糾結現象。

例如公司現任董事為避免所掌控(本身持有加上委託書)的股份，不足以取得董事會過半數席次，即於通知及公告中列舉變更章程之召集事由，並於股東會上直接修改章程董事人數，期藉減少董事席次並集中配票方式，以維持其繼續掌控公司的支配地位[44]。但是，此種脫法行徑，並未受到應有之制裁，最高法院反而明言，「惟查公司法第一百七十二條第四項之規定意旨，無非謂：以變更章程為召集事由者，應於召集通知之召集事由中列舉，未載明

[44] 曾宛如，《公司管理與資本市場法制專論(一)》，2002 年 10 月，頁 200。至於，曾文中所言「之後於股東會時提臨時動議要求一併修改減少章程上之董事席次」，就現行法規定而言，並不需要，但卻因此更顯見僅列「變更章程」所生不具體明確的問題，請參本文前「二、（二）」之論述。

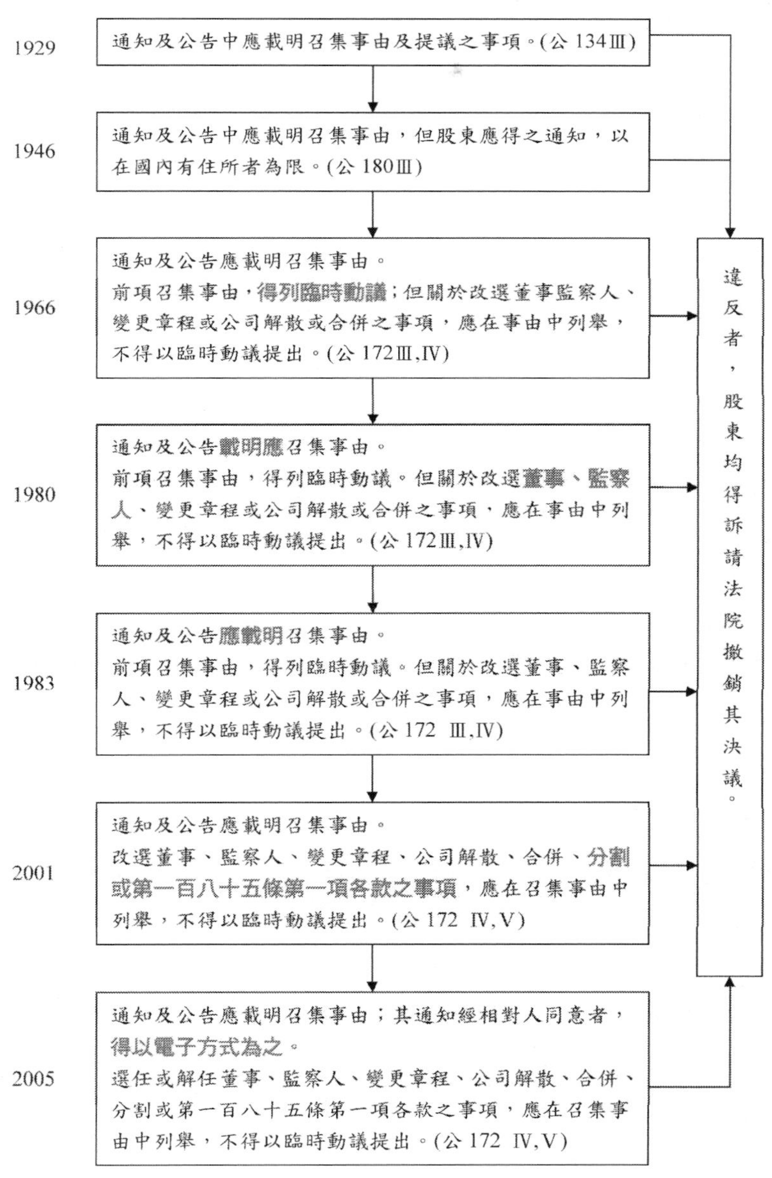

作者自繪，粗體字以標記不同於舊法之核心變革。

者，不得以臨時動議提出之意，非謂應將擬修正之章程條項詳列，上訴人執此指摘召集程序違法，自非可取。[45]」

或者是，過去公司爭奪戰的手法，常見利用股東會上提臨時動議解任董事，以便整建其公司經營權之新權力結構。此種置股東「事先知否，會上樂否」權益於不顧，純為私意權術操弄之舉，姑且不論原本即得依通知及公告應載明召集事由之法據(舊公 172 Ⅲ)，藉得撤銷決議之制，以供股東接受與否之裁決。而且，即便是單就後項(指舊公 172 Ⅳ)應列舉事由之規定，亦得視法條未明文「解任董事」，已屬存在法律漏洞，而有類推適用「選任董事」，應列舉事由而得以臨時動議提出之規定[46]。

可惜的是，主管機關竟未能深體法制功能，藉函釋以解疑竇禁非行，而而直言「按關於改選董事、監察人、變更章程或公司解散或合併之事項，應在股東會召集事由中列舉，不得以臨時動議提出，此乃公司法第一七二條第四項但書所明定。至解任董事監察人之事項，因非在前揭法條規範之內，故得以臨時動議提出，於法並無不合。[47]」至於，最高法院則更是放棄法官造法之機，未能適時填補法律漏洞，以建法律續造(Rechtsfortbildung)之功，僅言「依此文義(指公 172Ⅲ、Ⅳ)之反面解釋，解任董事既不在不得以臨時動議提出之列，被上訴人於前開股東常會時，以臨時動議方式提出解任董事議案，應非法所不許。[48]」

5. 德國立法例之比較參考

德國法對於股東會之召集通知及公告應載明事由，及其違反者之法律規定，可謂相當簡潔及明確，現行股份法第 124 條第 4 項規定，議程(Tagesordnung)所列事由未經合法公告(與寄發股東, § 121 Abs. 3 S. 2 AktG)

---

[45] 最高法院 72 年台上字第 113 號判決。

[46] 劉連煜，〈股東會決議解任董監事及董監事因無正當理由遭解任所得請求賠償之範圍〉，《月旦法學雜誌》，第 30 期，1997 年 11 月，頁 104。

[47] 經濟部 84 年 5 月 8 日商字第 207508 號函。

[48] 最高法院 81 年台上字第 3013 號判決。

者，不應該作成決議，唯一例外的是，於股東會上提議另行召集股東會的決議(§ 124 Abs. 4 S. 2, 1. Alt. AktG)，可以不經事先公告。違反此規定者，其決議得依同法第 243 條第 1 項「股東會之決議，因違反法律與章程者，得提起訴訟撤銷之。」除非是，此召集程序之瑕疵，因股東會現場全體股東出席到齊，且對召集程序瑕疵並未表達異議(§ 121 Abs. 6 AktG)之規定而補正，始例外地不得提起訴訟撤銷之。

事實上，德國此法制之傳統，可以上溯到 1861 年德國一般商法典(ADHGB)第 189 條之規定，即未經預告之事由，總會(Generalversammlung)不得作成決議，除非是有關已預告事由之建議說明，或者是無需決議之事務，始得免除此預告義務(Ankündigungspflicht)。此規定後為 1897 年制定之商法典(HGB)所繼受，規定於第 256 條，並增設會前預告期間(Frist)之規定，而且若有股東要求時，公司亦應提供股東提案說明之副本(Abschrift)。1937 年，股份法自商法典獨立出來，該法基本上仍延續舊制(§ 108 AktG 1937)，直至 1965 年股份法大規模地翻修，改列為現行股份法第 124 條第 4 項規定[49]。當時立法理由清楚說明，此規定在使股東有機會為股東會作準備，並且能夠視議程重要性決定是否親自出席，或者將授與其代理人那種指示[50]。

德國法對於通知及公告應載明議程之規定，既有其積極拘束功能(positive Bindungswirkung)，亦即所有於議程中所列之議案都必須在股東會上處理，尚有其消極拘束功能(negative Bindungswirkung)，亦即非於已公告議程中之議案，都不能成為股東會有效決議之標的(Gegenstand)[51]，目的都在使股東事前適時獲悉決議事由為何，能夠有意義地善用出席權(Teilnahmerecht)，並可以據以決定是否本人親自或委由他人出席，因此，通知及公告應使股東足夠(ausreichend)掌握個別事由[52]，藉此使其說言權、提問權及表決權(Rede-, Frage-

[49] 法制沿革說明請參 Barz in Großkomm. AktG, Berlin: De Gruyter, Anmerkung 1 zu § 124 (1973).

[50] Bruno Kropff, Aktiengesetz, Begründung RegE zu § 124, S. 173 (1965).

[51] Kubis in Münchener Kommentar zum Aktiengesetz, Band 4, 2. Auflage, Rn. 4 zu § 124 (2004).

[52] 意即以無需股東還要回問(Rückfrage)到底議案事由內容為啥，作為評斷標準。Marsch-Barner in Marsch-Barner/Schäfer (Hrsg.), Handbuch börsennotierte AG, § 32 Rz. 46 (2005).

und Stimmrecht)之行使具有意義[53]。

綜觀德國 150 多年來的法制實踐經驗，法文化既已深植傳承，學者遂特別指出股份法通知公告載明事由等相關規定(§§ 121, 124 AktG)，於今日公司法事實上(rechtstatsächlich)之意義實際有限，因為沒有公司會在這些關鍵詞式(schlagwortig)應載明事項上徒惹紛爭，反而是聚焦在股東會準備事宜上公司的內部流程，譬如有關契約的議案，其契約內容重要部分(wesentlicher Inhalt)以及處理措施，公告的程度是否詳細清楚，因為，假使不夠詳細清楚，就有使決議得撤銷之可能，但是，面對複雜多樣的契約內容，法律卻無法有具體作法，明文規定所謂足夠說明的範圍為何，自然不免致生伴隨法不確定性的決疑問題(Kasuistik)[54]。

6. 小結：現行法制導正的可行之道

從德國法 150 多年來的法制傳承，顯示出規定以簡馭繁，以簡明原則制止公司各種無所不用其極的僥倖之行，正足以發揮法律定紛止爭的權威與效率。反觀臺灣公司法制定之初，亦有此簡明規定[55]，只是民國五十五年修正時誤上歧途，將臨時動議與應載明召集事由並列，是有後來治絲愈棼之糾結，這在過去公司家族企業為主[56]，股權集中為少數控制型態最多，行政管制扮演相當重要功能，股東權意識尚屬薄弱的時代，或許增加第 172 條第 5 項之列舉式載明方式，是公司脫法與行政管制鬥法的產物，但此舊制框架實難面對現代公司法制之發展。

---

[53] 此為德國通說，Uwe Hüffer (statt aller), Aktiengesetz, 10. Auflage, Rn. 1 zu § 124 (2012); BGHZ 153, 32 = NJW 2003, 970; LG München I AG 2007, 336.

[54] Kubis in Münchener Kommentar zum Aktiengesetz, Band 4, 2. Auflage, Rn. 2 zu § 124 (2004).

[55] 試觀我民法規定，總會之召集通知內應載明會議目的事項，違反此召集程序之決議得撤銷(民 51④, 56 I)，其實還保留著這簡明單純之美。而大陸公司法(2005 年)規定，召開股東大會會議，應將審議的事項通知公告，否則，股東大會不得對通知中未列明的事項作出決議，違反者，股東可以請求人民法院撤銷。(陸公 22 II, 103 I III)明顯深得此中真意。

[56] 賴英照，〈企業所有與企業經營〉，載於氏著：《公司法論文集》，1988 年 5 月，頁 85-109。

再者，公司法於民國九十年修正時，就公司業務之執行，除本法或章程規定應由股東會決議之事項外，將「均得由」改為「均應由」董事會決議行之(公 202)，基本上限縮了股東會的權限[57]，現行公司法所列舉股東會之權限，大致為(一)聽取報告之權，即公司實務股東會開會通知上的報告事項(公 211I、219I、240VI、241II、246I、318I)；(二)承認查核權，即股東會開會通知上通常的承認事項(公 184I、230I、326I、331I)；(三)討論表決權，即股東會開會通知上常見的討論事項部分(如選解任董監—公 192I、216I、199I、227 準用；董監報酬—公 196、227 準用；變更章程—公 277I；公司解散、合併或分割—316I；公司為營業或財產重大變更—公 185I；董事競業許可—公 209I；盈餘分派或虧損撥補—184I、240I、241I)，實際上應經股東會決議的事項相當有限，第 172 條第 4 項與第 5 項內容已快幾無二致，現行法制是否仍應維持，實有檢討之必要，特以上中下三策以為導正現行法制之建議。

上策者，即是明確標舉通知及公告應載明召集事由之權威，任何違反者所作出之決議，均得以撤銷決議待之，如此法制既無礙決議可能繼續有效(因無股東提訴)，亦可兼顧股東因股東權受損而欲追求正義之機[58]，因此，只要刪除現行公司法第 172 條第 5 項之規定即可，如此既可返璞歸真於公司法初建之制，亦承繼現行民法規定脈絡，更可期待如德國百年法制傳承之難得，斯為法制格局大道長久應許之境。

中策者，接受目前公司法實務之糾結現象，刪除現行公司法第 172 條第 4 項，只保留第 5 項之規定，並將條文改為「選任或解任董事、監察人、變

[57] 學者對此說法仍有爭議，請參閱王文宇(以代詳舉)，前揭書，頁 299。至於，臺灣公司法制究應採股東會優位主義，抑或董事會優位主義，本文不擬深論，相關研究請參閱邵慶平，〈論股東會與董事會之權限分配——近年來公司法修正之反思〉，《東吳法律學報》，第 17 卷第 3 期，2006 年 4 月，頁 139-182；曾宛如，〈股東會與公司治理〉，《臺大法學論叢》，第 39 卷第 3 期，2010 年 9，頁 109-166 月；陳俊仁，〈公司治理與股東權益維護——論股東會章訂專屬決議權限之規範缺失〉，《月旦法學雜誌》，第 184 期，2010 年 9 月，頁 41-59。

[58] 德國法學者稱撤銷之權能，在於管制股東會決議之合法性，故其為管制權(Kontrollrecht), Uwe Hüffer, Aktiengesetz, 10. Auflage, Rn. 3 zu § 245 (2012).

更章程、公司解散、合併、分割或第一百八十五條第一項各款之事項，應在通知及公告召集事由中列舉，不得以臨時動議提出。」如此指明應載明事項，除合乎現時公司實務及通說看法，並得隨召集事由所涉重要性與否，以增補方式隨時修法以應新局。而且，斯新制之好處，在於斷然切除第 4 項與第 5 項之糾結，於法律解釋適用上不再存有矛盾，只是其缺點在於立法者必須能夠即時修法增補重要應列舉之召集事由，否則公司得隨時以臨時動議作成決議將為常態外，而且，如何建構「僅列舉之重要事項，而非通案任何應經股東會決議之事項，應於通知及公告之召集事由中載明」之法理，此種以例外為原則的獨特立法技術，更需要有足夠的說服力而已。

下策者，則是依然保留現行公司法第 172 條第 4 項與第 5 項之規定，但應明確統一定位現行公司法第 172 條第 4 項之性質，僅具宣示參考意義而已，至於一切有關應經股東會決議之事項，其通知及公告與否悉依第 5 項之規定辦理，如此處理的優點是，至少於面對公司法第 172 條第 4 項與第 5 項規定時，可以公然漠視第 4 項條文之存在，無庸再去普遍性地論述「通知及公告應載明召集事由」之法制法理，而使公司實務舉凡股東會召集應通知及公告載明之事由，悉依第 5 項之規定辦理，如此則橋歸橋，路歸路，至少有楚河漢界明白分野之功。

四、違反載明減資召集事由之法律效果

(一) 以臨時動議提出減資之決議得撤銷

減資既為變更公司資本數額之議，即屬變更章程事項，依公司法第 172 條第 5 項之規定，應在召集事由中列舉，不得以臨時動議提出。因此，股東會之召集通知及公告如未載明變更章程，或者最好更明確具體載明是「變更

章程：減資」或「減資」之召集事由[59]，而卻僅以臨時動議提出減資者，即屬違反法定召集程序，股東自得依公司法第 189 條之規定，自決議之日起三十日內，訴請法院撤銷其決議。

惟應注意者，當公司股東提起撤銷決議之訴時，行使撤銷訴權之股東應受民法第 56 條第 1 項但書之限制，亦即已出席股東會之股東，必須於股東會上當場對減資表示異議者，始得為之[60]。蓋限定必須有所表示異議者始可，其根本理念可謂是禁止前後矛盾行為之體現[61]，以避免股東任意反覆，不顧股東會決議之民主程序。而所謂當場表示異議者，並不需要附具理由，而僅必須其異議應係於股東會進行中之現場所為者，方足以當之，並不以於股東會開會時自始至終均在現場為必要。所以，假設股東於股東會尚未開始(前)即已離去，或者是股東會業已結束散會，即無「當場」異議之可言[62]。至於，未出席股東會之股東，則可僅據臨時動議提出減資之決議，已經違反召集程序之規定(公 172V)，向法院提起撤銷減資決議之訴，自不待言[63]。

再者，撤銷權為股東之主觀權利，因此，如果股東缺乏此撤銷權能，而以公司為被告，提起撤銷決議之訴者，法院應以無理由駁回之[64]。至於，股

---

59 德國股份法規定，因為減資都事涉章程變更，所以議程之公告，必須載明事由、減資之目的、減少之數額及執行之方式等(§§ 222 ff. AktG)。

60 臺灣司法實務向來之通說見解，如最高法院 73 年台上字第 595 號判例；最高法院 75 年台上字第 594 號判例。德國現行股份法規定(§ 245 Nr. 1 AktG)及學者通說，認為必須具備「表明異議並經記錄者(Widerspruch zur Niederschrift erklärt hat)」之要件，Uwe Hüffer (statt aller), Aktiengesetz, 10. Auflage, Rn. 5 zu § 245 (2012)。

61 "Ausprägung des Verbots widersprüchlichen Verhaltens", s. Schwab in K. Schmidt/Lutter (Hrsg.), AktG, § 245 Rz. 12 (2008).

62 最高法院 88 年台上字第 152 號判決可供參照。

63 最高法院 88 年台上字第 1081 號判決，「惟所謂應受民法上開規定之限制，係指出席會議之股東而言，而不及於受通知未出席之股東。蓋股東未出席股東會者，原無於會議當場表示異議之可能；且股東未出席股東會者，與民法第五十六條第一項但書所定出席會議而未表示異議之情形亦不相同，自無從類推適用該規定。」最高法院 86 年台上字第 3604 號判決同此見解。

64 Semler in Münchener Handbuch des Gesellschaftsrechts, Band 4: Aktiengesellschaft, 2. Auflage, Rn. 49 zu § 41 (1999).

東適格與否如何認定，通說認為應於股東會決議時及提起訴訟時，具有股東身分即可[65]。而且，撤銷股東會決議之訴，我公司法並無類似對董事提訴之持股規定(公 214)，所以，股東撤銷權與持股數多寡無關，因此，即便是僅只持有一股，亦無礙其請求權[66]。

(二) 公司法第 189 條之 1 法院駁回之適用問題

公司法於民國九十年修正時，參酌日本商法第 251 條規定，增訂公司法第 189 條之 1，「法院對於前條撤銷決議之訴，認為其違反之事實非屬重大且於決議無影響者，得駁回其請求。」依據此次公司法修正案增訂說明，乃在賦與法院如發現股東會召集程序或決議方法違反法令或章程之事實，非屬重大且於決議無影響，得駁回其請求，以兼顧大多數股東之權益，並藉以對抗職業股東干擾股東會議，甚或動輒提起撤銷股東會決議之訴，圖謀不當利益的現象[67]。

新制施行以來，雖法院對於撤銷決議之訴，認為其違反之事實非屬重大且於決議無影響者，得駁回其訴，但仍有值得澄明之疑義，例如「事實非屬重大且於決議無影響」，究竟真意為何？因為將「事實重大」與「決議影響」併為構成要件，「事實非屬重大且於決議無影響」得駁回其訴，如此則「違法事實重大且於決議有影響」自不在駁回之列，應不待言，但如「事實非屬重大且於決議有影響」或「事實屬重大且於決議無影響」者，法院是否應駁回

---

[65] 劉連煜(以代詳舉)，前揭書，頁 316，及最高法院 57 年台上字 3381 號判決，「股東會之召集程序或其決議方法違反法令或章程時，股東得自決議之日起一個月內，訴請法院撤銷其決議，固為公司法第一百八十九條所明示，然既謂股東得訴請法院撤銷其決議，則提起撤銷決議之訴之原告，在起訴時須具有股東身分，其當事人之適格，始無欠缺。」以供參照。

[66] 至於，法政策上應否引進一定持股比例，始有股東會決議之撤銷權，以適度限制撤銷權，壓抑層出不窮之撤銷爭訟，德國法之立論觀點與對策，請參 Hüffer in Münchener Kommentar zum Aktiengesetz, Band 7, 2. Auflage, Rn. 10ff. zu § 245 (2001)。

[67] 民國九十年修正案立法理由，請參見《公司法修訂資料彙編》，臺北：五南圖書，2001 年 11 月，頁 124；王文宇，前揭書，頁 326；劉連煜，前揭書，頁 320。

其撤銷之訴？此法律邏輯之疏漏，是否出自立法技術之不當，或是法條解釋適用上，應先確定其決議通過之表決權數（影響），而後再視違法事實是屬重大或非屬重大，以作為駁回之依據？而且，「事實非屬重大且於決議無影響」之判斷基準何在？是法院之判斷餘地或自由裁量？或者誠如立法理由所言，欲藉駁回以對抗職業股東與利用撤銷之訴圖謀不當利益，此法制度(Rechtsinstitut)之立論基礎為何，法政策上是否妥當，殊值探討，並援引德國立法例以供參考。

1. 應以股東立場為評斷

股東會之決議，因召集程序或決議方法違反法令或章程者，得撤銷其決議（公 189），揭示違法與決議間存在有導致（起因）關係(Ursachenzusammenhang)[68]，因此，任何召集程序之疏漏，任何報告說明稍有不全，股東即得據此提起撤銷之訴。問題是，假使此召集程序之瑕疵，並未對決議有所影響，股東是否仍受撤銷訴權之保障？德國法先後有兩種不同之立論觀點，早期學說及司法裁判認為，應以其潛在因果關係(potentielle Kausalität)為論斷依據[69]，因此，被告之公司必須負陳述與舉證(Darlegungs- und Beweislast)之責任，違反法令或章程之行為，對於決議並無絲毫影響(Einflußlosigkeit)，故當公司無法排除此導致關係之可能者，即生得撤銷之法據。

1980 年代起，聯邦最高法院(BGH)率先在判決中質疑舊說立場，並且評量性地提問[70]，作為客觀判斷的股東(ein objektiv urteilender Aktionär)，假設先

---

[68] 德國學界通說及司法裁判向來見解，Raiser/Veil, Recht der Kapitalgellschaften, 5. Auflage, S. 233 (2010).

[69] (Statt aller) Schilling in Großkomm. AktG, Band 3, Anmerkung 6 zu § 243 (1973); RGZ 65, 241; RGZ 108, 322; RGZ 167, 151; BGH NJW 1952, 98; BGHZ 14, 264; BGHZ 36, 121; BGHZ 49, 209; BGHZ 59, 309; BGHZ 86, 1.

[70] BGH v. 29.11.1982, BGHZ 86, 1; BGH v. 1.2.1988, BGHZ 103, 184; BGH v. 19.6.1995, AG, 1995, 462; LG Frankfurt/M v. 4.7.1984, AG 1984, 296; LG Ingolstadt v. 12.6.1990, AG 1991, 24; LG Berlin v.

前所取得或錯誤通知之信息有被公開了，是否還會仍然拒絕作出此決議？以作為召集程序違法時，判定是否應有撤銷權之參考。據此，故當多數股東對於股東會相關疑義情況已經所有知悉，而且仍然作出決議者，聯邦最高法院認為當然應該排除撤銷權。惟此種見解，不免有以表決權數通過，作為影響與否之判斷風險，故近年來已改援引學界所提之重要性理論[71]。

2. 應以重要性為基準

所謂重要性理論(Relevanztheorie)[72]，並不否認違法基本上即可(immer)撤銷決議，只是其並不顧表決結果的因果性，而是著眼於違法與廢棄決議間是否存在適當關係而已，故當適切資訊之提供，對決議事由符合實際狀況之判斷，是為必要者，即具重要性。2005 年，企業整體與撤銷權現代化法(UMAG)[73]制定時，承繼此理念而增訂股份法第 243 條第 4 項規定，當作為客觀判斷之股東，對於所提供之信息(Informationen)，認為是其符合實際狀況行使出席者及股東權之重要前提者，即可因其不正確、不完全或被拒絕提供之信息，提起撤銷股東會之決議。

據此可知，決議是否應因召集程序或決議方法違反法令或章程，提起撤銷而終使無效，關鍵點在於違法事實是否可歸屬重大，如果事實非屬重大，法院即可駁回其撤銷之訴。而減資之議，攸關股東及公司債權人權益，誠屬

26.5.1994, AG 1995, 41; OLG München v. 26.4.1996, AG 1996, 327; OLG München v. 12.11.1997, GmbHR 1998, 332; KG v. 30.6.2000, AG 2001, 186.

[71] BGHZ 149, 158; BGHZ 153, 32; BGHZ 160, 385.

[72] 相關論述請參閱, Barbara Grunewald, Gesellschaftsrecht, 7. Auflage, 2 C. 130ff, S. 296 (2008); Jan Wilhelm, Kapitalgesellschaftsrecht, 3. Auflage, Rn. 915 (2009); Mimberg in Marsch-Barner/Schäfer (Hrsg.), Handbuch börsennotierte AG, § 37 Rz. 44ff. (2005); Hüffer in Münchener Kommentar zum Aktiengesetz, Band 7, 2. Auflage, Rn. 27ff. zu § 243 (2001); Uwe Hüffer, Aktiengesetz, 10. Auflage, Rn. 11ff. zu § 243 (2012);Raiser/Veil, Recht der Kapitalgesellschaften, 5. Auflage, § 16, Rd. 137ff. (2010); Schwab in K. Schmidt/Lutter (Hrsg.), AktG, § 243 Rz. 26ff. (2008); Semler in Münchener Handbuch des Gesellschaftsrechts, Band 4: Aktiengesellschaft, 2. Auflage, Rn. 33 zu § 41 (1999).

[73] Gesetz zur Unternehmensintegrität und Modernisierung des Anfechtungsrechts vom 22. 9. 2005, UMAG, BGBl I S 2802.

重大之召集事由，故而公司法第 189 條之 1 文義之正確理解，並不在考量其有無影響決議表決權數之結果，而應在於侵害他人權益之重大性事實。從而，法院是否駁回撤銷決議之訴，應從減資實質上受影響的公司債權人與股東權益方面來判斷，切不可將違反之事實非屬重大且於決議無影響者，此構成要件理解成「即使減資載明於召集事由中者，仍無改於最終表決權數通過之決議(公 277 II~IV)，所以，臨時動議之違法瑕疵應非屬重大。」機械式地僅以表決權數影響與否為斷，如此則除了錯將重點置於「於決議無影響」外，應是對於本條條文之誤解，從而忽視其規範目的之真意所在。

因此，諸如公司董事長代表公司承董事會之決議，通知召集股東臨時會，所發開會通知並未記載由董事會名義召集者[74]；或於決議方法時，錯誤加計少數股東應受表決權限制之表決權數[75]；或者股東會不採原定議事規則之表決方式，而改採其他表決方式，僅屬議決權行使方式之違反，對決議結果並無影響[76]；或者如最高法院所言[77]，「查股份有限公司股東會召集之通知，依公司法第一百七十二條第一項、第二項規定意旨，係採發信主義，通常固須於該條項所定之期限前並依股東名簿所載各股東之本名或名稱、住所或居所發送召集股東會之通知，始生效力。惟公司如未依法備置股東名簿或所置股東名簿就上開事項之記載有所欠缺，致須對非屬股東名簿上所載之股東住、居所發送開會之通知，而於客觀上已足使該股東了解通知之內容者，解釋上，應認仍生通知之效力。否則在股份有限公司之股東人數，恆逾千百甚至上萬，苟因發送召集股東會通知之爭執，而迭陷股東會之決議於永不確定馴至不能執行之窘境，顯失立法之原意。」等等召集程序或決議方法之事實違法，均應視為非屬重大，而由法院駁回其撤銷之訴。

---

[74] 請參照最高法院 79 年台上字第 1302 號判決。

[75] Mimberg in Marsch-Barner/Schäfer (Hrsg.), Handbuch börsennotierte AG, § 37 Rz. 44 (2005).

[76] 請參照最高法院 75 年台上字第 2034 號判決。

[77] 請參照最高法院 87 年台上字第 1776 號判決。

(三) 濫用撤銷之訴的對策

股東會之決議，經提起撤銷之訴，在撤銷判決未確定前，該決議固非無效[78]，而且，有應申請(變更)登記之事項，主管機關仍應准其登記，但如法院後來確定撤銷股東會之決議者，其已登記之事項，應回復原狀[79]。問題是，法律爭訟有時拖延經年不定，如此對於公司之穩健運作，徒頻添不少煩擾，致使公司實務上，常有公司為求爭議早早結束，私下妥協而以交付原告股東金錢或其他特別利益，以收買其撤回告訴者。對於此種藉提起撤銷之訴，以謀取私利之股東，濫用撤銷權(Mißbrauch des Anfechtungsrechts)者，德國法界特稱之為強盜股東(räuberische Aktionäre)，公司對此強盜股東可以請求損害賠償。雖然，任何權利皆可能被濫用，民法第 148 條對此亦設有權利行使之界限，必須依誠信原則，亦不得以損害他人為目的[80]，只是公司法尚乏成例以為處理，故特引德國學說(Rechtslehre)及法說(Rechtsprechung)以供借鏡。

1. 濫用撤銷權之訴，法院應以駁回

首應澄明者，濫用撤銷權[81]，乃因其提訴之目的，並不在於發揮撤銷權之管制功能，務實地審查其所指責的決議瑕疵，以供公司適時改正，而是相反地，拋棄其客觀管制股東會合法性(Legalitätskontrolle)的機會，藉股東得撤

---

[78] 最高法院 28 年上字第 1911 號及 63 年台上字第 965 號判例，67 年台上字第 2561 號判例及 73 年台上字第 2463 號判決參照。

[79] 經濟部 59 年 2 月 20 日商字第 06594 號，65 年 9 月 14 日商字第 25410 號及 70 年 7 月 15 日商字第 28787 號函釋參照。至於，德國法對於應登記之決議(§ 319 Abs. 5 AktG; § 16 Abs. 2 UmwG; § 127 FGG; § 246a AktG)，則可因提起撤銷之訴，而阻撓其決議之執行。

[80] 最高法院 71 年台上字第 737 號判例參照，「查權利之行使，是否以損害他人為主要目的，應就權利人因權利行使所能取得之利益，與他人及國家社會因其權利行使所受之損失，比較衡量以定之。倘其權利之行使，自己所得利益極少而他人及國家社會所受之損失甚大者，非不得視為以損害他人為主要目的，此乃權利社會化之基本內涵所必然之解釋。」

[81] 濫用撤銷權外，濫用決議無效之訴，當然亦有可能，它也是權利濫用所含蓋的對象，只是因本文主要涉及撤銷權，故未明列詳述，但其處理之法理，與濫用撤銷權並無二致。

銷之主觀權利(ein subjektives Recht)，要脅強迫公司以獲取個人特別利益，是以，學者稱之為收買其糾纏不休之價(Abkauf ihres Lästigkeitswerts)，將其視為是濫用撤銷權之不義本質，因此，股東濫用撤銷權，應歸屬於個人的權利濫用(individueller Rechtsmißbrauch)，而不是在利用法律規定，以謀求存在於法律社會規範目的之外目標，所以不是制度的權利濫用(institutioneller Rechtsmißbrauch)類型[82]。

德意志帝國法院(RG)認為，當股東提起撤銷權的目的，在於貫徹其自私自利之意志，迫使公司為公司目的外之行為，即構成濫用撤銷權[83]。聯邦最高法院承續此判決理念，並將其適用之前提原則解為，當股東提起撤銷權之意圖，在從公司獲得給付，雖然其並無且合理地亦不能提起請求權，但還是預計公司終會給付，以減少或排除公司因提起撤銷之訴所生之不利益，即屬濫用撤銷權[84]。只是，舉證這濫用撤銷權之責任，通說認為應由公司負擔。而當濫用撤銷權確定時，其實質撤銷權即屬喪失，法院應以提訴為無理由(unbegründet)而駁回之。

當然，聯邦最高法院定義濫用撤銷權之見解，學界並非毫無異聲，例如將濫用撤銷權之控訴，僅只依據提告者之思想態度以為判定，其實並不吻合私法規範[85]；或者是決議之撤銷，並非僅只提告者之利益而已，除此之外，還具有客觀挑剔指正決議的法程序特質在，其實尚具公共利益[86]，所以，如

---

[82] Hüffer in Münchener Kommentar zum Aktiengesetz, Band 7, 2. Auflage, Rn. 47-58 zu § 245 (2001); Uwe Hüffer, Aktiengesetz, 10. Auflage, Rn. 22-27a zu § 245 (2012); Schwab in K. Schmidt/Lutter (Hrsg.), AktG, § 245 Rz. 36-49 (2008).

[83] RGZ 146, 385.

[84] BGHZ 107, 296 *(Koch-Adler)*; 112, 9 *(Hypothekenbank)*; BGH AG 1990, 259 *(DAT/Altanta I)*; BGH AG 1991, 102 *(SEN)*; BGH NJW 1992, 569; OLG Düsseldorf AG 1994, 228; OLG Frankfurt AG 1996, 135; OLG Köln WM 1988, 1792; OLG Karlsruhe AG 1992, 273; OLG Stuttgart AG 2001, 315; OLG Stuttgart AG 2003, 456.

[85] Peter Slabschi, Die sogenannte rechtsmißbräuchliche Anfechtungsklage, Berlin: Duncker & Humblot, S. 123 (1997).

[86] Magnus Radu, Der Mißbrauch der Anfechtungsklage durch den Aktionär, ZIP 1989, 980.

果限制股東撤銷權，其結果雖可剷除濫用撤銷權的野草，但怕的是，同時也把撤銷權合法性管制(Rechtsmäßigkeitskontrolle)的花園玫瑰拔掉了[87]。因此，除法政策上是否引進撤銷權持股數(Quorum)限制外[88]，特於法制上立法補強，藉企業整體與撤銷權現代化法(UMAG)及股東權指令轉換法(ARUG)[89]，增訂相關法條(§ 246a AktG)先以確保決議登記之效力(Freigabevefahren)。

2. 公司有損害賠償請求權

當股東濫用撤銷權確定時，除其所提撤銷之訴法院應以駁回外，公司並得據此以請求損害賠償，惟對此公司應負舉證責任[90]。至於，此損害賠償請求權之法律基礎(Rechtsgrundlage)為何，聯邦最高法院並未統一見解，故學者及法院間意見分歧[91]，有認為可據因違反誠信原則(Treu und Glauben, § 242 BGB)者，有認為可據因少數股東違反忠實義務(Treupflicht)者[92]，亦有認為因其違反善良風俗，故應適用德國民法侵權行為之規定(§ 826 BGB)[93]。

---

[87] Gunther Bokelmann, Rechtsmissbrauch des Anfechtungsrechts durch den Aktionar?, BB 1972, 733.

[88] Uwe Hüffer, Aktiengesetz, 10. Auflage, Rn. 27a zu § 245 (2012).

[89] Gesetz zur Umsetzung der Aktionärsrechterichtlinie, ARUG vom 30. 7. 2009 (BGBl I S 2479).

[90] (Statt aller) Raiser/Veil, Recht der Kapitalgellschaften, 5. Auflage, S. 244 (2010).

[91] (Statt aller) Schwab in K. Schmidt/Lutter (Hrsg.), AktG, § 245 Rz. 38 (2008).

[92] 德國股份法規定除董監事執行職務，對公司與股東負有忠實義務外(此點與我公司法 23 I 規定類同)，其實學界早就主張，股東對公司(gegenüber der Gesellschaft)，股東對股東之間(gegenüber den Mitaktionären)亦負有忠實義務，尤其是自聯邦最高法院在 1988 年 Linotype 案(BGHZ 103, 184)，確認大股東對少數股東(Minderheitsaktionär)應負忠實義務，理由在於持股 96%之大股東，藉由股東會解散公司之決議，意圖於清算過程中取得公司核心事業，此時大股東之權力運作已足致損害於少數股東之公司經營利益，有違忠實義務，故少數股東得提起撤銷之訴。其後於 1995 年 Girmes 案(BGHZ 129, 136)中更確認少數股東對大股東亦負有忠實義務，因為當如本案系爭公司已陷入嚴重虧損，在經董事會與公司債權人取得合意，欲藉由重整措施促使公司更生時，卻僅因少數股東不同意減資比例，致使股東會正反意見之表決權數為 57.61%對 42.39%，未達法定四分之三之表決權數，致使決議不通過時，聯邦最高法院法認為少數股東行使股東權，應負有適度顧及其他股東公司有關利益之忠實義務。BverfG vom 21. 11. 1989 – 1 BvR 137/89 則同時論據誠信原則與忠實義務。

[93] Barbara Grunewald, Gesellschaftsrecht, 7. Auflage, 2 C. 133, S. 299 (2008); Raiser/Veil, Recht der Kapitalgesellschaften, 5. Auflage, § 16, Rd. 170 (2010); OLG Frankfurt ZIP 2009, 271.

五、結論

本文雖以臨時動議減資的法律問題為題，並兼論公司法第 172 條第 5 項規定法制之檢討，或許於綱要架構上有主從之設，但深究其實，其實是綜論整個股東會召集程序通知及公告之法制法理，而臨時動議減資的問題，卻反而是有如楔子，作為整個論述的舉例而已。因此，公司法如能深體通知及公告召集事由之目的，並嚴正面對任何巧言佞行，則現行公司法之列舉載明規定，或實務上以法無明文即可以臨時動議減資之強辯取巧，就可歸屬為微末細節，不僅是非分明截然可斷，亦能彰明法律的權威。

可惜的是，公司法自從採取「……應列舉載明，不得以臨時動議提出」之規定後，致使法制實際朝向「得以臨時動議提出，除……應列舉載明者外」之不當發展，除有違法理常情，更增加有心違法亂紀者，執此以逞私欲，實有損股東會通知及公告召集事由之長久法制基業。尤其是，2014 年行政院函送立法院審議「公司法部分條文修正草案」，草案中修正條文第 172 條，於該條第 5 項增列公司減資及申請停止公開發行，顯然仍不脫此舊習，故不煩贅述，再整理數要點以供參考。

一、股東會號稱股東民主之地(Sitz der Aktionärsdemokratie)[94]，通知及公告召集事由之立法目的，在使股東事先知悉股東會將議何事，以便有所準備，並視事由重要性決定是否親自出席，屆時與會議事，或者將授與其代理人(委託書)或特別指示代行表決權，是股東權不可剝奪的內涵，所以，載明召集事由，既涉股東知的權利，而且攸關股東權之行否，故其召集程序之規定，實具有強制規定的性質。何況，公司法 202 條規定，「公司業務之執行，除本法或章程規定應由股東會決議之事項外，均應由董事會決議行之。」股東出席

94 Karsten Schmidt, Gesellschaftsrecht, 2. Auflage, Köln: Carl Heymanns Verlag, S. 703 (1991).

股東會能夠議決公司重要事項者已經有限，那通知及公告召集事由，僅只是精簡的關鍵詞式文字，怎可不明確乾脆以對，而徒然招惹來這無謂的法律爭訟。

二、現行公司法第 172 條第 4 項與第 5 項之規定，應從上述通知及公告召集事由法目的之論點，根本予以釐清，除可解決治絲愈棼之糾結現象，亦可消除法條項間存在之解釋論理矛盾，故上策者，刪除現行公司法第 172 條第 5 項之規定，而以第 4 項「通知及公告應載明召集事由」為常規，既返璞歸真於公司法初建之制，亦承繼現行民法規定脈絡，更可期待如德國百年法制傳承之難得，斯為法制格局大道長久應許之境。

至於，刪除第 172 條第 5 項法制撥亂反正之際，不免有適應的暫時紛擾，但如對照德國 150 多年來的法制實踐經驗，足以顯示維持原則的重要，當規定能以簡馭繁，始可制止公司各種無所不用其極的僥倖之行，正足以發揮法律定紛止爭的權威與效率。而且，當臺灣召集法制的爭訟仍陷於相當初階，僅以簡單關鍵詞式(schlagwortig)載明事項即可解決爭議者，若如此而仍不為改正，其實對我國公司法學之發展未必有利，而且對公司企業未能轉移目光，徒然去招惹類此無謂紛爭，反而不能聚焦於股東會流程準備事宜，譬如公司重要發展策略議案，有關契約內容重要部分以及處理措施，公告程度是否詳細清楚等，更是攸關公司長遠競爭力，實值得召集法制適時以引歸正途。

三、如果認為現行公司法第 172 條第 5 項規定之存在，實在有其必要性，則中策應斷然刪除第 4 項「通知及公告應載明召集事由」之規定，以解決第 4 項與第 5 項解釋適用上之矛盾糾結。只是，如此列舉式載明事由之立法例，除必須建構「僅列舉之重要事項，而非通案任何應經股東會決議之事項，應於通知及公告之召集事由中載明」足夠的法制法理(Dogmatik)[95]說服力外，行

---

[95] 德文 Dogmatik 常見有「教條論」、「釋義學(論)」、「教義學(論)」不等中譯，但似乎都未能切合德文原意，吳庚教授對此亦有所批評，而以「義理」或「體系理論」代之，請參見氏著，《憲法的解釋與適用》(三版)，2004 年 6 月，頁 456，註 36。惟義理其實與釋義或教義的語義差別不大，而體系理論不免有與體系解釋混淆者，故不若以簡明易懂之法制法理翻譯 Rechtsdogmatik，蓋以臺灣成文法制而言，莫不在釋義現行法(de lege lata)規定之道理，而於法律規定有所不足或缺漏

政與立法機關必須能隨召集事由所涉重要性與否，以增補方式隨時修法以應新局，如 2014 年修正公司法條文第 172 條草案，增列公司減資及申請停止公開發行之例者。但如此勢必要容許第 5 項規定持續開放性滋長，因為以公開發行股票公司為例，應於股東會召集通知載明，而不得以臨時動議提出之事項，計有選任或解任董事、監察人、變更章程、公司解散、合併、分割或第一百八十五條第一項各款之事項、減資、申請停止公開發行、董事競業許可、紅利發行新股、公積撥充資本之決議、私募等等事項，如此於法(條)律整體規範美感是否缺憾，亦應有所顧慮。

四、如果維持現行公司法第 172 條第 4 項與第 5 項之規定不動，至少能夠明確統一定調第 4 項規定之性質，僅具宣示意義而已，如此則無庸再普遍性申論「通知及公告應載明召集事由」之法制法理，而可以直接闡述第 5 項規定，應在召集事由中列舉之重要性，避免糾結於同條文內第 4 項與第 5 項兩項間內在邏輯矛盾。

五、至於，在目前公司法第 172 條第 4 項與第 5 項之規定現狀下，減少公司資本，乃欲改變公司資本，應歸屬變更章程事項，依公司法第 172 條第 5 項之規定，應在召集事由中列舉，不得以臨時動議提出。因此，股東會之召集通知及公告如未載明「變更章程」，或者是更明確具體載明「變更章程：減資」或「減資」之召集事由，而卻僅以臨時動議提出減資者，即屬違反法定召集程序，股東自得依公司法第 189 條之規定，自決議之日起三十日內，訴請法院撤銷其決議。故將減資解為不在禁止臨時動議之列，實屬誤解法制法理，亦不生法律漏洞的問題。

六、股東會之決議，因召集程序或決議方法違反法令或章程者，得提起撤銷之訴(公 189)，而股東提起撤銷決議之訴時，必須於股東會決議時及提起訴訟時都具有股東身分，而其行使撤銷訴權，亦應受民法第 56 條第 1 項但書

者，又不免窮究其法理以期新法(de lege ferenda)，甚或取法他國法例，以求法律續造之功，既能盡其道理，又不能胡亂添加有逾法制格局者，因此，民法有其 Rechtsdogmatik，證券交易法有其 Rechtsdogmatik，刑法有其 Rechtsdogmatik，譯為「法制法理」應更能顯現 Rechtsdogmatik 之義。

之限制，亦即已出席股東會之股東，必須於股東會上當場表示異議者，始得為之。至於，未出席股東會之股東，則不受此限制。

七、公司法第 189 條之 1 法院駁回之適用問題，於「違反之事實非屬重大且於決議無影響者」，應以股東之立場為評斷，應以重要性作為基準，而非機械式地僅以表決權數結果是否影響為斷，倒果為因，如此則除了錯將重點置於「於決議無影響」外，應是對於本條條文之誤解，從而忽視其規範目的之真意所在。

八、任何權利皆可能被濫用，股東會決議之撤銷權，自不免在列，對於此類號稱強盜股東之濫用撤銷權，德國學說及法說成例明確顯示，濫用撤銷權之訴，法院應以駁回，而公司並可據其違反誠信原則、忠實義務或善良風俗等，向濫訴之股東請求損害賠償，亦有其值得臺灣取法之處。

*本文原以「臨時動議減資的法律問題——兼論公司法第 172 條第 5 項規定法制之檢討」為題，發表於《法學叢刊》，第 238 期，第 60 卷第 2 期 (2015.04)

董事會召集股東會決議瑕疵對股東會決議的效力

關鍵字：決議瑕疵、決議無效、決議得撤銷、召集程序、瑕疵補正、合議機關、董事會決議瑕疵、法官造法、德國股份法、法律安定性、董事內部責任、董事外部責任、失權、形成之訴、確認之訴、決議不成立

一、前言

董事會所為召集股東會與召集事由的決議，如果因董事會召集程序的瑕疵而無效時，但卻在如此情況下仍然召集股東會，則其股東會之決議效力如何，誠屬公司法重要且複雜的問題。原因在於，我公司法對於股份有限公司股東會與董事會此兩法定機關分別設有召集程序(公 172、204)[1]，但條文規定簡略，整體規範架構並不周全，例如董事會違反召集程序所為之決議效果如何，尚乏明文規定。或者，雖然公司法設有股東會之召集程序或其決議方法，違反法令或章程時，股東得訴請法院撤銷其決議之規定(公 189)，但是其適用對象，應限於董事會合法召集議事(公 204I)，所為之召集股東會決議有效後，因此而啟動召集股東會時，卻因其股東會之召集程序違法，或出在召集期限，

[1] 以下「公」簡稱所謂者，乃指中華民國一百零二年一月三十日總統華總一義字第 10200017781 號令修正公布之公司法。

或出在召集事由，則此時股東會之決議，才得以依法由股東訴請撤銷之，如此始合乎現行法制之法理要求。

因此，如果董事會已經違法召集議事(公 204I)，則其所為召集股東會之決議既屬無效，雖說公司法上規定董事會具有召集股東會之權限(公 171)，然而在此情況下其實已不具召集股東會的權能(unbefugt)，等同是無召集權人。所以，如果董事會仍然召集股東會議事，則股東會決議之效力，即可因其為無召集權人所召集者(召集人不適格)，致使決議不成立(無決議)，或者決議因法律行為違反強制規定(民 71、73)而無效，均屬法理上可通，法制上可選擇之道。

但是，如果硬將決議解為是股東會召集程序之違法，援引適用公司法第 189 條撤銷決議之規定，則除非是法律有明文視為、準用規定或類推適用外，不然則存在直接將兩個不同法定機關視為一體，完全忽視兩機關各自功能職分之風險外，法律邏輯上也會出現董事會原本召集議事違法而無效的召集股東會決議，質變而成為合法召集議事所為之有效召集股東會決議。更何況因此將致使股東會決議基本上就是有效，因為除非有股東提起撤銷之訴，才得以形成決議變成無效的結果，不然該決議其實都是持續發生法律效力的。問題是，怎麼會前端是存在瑕疵的無效，到後端卻轉成有效的結果，所以，橋究竟是怎麼搭過來的，都亟待法制法理的澄明。

最高法院 97 台上第 925 號[2]與 99 台上第 1401 號判決[3]，都事涉董事會召集股東會決議瑕疵時，股東會所為決議效力如何的問題，除當事者雙方於歷審過程中都繞著公司法第 189 條撤銷決議之訴打轉，顯然其主張立論仍執意於股東會召集期限與召集事由之瑕疵，而更可惜的是最高法院沒有趁此大好機會，或者據法條以明析兩會間規定之意涵，或者藉法官造法法律續造之功

---

[2] 臺中地院 95 年度訴字第 2424 號判決；臺中高分院 96 年度上字第 201 號判決；最高法院 97 台上第 925 號判決(發更)；臺中高分院 97 年度上更(一)字第 24 號判決。(以下稱「裕源案」)

[3] 臺北地院 97 年訴字 3799 號判決；高等法院 98 年上字 852 號判決；最高法院 99 年台上字 1401 號判決(發更)；高等法院 99 年上更(一)字 100 號調解成立。(以下稱「瑞穗案」)

能，建構何以董事會召集股東會決議瑕疵，即是股東會違反召集程序之瑕疵決議而得撤銷(或無效)之的論述，提供法制規範的明確答案，以建構董事會與股東會兩機關間決議瑕疵連動關係究應如何規範的法律發展。因此，本文即以董事會召集股東會決議瑕疵對股東會決議的效力為題，並以上述最高法院相關判決資料為例，就股東會召集權限，董事會召集決議瑕疵及其對股東會決議效力之連動關係，除分析檢討現行法規定外，亦參酌德國公司法學說及股份法立法例，提供法制法理規範可行建議。

二、董事會合法召集股東會決議對股東會決議的效力

股份有限公司乃是以營利為目的之社團法人(公 1)，組織運作上必須藉由機關意思以決定之。而且，股份有限公司三法定必備常設機關─股東會、董事會及監察人，除監察人各得單獨行使職權外(公 221)，其餘股東會與董事會兩機關，莫不經由成員對所提議案事由投票表示其同意或不同意之意見，採會議民主多數決的機制，藉決議以為機關行事之合法基礎。至於，決議之法律性質，我通說認為是共同行為(Gesamtakt)[4]，屬法律事實，而非法律關係，應不得為確認之訴之標的。所以，如果董事會意欲召集股東會時，即必須經由董事會決議後召集始具合法性，因此，在未經決議的情況下，卻直接通知召集股東會，即屬不法，蓋此決議實屬不可缺少的(unverzichtbar)[5]，乃是合法

[4] 最高法院 71 年度上字第 4013 號判決；臺灣高等法院 92 年度上字第 1121 號判決；王志誠，〈董事會決議瑕疵之效力〉，《法學講座》，第 32 期，2005 年 3 月，頁 65；王澤鑑，《民法總則》，2000 年 9 月，頁 200。而在德國則是十九世紀公司法釋義學(Dogmatik)爭議所在，契約說(Vertrag)、共同行為說(Gesamtakt)及特定集體意思行為(kollektiver Willensakt eigener Art)各有其擅場，但目前通說一致認為，決議乃特定法律行為(Rechtsgeschäft eigener Art)，投票為意思表示(Stimmabgabe als Willenserklärung)，s. Karsten Schmidt (statt aller), Gesellschaftsrecht, 2. Auflage, 1991, Köln: Carl Heymanns Verlag, S. 355。故若從兩國法制比較，實有深論之必要，但因非屬本文論述所在且更限於篇幅，本文乃有意忽略其間異同之研究。

[5] Uwe Hüffer, Aktiengesetz, 10. Auflage, 2012, Rn. 6 zu § 121.

召集股東會的前提要件。

(一) 股東會原則上由董事會召集之

公司法第 171 條規定，股東會除本法另有規定者外，由董事會召集之。而所謂「本法另有規定者」，乃指例外得由監察人、少數股東、重整人或清算人召集股東會等情形：(一)由監察人召集者，如監察人得於董事會不為召集或不能召集股東會時，或得為公司利益於必要時召集股東會[6](公 220)；或依公司法第 245 條規定，繼續一年以上，持有已發行股份總數百分之三以上之股東，於聲請法院選派檢查人，檢查公司業務帳目及財產情形，法院對於檢查人之報告認為必要時，得命監察人召集股東會(公 245III)；(二)由少數股東報經主管機關許可召集者，依法必須繼續一年以上，持有已發行股份總數百分之三以上股份之股東，得以書面記明提議事項及理由，請求董事會召集股東臨時會。而於請求提出後十五日內，董事會不為召集之通知時，股東得報經主管機關許可，自行召集；或因董事股份轉讓或其他理由，致董事會不為召集或不能召集股東會時，得由持有已發行股份總數百分之三以上股份之股東，報經主管機關許可，自行召集(公 173)；(三)由重整人召集者，公司重整人應於重整計畫所定期限內完成重整工作；重整完成時，應聲請法院為重整完成之裁定，並於裁定確定後，召集重整後之股東會選任董事、監察人(公 310 I)；(四)由清算人召集股東會者，因清算人於執行清算事務範圍內，其權利義務與董事同(公 324)，自有權利召集股東會決議諸如解任非由法院選派之清算人(公 323 I)、議定非由法院選派清算人之報酬(公 325 I)、承認清算人檢查公司財產情形所造具並經監察人審查之財務報表及財產目錄(公 326 I)、承認清算人於清算完結所造具並經監察人審查之清算期內收支表、損益表、連同各項簿冊(公 331 I)或選任檢查人檢查前項簿冊是否確當(公 331II)、同意清算人

---

[6] 劉連煜，對所謂「必要時」之精闢見解，請見其專論，〈論監察人之股東會召集權限〉，載於氏著，《公司法理論與判決研究(三)》，著者自版，2002 年 5 月，頁 219 以下。

將公司營業包括資產負債轉讓於他人(公 334、84II)。唯此等例外情形，原非本文論述所在，故僅略及其適用事例，而後主要聚焦於董事會召集股東會之規定。

(二) 應經董事會之合法決議始可

董事會作為公司業務之執行機關(公 193 I)，乃股份有限公司法定必備常設之機關[7]。我公司法規定公司董事會，設置董事不得少於三人(公 192 I)，而且，董事成員地位相同(Gleichberechtigung)[8]，故就董事會整體而言，本質上屬於合議機關(Kollegialorgan)。公司法第 202 條明文規定，公司業務之執行，除本法或章程規定應由股東會決議之事項外，均應由董事會決議行之。而股東會之召集，即屬公司業務內容，因此，董事會遇有召集股東會時，不論是股東常會或是股東臨時會，都必須經董事會之合法決議始可。

1. 應以董事會合法召集程序為前提

公司法第 171 條明文，股東會原則上由董事會召集之，規定董事會召集股東會的權限，但是，此項啟動股東會召集權限的基礎，必須是來自於董事會有效召集股東會的決議始可。公司法第 204 條對董事會設有召集程序，規定董事會之召集應載明事由，於七日前通知各董事及監察人。此召集通知規定之目的，在使所有董事能夠事先知曉所議何事，並就議案先為準備，以為屆期與會議事時，能夠充分表達意見與作出決議[9]。而且，作出決議

---

[7] 柯芳枝，《公司法論》，1999 年 10 月，頁 290；廖大穎，《公司法原論》，2002 年 2 月，頁 190；王泰銓，《公司法新論》，1998 年 1 月，頁 339；施智謀，《公司法》，1991 年 7 月，頁 153；另學者王文宇更指明，董事仍不失為公司之法定、必備之業務執行機關，非僅屬董事會之構成員而已，《公司法論》，2003 年 10 月，頁 327。對此賴源河則持反對看法，請參其《公司法問題研究》(一)，頁 306，1982 年。

[8] Karsten Schmidt, aaO., S. 681.

[9] 最高法院 97 台上第 925 號「裕源案」判決，「公司法第二百零三條至第二百零七條分別規定董事會召集之相關程序及決議方法，其目的即在使公司全體董事能經由參與會議，互換意見，集思廣益，以正確議決公司業務執行之事項。」最高法院 99 年度台上字第 1650 號民事判決亦相同旨趣。

(Beschlussfassung)本身即屬執行業務之舉措(Geschäftsführungsmaßnahme)，所謂機關意志形成的過程，乃是整體董事之事物(Sache der Gesamtvorstandes)[10]，故為求保障所有董事執行業務之權責不受侵害，因此，公司法第 204 條應屬強制規定，而非訓示規定，斯可以和董事會權責本質相符[11]。

召集通知應以書面為之，除非經相對人同意者，始得以電子方式為召集之通知。而且，斯不論通知究係採書面或電子方式為之，其通知期限之計算，目前通說均採發信主義，其發信之始日不算入(民 120II)，而自通知之翌日起算至開會前一日[12]。但是，此董事會「七日之期」通知期限之規定，於遇有緊急情事時，得例外隨時召集之(公 204I但書)。唯須注意者，此例外隨時召集之規定，乃「例外」於七日之期，因此，其召集事由仍應於通知各董事及監察人時，至少稍事說明，始可謂無違法律之規定，切不可僅以緊急情事，遂置事由內容之通知於不顧，甚至故作神秘，「來吧，趕快來開會，來了就知道！」(沒有什麼事不能講的，而且董事尚有守密義務，Verschwiegenheitspflicht)，所以，如果有未通知事由者，此時應不受此例外條款之保障。至於，何謂「緊急情事」，經濟部曾經函釋，乃指「事出突然，又急待董事會商決之事項而言。[13]」但觀此函釋效果，誠屬同義重覆贅詞(Tautologie)而已，其實並未提供任何明確解決之道，因此，對於此「緊急情事」之不確定法律概念，應依個案判斷方式定奪之，而無法企求其界定具體統一之定義。

[10] Hefermehl/Spindler in Münchener Kommentar zum Aktiengesetz, Band 3, 2. Auflage, 2004, Rn. 1 zu § 77; Barz in Großkomm. AktG, 1973, Berlin: De Gruyter, Anmerkung 7 zu § 121.

[11] 持不同意見者，如裕源案台中高分院 96 年度上字第 201 號判決。

[12] 行政院金融監督管理委員會 99.05.05 日金管證發字第 0990018983 號函釋。

[13] 經濟部民國 90 年 10 月 29 日商字第 09002526570 號函。

2. 召集程序瑕疵因全體董事出席且無異議開始議事而補正

如上所述，董事會之召集程序，應指召集期限(七日前或例外得隨時)與召集事由(書面或以電子方式通知)而方面，都合乎法律規定者，始具備董事會合法開會議事的基礎。因此，如果董事會或漏未通知各董事及監察人，或因召集期限及召集事由未合法律規定者，即存在董事會召集程序之瑕疵。問題是，此召集程序之瑕疵，能否因全體董事出席無異議議事而治癒(Heilung)補正？對此法務部曾經函釋[14]，若全體董事皆已出席董事會，對於董事會瑕疵之情事並無異議，且參與決議，則任何人皆不得主張該董事會所為之決議因召集程序之瑕疵而無效。影響所及，我國學界通說及最高法院都持肯定的立場[15]。

事實上，此肯定補正的立場，相當值得贊同，原因在於其吻合通知的功能目的，與董事會合議組織及責任歸屬的法制理念[16]。蓋董事會既為合議機關，則共同執行業務與共同負責(Gesamtgeschäftsführung und Gesamtverantwortung)，即為其共同體的本質特性[17]，故當我公司法對董事會採集體執行，而非民法單獨執行業務之董事制度時[18]，從董事權責相當的原則以觀，自應

---

[14] 法務部 75 年 5 月 24 日(75)法參字第 6230 號函。

[15] 劉連煜(以代詳舉)，《現代公司法》，2007 年 2 月，頁 415；最高法院 99 年台上字 1401 號判決。

[16] 或有以董事忠實義務之觀點出發，董事原應親自出席董事會，以為「嚴格遵守程序自有其理。」本文並不贊同，因其推論似有問題，概忠實義務是我來了，我執行業務(包括作出決議)時應盡的義務，問題是現在何時開會以及所議何事，我都不受通知，又與忠實義務何干。請參曾宛如，董事會決議瑕疵之效力及其與股東會決議效果之連動──兼評九十七年台上第九二五號判決，《台灣法學雜誌》，第 120 期，2009 年 1 月，頁 189 (191)。

[17] Karsten Schmidt, aaO., S. 681f.; Uwe Hüffer, Aktiengesetz, 10. Auflage, 2012, Rn. 3~18 zu § 77; Seibt in K. Schmidt/Lutter (Hrsg.), AktG, 2008, § 77 Rz. 4~6.

[18] 廖大穎，前揭書，頁 196；王泰銓，前揭書，頁 339。德國股份法(§ 70 Abs. 2 AktG 1937)曾明文賦予董事長獨斷權(Alleinentscheidungsrecht)，於董事成員間執行業務意見不一致時，由董事長獨裁之，但由於斯制易使董事長對重要決策不須與其他董事詳細討論，而失諸決定輕率致危害公司，故為現行股份法制所不採，立法理由請參 Bruno Kropff, Aktiengesetz, 1965, Begründung RegE zu § 77, S. 99.

通知所有董事何時議事及所議何事，以保障其董事職權之行使，藉通知期限的規定，便利準備相關事宜，不管是行程的安排或是議案的掌握了解等，因此，當召集程序即使瑕疵在先，但如全體董事出席且無異議開始議事，則其瑕疵自然治癒，更自不容許會議後再有任何人主張召集程序存有瑕疵，應無疑義。

至於，是否必須如學者建議，應得董事主動放棄收受開會通知權利的特別規定[19]，本文持反對意見：一來主動放棄之聲明究應通盤或個案處理，其規定將使法制陷入不必要的細節規範；再者，如能事先詢問董事放棄收受通知意向如何，則直接通知啟動召集程序即可，何必大費周章於函電往返之間。尤其是，在現今通訊科技發達的時代，美國證券交易委員會(SEC)都宣稱[20]，只要事先通知投資者計劃使用哪些網站來披露重要信息，公司即可通過Twitter、Facebook 及其他社交媒體宣佈重要信息，面對龐大股東群之通知尚可如此，何苦對平日相互間實若共同體的董事會成員不能善用此科技方便性。現行董事會召集程序的規定，本就應善用此科技利基適度放寬修正，何苦再背道而馳，增益法制或企業不必要的成本負擔。

當然，此召集程序瑕疵補正之例，無論其瑕疵出於漏未通知(即便董事與議案事項有自身利害關係加入表決有害於公司利益之虞者，亦應通知[21])，或是通知不合召集程序，僅適用於全體董事出席且無異議開始議事的情況而已，所以，當董事會之召集，並未對所有董事通知，致不受通知之董事未能出席者，或是未受通知之董事自行到會但表達程序瑕疵而馬上離席者；或者是所有董事受有通知，但有董事到會表達程序瑕疵而馬上離席未與會議事

---

[19] 陳俊仁，〈論董事會召集程序與決議方法瑕疵之效力──評最高法院 99 年度台上字 1401 號民事判決〉，《中正財經法學》，第 3 期，2011 年 7 月，頁 37。

[20] http://news.cnyes.com/Content/ 20130403/KH780CCBP4WX6.shtml (last visited: 2013/4/3)。

[21] 最高法院 70 台上字第 3410 號判決，「公司法第 206 條第 2 項所準用之第 178 條規定：『股東對於會議之事項有自身利害關係，致有害於公司利益之虞時，不得加入表決』，其準用之結果，亦僅董事對於會議(指董事會)之事項，有自身利害關係，致有害於公司利益之虞時，不得加入表決而已，非謂董事會之召集權人，享有不通知利害關係之董事出席之權限。」

者，皆屬召集程序之瑕疵，其所為之決議自屬無效[22]，而且與決議是否經多數決通過者，完全無關，切不可倒果為因，以多數決通過之數，去合法化董事會之召集瑕疵[23]。但是，如有董事雖提出召集瑕疵異議之說，卻續留在現場而參與議事者，則應適用瑕疵補正之例，不可以決議結果不合己意而更行主張召集程序瑕疵。

3. 延期或續行會議即無另行重新召集程序之必要

董事會召集董事議事，如果未足法定人數而流會，或因討論事由激烈未能定案，或受限於時間而於會中有續行會議之議者，是否必須重新另行召集程序呢？雖然，公司法對股東會有類此規定，「股東會決議在五日內延期或續行集會，不適用第172之規定」(公182)，但對於董事會卻乏明文亦無準用之規定，而僅於公開發行公司董事會議事辦法第12條第1項規定[24]，「已屆開會時間，如全體董事有半數未出席時，主席得宣布延後開會，其延後次數以二次為限。延後二次仍不足額者，主席得依第3條第2項規定之程序重行召集。」因此，在立法未有明確規定情況下，實有必要藉法理法制之說明，以填補此法律漏洞[25]。

本文認為如果董事會有續行(Fortsetzung)之議者，應無另行重新召集程序

---

[22] 我國通說，劉連煜(以代詳舉)，前揭書，頁415；德國公司法實務上，於1960年史列斯維格邦高等法院(OLG Schleswig)判決中(NJW 60, 1862)，即明確肯定其無效之說，Meyer-Landrut in Großkomm. AktG, 1973, Berlin: De Gruyter, Anmerkung 5 zu § 77.

[23] 臺灣高等法院暨所屬法院65年度法律座談會結論：「……，倘召集董事會時，……，其漏未通知，並有影響決議結果之虞時，……，應認該決議係當然無效。」及裕源案臺中地院95年度訴字第2424號判決之立論，應不可採。

[24] 中華民國一百零一年八月二十二日金融監督管理委員會金管證發字第1010034136號令修正發布第3、7、11、16、17條條文。

[25] 法律難免漏洞(Non est regula quin fallet)，或如Karl Larenz所說「法律必然有漏洞」(Jedes Gesetz ist unvermeidbar lückenhaft), Methodenlehre der Rechtswissenschaft, 6. Auflage, 1991, S. 366；或Arthur Meier-Hayoz於瑞士民法註釋書所言「法律充滿漏洞」(Gesetze sind lückenhaft), Berner Kommentar zum schweizerischen Zivilgesetzbuch, Einleitungsband, 1962, N 311 zu Art. 1 ZGR；國內對法律漏洞及填補續造之說，基本上已具共識，只是法院實務對法官造法態度仍顯保守。

之必要。所持立論理由，乃基於「通知」的規範目的，均在使會議成員能夠事先知曉所議何事，藉以保障組成員之權益，既然會議召集事由已為成員所悉，斷無因事實情況而有續行會議之需時，必須另行重新召集程序，因此，續行會議既為與會董事之意思決定，本身已具合法性，故董事會續行會議，應有類推適用公司法第 182 條之必要。唯須注意者，是否應經決議並在五日內續行集會，基於股東會與董事會之組織權責設計理念不同，為使董事會運作更具彈性及切合實務需要，「五日內」之限實無必要，只要董事長略詢在場董事裁決續行會議時間即可。

至於，延期會議乃受限於法定出席人數之規定，實不得不然之必要作法，更無另行重新召集程序的問題。蓋從公司法制以觀，並無強迫組成員與會的規定，開會的合法基礎原則上以多數出席即可(嚴格多數者為例外)，而於出席人數不足情況下，股東會尚可藉假決議之制調節，董事會自然只有延期會議之途了，因此，公開發行公司已有上述董事會議事辦法第 12 條第 1 項規定可以依循，其他非屬公開發行公司自可類推適用，由主席宣布延會日期，至於，其次數應否以二次為限，考量此類公司多具閉鎖性特質，應可從寬處理，直至董事多數成員出席開會議事。

問題是，延期或續行會議中增列原本召集事由所無之議案，究竟應怎麼處理，始合乎公司法制法理？是視其為召集程序之瑕疵，直接否定其開會議事的合法基礎，抑或是有更為適當的作法，本文認為應就事由性質以為定奪，如其事由董事會決議後即為執行業務之依據者，因事涉董事會權責，宜以召集程序瑕疵之制處理，但若尚需召集股東會決議始具合法性者，董事會最多也只是把案子往上送給公司最高機關股東會去議決而已，不應視為是召集瑕疵，以避免不必要的法律疑義與爭訟，例如裕源案中其實無需陷入董事會「第 4 次」或「第 5 次」的迷離中，只要確認是續行會議即可，當然，如果僅是裁示散會而無明確續行會議之表示，那接續未的董事會自應視為是新會議，必須另行召集程序始為合法。

(三) 董事會召集股東會決議合法始有未來股東會決議瑕疵的問題

當董事會具備合法開會議事的基礎後，即可就召集股東會的案由討論表決，其中只要對股東會之召集日期及召集事由經過半數董事出席，出席董事過半數同意者(公 206 I)，其決議即為通過，而且，此召集股東會之決議，並無適用董事與議案事項有自身利害關係，例如選任董監事、董監事薪酬案而必須迴避之情事(公 206II III 、178、180II)，甚至因此計入應迴避表決權數而主張決議瑕疵之可能，蓋此決議僅在作為後續通知公告各股東以啟動召集股東會議事之法律基礎而已，故因此所發出之召集股東會，究竟其召集名義是以董事會具名、或董事長具名或公司名義具名，放諸公司實務自行處理即可，應不影響召集股東會之法律效力[26]，自非法律爭議之所在。

所以，如果董事會召集股東會之程序，於召集期間或召集事由並未合乎公司法第 172 條之規定，則此時始見董事會與股東會兩機關間決議瑕疵的連動關係，其股東會未來所作之決議，才有可能依第 189 條規定提起撤銷之訴。

(四) 股東會決議形式因素程序的瑕疵

在董事會合法召集股東會決議後，能連動對股東會決議發生效力者，僅有公司法第 189 條所規定，股東會召集程序違反法令或章程，瑕疵出於如下形式因素程序的部分而已。

1. 瑕疵出於召集期間者

依公司法第 172 條規定，應載明召集事由通知及公告，於股東常會之召集，應於二十日前通知各股東，對於持有無記名股票者，應於三十日前公告之。於股東臨時會之召集，應於十日前通知各股東，對於持有無記名股票者，

[26] 經濟部「股東會開會通知書須蓋用董事會印章，抑或公司印章，則法無明文。惟目前實務作業上為表明股東會係由董事會召集之事實，習以蓋用董事會印章。」（84 年 4 月 14 日商字第 205953 號函）。

應於十五日前公告之。於公開發行股票之公司股東常會之召集，應於三十日前通知各股東，對於持有無記名股票者，應於四十五日前公告之。於公開發行股票之公司股東臨時會之召集，應於十五日前通知各股東，對於持有無記名股票者，應於三十日前公告之。而且，若事先經相對人同意者，其通知亦得以電子方式為之。(同條 I ~IV項)

此召集通知亦如董事會之例，通說均採發信主義，以召集通知書寄出之日為準，而非採到達主義，故不以受通知人何時收到，作為股東會召集效力之評定。問題是，公司法並未對如何計算期間設有特別規定，自應適用民法第 119 條、第 120 條第 2 項始日不算入之規定，自通知之翌日起算足至公司法所定期間之開會前一日。事實上，不為特別規定，應是法政策的最佳選擇，如德國股份法舊法(§ 107 Abs. 1 S. 2 AktG 1937)即採召集日為政府公報公告日，且不計入期間計算等特別規定，但卻反而因此致生不必要的疑慮，故為現行法所廢棄[27]，而如我國般回歸民法規定(§§ 186, 187ff. BGB)。所以，假設公司訂於 2 月 20 日召開股東臨時會，依公司法第 172 條第 2 項規定應於十日前通知各股東，則至遲 2 月 9 日即應通知各股東[28]。代表公司之董事，違反此通知期限之規定者，處新臺幣一萬元以上五萬元以下罰鍰(公 172 VI)。而且，即便股東會作出決議，亦因其違反公司法第 189 條召集程序之規定，而有決議得撤銷之可能。

2. 瑕疵出於董事會決議之召集事由與股東會之召集事由不一致者

從董事會召集股東會之連動關係以觀，董事會決議之召集事由應即是股東會之召集事由，而且，公司法第 172 條第 5 項規定，有關選任或解任董事、

---

[27] Günter Henn, Handbuch des Aktienrechts, 4. Auflage, 1991, S. 321; Barz in Großkomm. AktG, 1973, Berlin: De Gruyter, Anmerkung 4 zu § 123.

[28] 為現行通說，請參經濟部 69 年 11 月 10 日商字第 38934 號函；經濟部 84 年 2 月 25 日商字第 202275 號函；最高法院 84 年 1 月 17 日 84 年度第一次民事庭會議決議；最高法院 84 年台上字第 972 號判決；經濟部 95 年 7 月 14 日經商字第 09502101500 號函；經濟部 99 年 4 月 9 日經商字第 099020036620 號函；柯芳枝，前揭書，頁 252。

監察人、變更章程、公司解散、合併、分割或第 185 條第 1 項各款之事項，應在召集事由中列舉，不得以臨時動議提出。據此可知，股東會對於召集事由之議決權限，包括明列於召集通知之事由，以及以臨時動議提出之事由。這其中，任何得以臨時動議提出之事由，意即不在第 172 條第 5 項列舉事由內，其議案只要不違反公司法第 174 條第 178 條表決方法之規定，經過股東會表決通過後即具合法性，不生任何瑕疵之疑慮。

但是，如果股東會通知上明列之召集事由，有溢出董事會原本決議之召集事由者，其可為公司法第 172 條第 5 項所列舉之任何事由，例如選解任董監事、公司解散合併等，或者是問題更嚴重複雜──那就是股東會都開了，溢出的議案也經股東投票且達法定表決權數通過了，則此時究應如何處理？是質疑董事會召集股東會之合法性，既然其事由並未經合法議決程序，先天已具違法質性，自不為決議，應依董事會決議瑕疵效力的問題來處理？抑或是回歸召集事由載明之立法目的，乃就特定議程以拘束業務執行機關，股東據此能有所準備[29]，以及現行公司組織法制的設計理念，既然我國仍採行股東會選任董監事之董監雙軌制，董監權力的正當性來自公司之委任，何況，姑且不論究屬董事會優位主義或股東會優位主義之爭議[30]，對於依公司法或章程規定應由股東會決議之事項，即使董事會於執行業務時，仍須依此決議行之，股東會仍具公司最高機關的地位，所以，既然股東會將要或已經攬起事由來自己作出決議了，此時再去爭議董事會決議瑕疵效力，既無益於解決問題，更是毫無必要，而是應完全委諸股東會決議瑕疵機制來處理即可。

---

29 Günter Henn, Handbuch des Aktienrechts, 4. Auflage, 1991, S. 328.

30 曾宛如，〈股東會與公司治理〉，《臺大法學論叢》，第 39 卷第 3 期，頁 109 以下，2010 年 9 月；陳俊仁，〈論股東於公司之地位──股東於公開發行公司角色與功能之檢視〉，《成大法學》，第 12 期，頁 185 以下，2006 年 12 月；張心悌，〈股東提案權之省思──兼以代理成本與 Arrow 定理觀察之〉，載於《賴英照大法官六秩華誕祝賀論文集──現代公司法制之新課題》，2005 年 8 月，頁 279 (281 以下)。

三、董事會召集股東會決議瑕疵對股東會決議之效力

(一) 董事會決議瑕疵者無效

目前學說上以董事會之瑕疵決議自屬無效者最具影響力，意即董事會決議之瑕疵，無論其是否出於召集程序或決議方法等程序上之瑕疵，或決議內容違反法令章程之瑕疵，其決議自屬無效，利害關係人均得隨時以任何方式主張之，不必限於以訴之方式，亦得以抗辯方式行之[31]。因此，如果董事會並未依公司法第 204 條之規定，或合法決議召集事由者，則此召集股東會之決議，即因其召集程序之瑕疵，應為無效。

此無效之說，亦為司法實務所採，例如「因董事會之召集程序違反法令時，公司法並未設特別規定，並無董事會決議得訴請撤銷之規定。董事會與股東會性質不同，不能準用公司法第 189 條之規定，……，依設定董事會制度之趣旨以觀，應認該決議係當然無效。[32]」臺北地院於瑞穗案所持之立場，「該臨時董事會之程序與決議顯有瑕疵，依前開說明，應認該臨時董事會之程序暨其決議，因違反公司法第 204 條之規定，應為無效。[33]」及最高法院判決裕源案的主張[34]，「董事會之召集程序違反法律，所為決議無效。乃原審認公司法第二百零四條本文僅屬訓示規定，而為相反之論斷，據為上訴人敗訴之判決，洵有未洽。」

---

[31] 柯芳枝，前揭書，頁 350；王泰銓，前揭書，頁 344；王文宇，前揭書，頁 360；劉連煜，前揭書，頁 415；廖大穎尚質疑「是否過於嚴苛」，惜未更進一步說明，前揭書，頁 195；賴源河，《實用商事法精義》(修訂新版)，1998 年 10 月，頁 145。

[32] 臺灣高等法院暨所屬法院 65 年度法律座談會民事類第 28 號；司法行政部民國 66 年 8 月 10 日臺(66)函民字 6951 號函。

[33] 臺北地院 97 年度訴字第 3799 號民事判決。

[34] 最高法院 97 年度台上字第 925 號民事判決。

而經濟部則認為決議應不生效力，理由在於，「查撤銷董事會決議之訴係形成之訴，以法律有明文規定者為限。公司法對董事會之召集程序或其決議方法違反法令或章程時，並無規定準用第 189 條規定得訴請法院撤銷，自難作同一解釋。依學者通說認董事會召集程序或決議方法違反法令或章程時，其決議應不生效力。[35]」

除此之外，尚有純然基於公司法第 194 條股東制止請求權實效之懷疑，「然毫無後盾力量支持，似嫌不足」，因而主張應有準用公司法第 191 條「董事會決議無效」之議者[36]。甚至採直接參照適用公司法第 191 條之規定[37]，主張董事會決議之內容違反法令或章程時，應屬當然無效，並視決議內容如可為訴訟標的者，提起確認之訴。但是對董事會決議之程序違法瑕疵，則不能認為當然無效，且亦不得訴請撤銷，概因撤銷之訴，屬形成之訴，法律既無規定，自不得提起，僅得依公司法第 193 條第 2 項及第 194 條規定為之。

(二) 決議無效說之困境檢討

上述決議無效說，自有其論證立場，然經詳加審究，卻不免發現其不足處，例如董事會之決議，無論其瑕疵出於程序形式因素或內容實質因素，其決議自屬無效者，雖立場明確堅定，可惜並未對何以故應為無效之說多所闡明，況且，「任何利害關係人均得隨時以任何方式主張之」，明顯與法律安定性(Rechtssicherheit)有違。而法院於適用公司法第 204 條時[38]，判決理由既已提及非屬「訓示規定」、「董事會與股東會性質不同，依設定董事會制度之趣旨以觀」，原本可以藉此從整體公司法制法理確立其論證權威，但亦未更進一步有所申論，難免有訴諸權威謬誤(fallacy of appealing to authority)之憾。至於，直接參照適用公司法第 191 條規定，於董事會決議內容違反法令或章程，

---

35 經濟部民國 80 年 6 月 12 日商字第 214490 號函。

36 武憶舟，《公司法論》，1984 年，頁 337。

37 梁宇賢，《公司法論》，1986 年 7 月，頁 405 。

38 臺北地院 97 年度訴字第 3799 號民事判決；最高法院 97 年度台上字第 925 號民事判決。

應屬當然無效之說，更是缺乏法律明文規定。

再者，持論撤銷之訴因屬形成之訴[39]，故當法律既無明文或準用公司法第 189 條之規定，董事會之瑕疵決議，即無可能有撤銷之例者，則是倒果為因的說法。而且，公司法第 194 條股東制止請求權[40]，根本上與董事會決議瑕疵如何，實屬兩回事，不可僅以股東制止可能不夠力，就應準用公司法第 191 條而認董事會之決議無效。

最後，是董事會決議無效之說，實在無解於股東會決議效力的問題。就誠如本文前言所指，董事會召集股東會的決議既屬無效，召集股東會的權能已受質疑，則股東會決議的效力，即可因其為無召集權人所召集者(召集人不適格)，致使決議不成立(無決議)[41]，或者決議因法律行為違反強制規定(民 71、73)而無效，但切不可如現行司法裁判(德國稱為「法說」Rechtsprechung)常見爭訟，援引適用公司法第 189 條撤銷決議之規定，硬將決議解為是股東會召集程序之違法，造成法律邏輯上出現董事會無效召集股東會之決議，質變而為合法召集股東會決議的風險，甚至轉而成為股東會決議瑕疵的問題，致使股東會任何決議，基本上皆屬持續有效的狀態，因為除非有股東提起撤銷之訴，才得以形成決議無效的結果，所以，橋究竟是怎麼搭過來的，亟待公司法明文修正，或在法律尚乏明文準用規定時，藉法官造法之功以填補此

---

[39] 不同於我國仍持撤銷是形成之訴，無效則是確認之訴。德國目前通說認為，不只撤銷之訴(Anfechtungsklage)，即使是無效之訴(Nichtigkeitsklage)，皆為形成之訴(Gestaltungsklage)，無效之訴具有形成效果(Gestaltungswirkung), Jan Wilhelm, Kapitalgesellschaftsrecht, 3. Auflage, 2009, Rn. 901。其實此種立論早有其脈絡可循，請參 Theodor Kipp「法之雙重效果」經典論文, Über Doppelwirkungen im Recht, insbesondere über die Konkurrenz von Nichtigkeit und Anfechtbarkeit, Festschrift für Martitz, 1911, S. 211-233。

[40] 有關此制參酌美日立法例之介紹，林咏榮，《新版商事法新詮》(上)，1985 年 3 月，頁 301；柯芳枝，前揭書，頁 342；梁宇賢，前揭書，頁 404。

[41] 決議不成立之說，仍為國內學者、主管機關與法院實務視為是自應與決議無效、得撤銷同等並列的類型，並可再依其不同樣態而有不同之稱呼，例如決議並非經股東會作成者，像過去公司實務曾有的街頭股東會，是為無決議(Nichtbeschluss)，或是非由股東而是其他人藉股東會形式作成者，稱為形式決議(Scheinbeschluss)，此等決議當然都不具有任何效力。德國過去公司法亦有此主張，但現今通說則不採，認為誠屬多餘(überflüssig)而已，s. Hüffer in Münchener Kommentar zum Aktiengesetz, Band 7, 2. Auflage, 2001, Rn. 11 zu § 241.

法律漏洞，如此，則德國立法例實具有參考的價值。

(三) 德國立法例之參考

1937 年，德國立法制定股份法(Aktiengesetz, AktG)時，第 195 條規定股東會未由董事會本於多數決決議或其他有權之人，載明相關內容時間地點等資料通知及公告召集者，除非經所有股東出席或代理出席，否則其決議無效[42]。立法例即採董事會決議瑕疵者，其股東會決議無效之方式處理，但於例外情況下，則排除無效而為決議有效之說。此規定於 1965 年股份法修正時，內容並無實質(sachlich)變更，而僅移列為第 241 條第 1 款，規定董事會違法召集者(§ 121 Abs. 2, 3 AktG 1965)，股東會之決議無效，唯於例外情況，因股東全員到齊(Vollversammlung)，包括無表決權之特別股股東或表決權受限制之股東，股東如不出席則應委由他人代理出席，而有開會及對事由依法定表決權數作出決議者，即排除無效之可能，完全不問股東是否必須要明確表達放棄遵行有關召集之條文規定[43]。但是，若有股東表達應依法召集行事，則對於股東會之決議，僅能於當場提出異議並經記錄者(Widerspruch zur Niederschrift)，始有同法第 245 條第 1 款撤銷決議之權(§ 245 Nr. 1 AktG 1965)。所以，如果股東於作出決議前，並未有任何異議表示，即意謂放棄股東會召集方式之抗辯，自不得隨後再對決議提起撤銷之訴[44]。

---

[42] 德國股東會決議無效法制之發展，可謂淵源流長。1862 年，德國一般商法典(ADHGB)對於股東總會(Generalversammlung)之瑕疵決議，無論是得撤銷或是無效，都未有明文之規範。1884 年起，藉股份修正案(Aktiennovelle von 1884)之機，首度規定決議瑕疵得撤銷(Art. 190 a, b, Art. 222 ADHGB)，此規定於 1897 年商法典(HGB)制定時，成為該法第 271~273 之規定，但是，仍然全無決議無效之明文，直至 1937 年股份法從商法典獨立出來時，本於歷年來學說(Rechtslehre)及法說(Rechtsprechung)的發展基礎，始對於股東會(Hauptversammlung)決議瑕疵詳予規定，而明確區分為決議得撤銷與決議無效(§§ 195 ~ 201 AktG)，請參閱 Schlling in Großkomm. AktG, 1973, Berlin: De Gruyter, Vorbemerkung 1-2 zu Siebenter Teil。

[43] Schlling in Großkomm. AktG, 1973, Berlin: De Gruyter, Anmerkung 14 zu § 241.

[44] 此為帝國法院(Reichsgericht)自商法典施行以來所持之立場，請參 RG in JW 1927, 2982; 1929, 654 (für GmBH).學者 Ziemons 則直指提起撤銷之訴，實屬權利濫用(rechtsmissbräuchlich)，in K. Schmidt/Lutter (Hrsg.), AktG, 2008, § 121 Rz. 60.

1994 年後，因小股份有限公司及股份法去管制法之立法工程[45]，將原相關分散之召集規定，集中修正為第 121~128 AktG 之條文，置第四部第四章第二節股東會召集之節次，而將此全員到齊條款改為第 121 條第 6 款，新法第 241 條第 1 款股東會決議無效之規定，僅適用於第 121 條第 2 與 3,或 4 款(會議地點、召集方式、召集事由等)董事會違法召集之例，第 6 款已不在其列，故舊制所採股東異議決議得撤銷之說，即失去其法律依據。所以，股東會之決議，因董事會違法召集者，無效，但例外於股東全員到齊且無提出異議之情形者，即使違反整個股東會召集節次之規定(§§ 121~128 AktG)，其所為決議仍然有效，既非無效，亦不得撤銷[46]。

當然，此例外有效之規定，其實益究竟如何，學者間看法不一，有認為僅限於股東成員少的公司，特別是關係企業的子企業(Konzerntochterunternehmen)與一人公司而已[47]；或是僅對股東群一目了然的小公司有用，而對上市的公眾型公司而言，因為毫無所有股東到場的可能，根本不適用[48]；或是僅對股東屬閉鎖性的公司有所幫助而已[49]。但是，先不論此例外股東會決議有效規定實際效益如何，至少，將董事會違法召集完全委諸股東會決議機制處理，使董事會召集決議瑕疵對股東會決議效力之連動關係有明確的法律規範，已見法制借鏡價值，而且，除全員到齊條款外，德國股份法對於無效之股東會決議，只要該決議經商事登記(Handelsregister)且過三年之期者(§ 242 II

---

[45] Gesetz für kleine Aktiengesellschaft und zur Deregulierung des Aktienrechts vom 2. 8. 1994 (BGBl, I S. 1961).

[46] Hüffer in Münchener Kommentar zum Aktiengesetz, Band 7, 2. Auflage, 2001, Rn. 35 zu § 241. Schwab in K. Schmidt/Lutter (Hrsg.), AktG, 2008, § 241 Rz. 12；股份法其後雖歷經多次修正，但法制基本規範架構並未改變，最近修正則是 2012 年"Aktiengesetz vom 6. September 1965 (BGBl. I S. 1089), das zuletzt durch Artikel 3 des Gesetzes vom 20. Dezember 2012 (BGBl. I S. 2751) geändert worden ist"。

[47] Günter Henn, Handbuch des Aktienrechts, 4. Auflage, 1991, S. 404.

[48] Mimberg in Marsch-Barner/Schäfer (Hrsg.), Handbuch börsennotierte AG, 2005, § 37 Rz. 15.

[49] “Gesellschaften mit geschlossenem Aktionärskreis” s. Ziemons in K. Schmidt/Lutter (Hrsg.), AktG, 2008, § 121 Rz. 58.

AktG)，即可補正而成為有效之決議，兼顧法律利益保護與法律安定性交易安全之考量，實值得我公司法制參考取法。

四、附論：董事會決議瑕疵之效力

(一) 董事會決議瑕疵非僅只召集股東會決議而已

董事會開會討論召集事由，除召集股東會決議之效力已見前述節次之說明者外，對於其他議案之處理，自有可能因其表決方式或表決內容違法而致生瑕疵：例如於表決方式上，因計入應利益迴避董事之表決權，而不合法定表決權數規定者(公 206 II III)，或應採嚴格多數特別決議(公 208I、246、266、185 V)，而改以簡單多數普通決議者；或於表決內容違法者，如董事會決議將股款發還股東或任由股東收回者(公 9 I)，或違法決議分派股息及紅利者(公 232)，或違法決議董監之報酬者(公 196 I 、227)。則此時究竟應該如何處理，同樣因公司法並無明文規定，致使學界與實務意見紛陳，所以，雖說董事會決議瑕疵之效力，並非本文題目主要論述所在，但仍屬討論董事會召集股東會決議瑕疵，不得不整體觀照的對象，實有予以釐清之必要。

(二) 股東會決議瑕疵之圖像未必適用於董事會

如前(「三、(一)」)所述，目前學說、法說以及主管機關的主流立場，乃以董事會決議之瑕疵，既然公司法並無準用股東會之規定，則無論其是否出於召集程序或決議方法等程序上之瑕疵，或決議內容違反法令章程之瑕疵，其決議均屬無效。但是，仍有學者不同於主流見解，而借用股東會決議瑕疵之圖像，認為董事會決議與股東會決議的本質相同[50]，故而援引現行公

---

[50] 廖大穎，前揭書，頁 195。

司法第189條及第191條股東會決議瑕疵之規定，嘗試建構董事會決議瑕疵之理論，並依瑕疵存在於召集程序或其決議方法與決議內容之不同，而分別處以得撤銷與無效之效力[51]，甚至更就其瑕疵類型而細分為「決議不成立之情形」、「決議成立但程序瑕疵之情形」、「決議成立但內容瑕疵之情形」而有不同之處理建議[52]。

然而，上述兩種不同意見，各有其立論上必須面對的挑戰，如採決議均為無效說者，容易造成法不安定，自有其適用上的困境(見「三、(二)」)，而拘泥於股東會決議瑕疵圖像，細分瑕疵樣態類型化的作法，更恐有規定趨於精細，反而致生治絲愈棼之效，並不符合董事會執行公司業務所需之格局高度，尤其是，如果董事會陷入決議瑕疵的法律爭訟時，除了曠日費時，心力財力多所虛耗外，那究竟是由監察人代表公司向董事會或者是董事提起訴訟呢？還是應由監察人代表公司向公司(由董事長代表)提起訴訟？還是應由董事代表公司向董事會提起訴訟？還是董事會代表公司向董事提起訴訟？還是由董事自行向董事會提起訴訟？還是必須由股東會另選代表公司向董事會提起訴訟？到時候瑕疵類型乘以訴訟當事人組合，那立法規定絕對是個問題，而在法無規定前，學者各家看法主張不同，在在都讓人不免疑惑，何故為了解決個問題反而孳生無窮問題。所以，本文認為應棄此細節化思維，而以董事責任法(Haftungsrecht)相繩，既合乎現行公司法制之理念，亦可保障交易之安全，斯為公司法理與法政策應可考量之道(申論詳「三、(四)」)。

---

51 王銘勇，〈董事會決議瑕疵之效力〉，《新竹律師會刊》，第1卷第3期，1996年3月，頁22-26；何曜琛，〈論股份有限公司股東會、董事會決議之瑕疵及其效力〉，《東吳大學法律學報》，第14卷第2期，2002年12月，頁97 (128以下)；王志誠，〈董事會決議瑕疵之效力〉，《法學講座》，第32期，2005年3月，頁65-81；曾捷民，《董事會決議瑕疵之效力》，國立成功大學法律系碩士班碩士論文，2006年6月；曾宛如，〈董事會決議瑕疵之效力及其與股東會決議效果之連動──兼評九十七年台上第九二五號判決〉，《台灣法學雜誌》，第120期，2009年1月，頁189-192。

52 陳俊仁，〈論董事會召集程序與決議方法瑕疵之效力──評最高法院99年度台上字1401號民事判決〉，《中正財經法學》，第3期，頁1 (23以下)，2011年7月。

(三) 德國現行法制之規範進程

德國現行股份法規定，股份有限公司應設股東會(Hauptversammlung)、董事會(Vorstand)及監事會(Aufsichtsrat)三個機關，此規定屬強制性質，分別職司公司基本決策(Grundlagen)之定奪、統領(Leitung)公司執行業務與監督(Überwachung)業務之執行[53]，其組織設計基本上與我國公司法制同(採單軌制審計委員會[54]者除外)，唯一不同的是我國採監察人單獨行使職權制，而德國監事會則是至少三人的合議機關設計，主要職權在選解任董事及監督董事會執行業務，其成員由股東代表及因產業民主勞工共同決定法(Mitbestimmungsgesetz)所定勞工代表所共同組成，依股份法第 96 條第 1 項規定，其組成有高達六種可能的型態，而且，不管其監事人數多少，都必須能為 3 所整除[55]。下圖所示為兩國股份有限公司機關之架構圖，目的在希望藉對比引發思考，有助於理解本文後續有關決議瑕疵論述時，其法政策上所應選擇之進路。

---

53 Kraft/Kreutz, Gesellschaftsrecht, 11. Auflage, 2000, S. 332.

54 德國雖採董監雙軌制，但其公司治理準則(Deutscher Corporate Governance Kodex)5.3.2 項中明言，監事會應設審計委員會(Prüfungsausschuss)，負責處理特別是對會計表冊、風險管理、遵守法令、查核簽證會計師的獨立性與委任授權、查核重點、薪酬約定等問題。問題是，公司治理準則基本上屬軟法(soft law)性質，即使股份法規定說明義務(Entsprechenserklärung, § 161 AktG)，上市公司必須每年說明究竟依據公司治理準則作了多少，董監雙軌制仍是主流。何況，雙軌制與單軌制(monistisch)本無優劣之分，事實上，德國 1897 年商法典(HGB)施行後始強制董監雙軌制，這以前或兩制由公司自由選擇，或完全是單軌制的時代，中文請參楊君仁，〈公司治理與企業社會責任──德國法的觀點〉，《台灣法學雜誌》，第 109 期，頁 68-96，2008 年 8 月；德文 Peter Böckli, Konvergenz: Annäherung des monistischen und des dualistischen Führungs- und Aufsichtssystems, in Hommelhoff/Hopt/v. Werder (Hrsg.), Handbuch Corporate Governance, 2003, S. 201 (202)。

55 Drygala in K. Schmidt/Lutter (Hrsg.), AktG, 2008, § 96 Rz. 4。中文請參楊君仁，前揭文，頁 68-96。

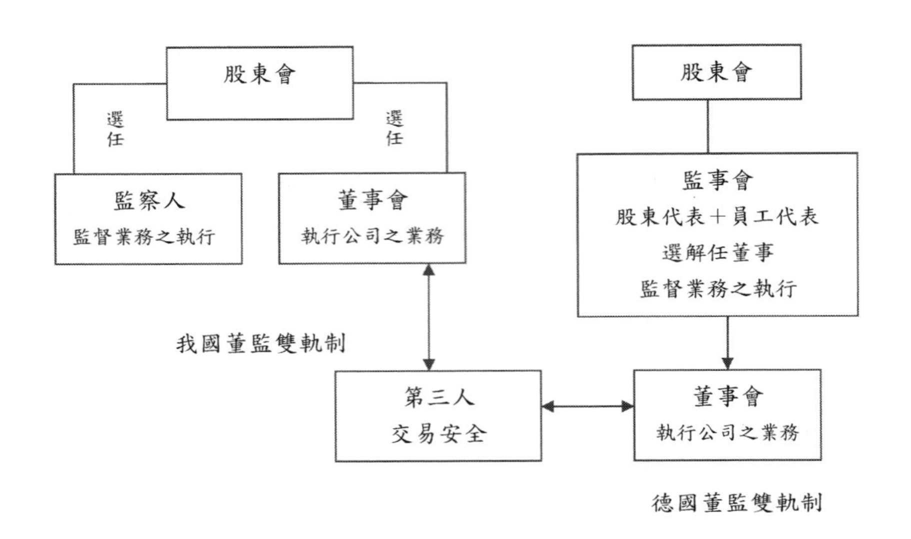

1. 董事會及監事會之決議瑕疵尚無法律規定

股東會、董事會及監事會等三機關，因本質都屬合議機關，所以機關的意志形成(Willensbildung)，都必須經由決議(durch Beschluss)以決定之，但整體規定並不完全，仍顯零星破碎，如董事會僅能從條文規定表明決議機制(§§ 77 Abs. 2 S. 3, 121 II, ff. AktG)，類似我國有限公司表決權數之規定(公 106, 108, 111)，藉文義而始知有限公司仍有總會意思機關的股東集會(Gesellschafterversammlung)[56]存在。而監事會雖有明文「監事會以決議決定之」，可是再詳盡也僅是多規定些「監事會之決議能力，依法律；無法律，依章程；無章程，則至少應有全體監事過半數出席參與決議者始可。」以及未出席監事以書面參與決議或其他表示方式之效力等規定而已(§ 108 AktG)。

至於，對於決議瑕疵之規範，目前仍僅只針對股東會之決議，分別設有決議無效或得撤銷之規定(§§ 241ff. AktG)。雖說，在董事會及監事會方面，

---

[56] 此詞乃借用德國有限公司法(GmbHG)之轉譯，國內通稱有限公司之意思機關為「全體股東」，如柯芳枝，前揭書，頁 638；王文宇，前揭書，頁 605，但是，如果純因 69 年修法廢棄雙軌制，而避免使用股東會一詞，不免出現「股東出席全體股東行使股東權」不知所云之例。

必然亦存在決議瑕疵的問題，但是股份法對於決議是否以及什麼情況下具有瑕疵，完全並無明文規定，以致於對問題的處理規範，採行的進路略有不同，如董事會基於自負責任(unter eigener Verantwortung)的原則，本於公司業務共同執行共同負責的機制，尤其是股份有限公司的特殊性，對外關係多樣複雜，故明顯偏向藉責任法制以處理機關內部意思形成的衝突，與兼顧交易安全的考量，促使整個董事(會)內部責任(Innenhaftung)與外部責任(Außenhaftung)的體系發展，學說與法說對董事會決議瑕疵著墨有限[57](其思路同處理監事會決議瑕疵)，反而是對監事會因其職掌清楚，主要在於選解任董事與監督公司業務，故學說與法說明顯地對其決議瑕疵之處理，各有不同的見解立場。

2. 學說從舊無效說到今採區別處理的觀點

早期學說上[58]，對於監事會瑕疵決議之效力，通說認為並不適用股東會決議無效或得撤銷之規定(§§ 241ff. AktG)，因此，無論此瑕疵是否出於程序形式上，或者決議內容上違反法令章程之規定，其決議均屬無效，並補充性地適用民法社團相關之規定(§§ 28, 32, 34 BGB)，故對此無效決議，任何人均得於任何時間以任何方式主張之，不管是提起確認之訴，抑或是以抗辯(Einwendung)方式行之皆可。再者，確認之訴是以公司為被告(由董事會代表)，並非作成決議的監事會，至於，訴訟權人則是限於具有法律利益的董事、監事或股東。

如今學說及部分法說都一致贊同[59]，監(董)事會決議瑕疵之效力，應採行

---

[57] 例如 Jan Wilhelm 所著《資合公司法》(*Kapitalgesellschaftsrecht*)，全書 572 頁中，僅對董事會決議瑕疵著墨七行多(aaO. Rn. 1051)。

[58] Statt aller, Meyer-Landrut in Großkomm. AktG, 1973, Berlin: De Gruyter, Anmerkung 6-8 zu § 108; Günter Henn, Handbuch des Aktienrechts, 4. Auflage, 1991, S. 275.

[59] BGHZ 106, 54 (66f.); OLG Hamburg, WM 1982, 1090 (1095); OLG Hamburg, WM 1984, 965 (967); OLG Hamburg, DB 1992, 774f. = AG 1992, 197; Uwe Hüffer, Aktiengesetz, 10. Auflage, 2012, Rn. 17ff. zu § 108; Jan Wilhelm, aaO. Rn. 1134; Raiser/Veil 稱應以重要性理論(Relevanztheorie)為度, Recht der Kapitalgellschaften, 5. Auflage, 2010, S. 172ff.; Lutter/Krieger, Rechte und Pflichten des Aufsichtsrats, 5. Auflage, 2008, Rn. 734; Drygala in K. Schmidt/Lutter (Hrsg.), AktG, 2008, § 108 Rz.

區別處理方式(Differenzierungen)，視瑕疵之種類輕重(Art und Schwere)，而異其不同法律效果，雖說對其內容細節意見未必全然一致，但基本上大概分成三類：(一)是決議瑕疵僅屬輕微違反程序或秩序規定者，如任令外人參與決議，決議並未依法記錄(§ 107 Abs. 2 S. 3 AktG)者，應屬有效(uneingeschränkte Gültigkeit)；(二)是決議雖違反法令章程之程序規定，但此瑕疵並不嚴重者，則將其歸屬為限制的無效類型(eingeschränkte Nichtigkeit)，如未依規定召集會議者，未邀請監事與會者，無視監事之異議而議決非召集事由者，不合法排除監事者，無決議能力之決議，或決議如能得特定人承認(Genehmigung) 後即可補正之瑕疵等等，此等無效決議之法律救濟管道，僅得藉提起確認之訴(Feststellungsklage, § 256 ZPO)，而不能以撤銷決議行之；(三)是瑕疵屬嚴重且毫無治癒可能的無效之例(uneingeschränkte Nichtigkeit)，諸如決議內容違反公司機關職權規定，違反勞工共同決定法規定，違反民法禁止規定與善良風俗者(§§ 134, 138 BGB)，對董事會指示之決議，議事規則不合相關法律規定，監事會之裁量決定(Ermessensentscheidungen)逾越其裁量界限者，均屬此無效之類。至於，對於訴訟權之時效究應為何，有主張應採短時效意見者，亦有持論應以訴訟權人於評估法律狀態與心平氣和(gütlich)弄清楚有關事宜所需適當時間為斷者，意見不一而同。當然，時效消滅後即產生失權的效果，自不待言。

3. 聯邦法院仍以無效說為斷

但是，上述學說區別處理的意見，並不為聯邦法院(BGH)所採行，仍然認為監事會之瑕疵決議者，應為無效[60]。聯邦法院在“Hamburg-Mannheimer”

30; Semler in Münchener Kommentar zum Aktiengesetz, Band 7, 2. Auflage, 2004, Rn. 209ff. zu § 108; E. Vetter in Marsch-Barner/Schäfer (Hrsg.), Handbuch börsennotierte AG, 2005, § 27 Rz. 77ff.; Hoffmann-Becking in Münchener Handbuch des Gesellschaftsrechts, Band 4: Aktiengesellschaft, 2. Auflage, 1999, Rn. 97ff. zu § 31, Rn. 51ff. zu § 33.

[60] BGHZ 12, 331; BGHZ 122, 342 (346ff.) “Hamburg-Mannheimer”; BGHZ 124, 111 (115) “Vereinte Krankenversicherung”。

案中，首先表明股東會決議無效或得撤銷的規定，並不能類推適用於監事會決議，因為此時於法律安定性無慮(Desiderat der Rechtssicherheit)，並不若股東會決議必須確保公眾的信賴，並對抗來自廣大匿名股東群的攻擊，何況，監事會成員不多，監事相互間都熟識，應該有完全信任的共事基礎，如有爭議最好亦應循非正式方式處理，以達成共識；除此之外，監事會決議如於監督職權方面，大都僅具內部效果(Innenwirkung)，而於選任董事之決議，即使無效確定，亦不能拒絕過去，僅對未來發生效力，而非如股東會決議無效般，向過去發生效力，生自始無效之效力(ex tunc)。所以，監事會決議違反法令章程者無效，並應向公司以確認之訴定之。

而且，股東會一個月內撤銷決議的規定(Monatsfrist, § 246 I AktG)，反而可能迫使提訟，故於此應亦不適用，而是應該依其所望為定，如此亦有助於心平氣和達成共識，因此，就當事人間磋商與取得法律意見書(Rechtsgutachten)之考量，二年應為合適之期。(“Vereinte Krankenversicherung”案為五個月）

當然，如此嚴格的立場，自不符合公司實務運作所需，因此，聯邦法院的調節作法，則是以是否存在法律保護利益(Rechtsschutzinteresse)為前提，來限制訴訟權人，監事與董事原則上應具有訴訟權，公司則因具保護利益亦當是，而股東原則上因並無對監事會決議的合法性具有一般性監督之權，所以，除非是因其決議致使自身受有財產利益損失者，始具訴訟權，至於，完全與公司搭不上的人，自然毫無訴訟權可言。另外，聯邦法院亦採行失權(Verwirkung)法制，作為調節無效說的工具，藉以維持法律安定性利益的考量。

德國公司法領航學者 Lutter 教授對於聯邦法院的判決，僅肯定其不類推適用股東會決議無效或得撤銷規定之立場而已，至於應對決議無效結果給予適當的限制時，是如法院採取法律保護利益的必要性及失權法制來處理，抑或是如學說所主區分無效與得撤銷決議的作法，其實並無誰較為正確的說法，而且，對公司實務而言，意義亦不大，因為兩者觀點雖有不同，但其結果卻是一樣的[61]。

(四) 董事(會)責任法制應可補決議瑕疵之爭議

1. 董事個別責任與董事會共同責任各有所重

董事個別責任抑或董事會共同責任制，並非是兩種截然不同的責任法制，而是一體兩面不同的觀察角度而已，我國公司法有其明文與隱而未言者。其明文「董事」、「參與決議之董事」個別責任規定者，如公司法第 23 條規定，「董事應忠實執行業務並盡善良管理人之注意義務，如有違反致公司受有損害者，負損害賠償責任(Ⅰ)。董事對於公司業務之執行，如有違反法令致他人受有損害時，對他人應與公司負連帶賠償之責(Ⅱ)。」公司法第 193 條第 2 項規定，董事會之決議，違反法令章程及股東會之決議，致公司受損害時，參與決議之董事，對於公司負賠償之責；但經表示異議之董事，有紀錄或書面聲明可證者，免其責任。」公司法第 200 條，「董事執行業務，有重大損害公司之行為或違反法令或章程之重大事項，股東會未為決議將其解任時，得由持有已發行股份總數百分之三以上股份之股東，於股東會後三十日內，訴請法院裁判之。」

2. 共同執行與共同負責是董事會合議機關的本質

而公司法第 193 條第 1 項雖明言「董事會」，但其違法致生之損害賠償責任仍由參與決議之董事所承負，仍未顯現董事會共同責任法制之意涵。其隱而未言者，即是董事會作為合議機關，共同執行業務與共同負責(Gesamtgeschäftsführung und Gesamtverantwortung)，始能顯現此共同體之本

---

[61] Lutter/Krieger, Rechte und Pflichten des Aufsichtsrats, 5. Auflage, 2008, Rn. 734; E. Vetter in Marsch-Barner/Schäfer (Hrsg.), Handbuch börsennotierte AG, 2005, § 27 Rz. 77; Semler in Münchener Kommentar zum Aktiengesetz, Band 7, 2. Auflage, 2004, Rn. 251 zu § 108; Hoffmann-Becking in Münchener Handbuch des Gesellschaftsrechts, Band 4: Aktiengesellschaft, 2. Auflage, 1999, Rn. 108 zu § 31.

質。在共同執行業務方面，尤其是公司若對董事會並未再依職責功能或業務部門(Spartenorganisation)，細分自成獨立體系而設專屬董事單獨負責者，則每位董事對於業務之執行，本就有百分百的權力，董事會意志的形成，當然應為所有董事一致之意思，德國股份法第 77 條第 1 項「董事由多人組成者，唯有共同地(nur gemeinschaftlich)所有董事始有權執行業務」，最足以表達這種「綁在一起」的特性，所以其決議採一致決[62]，必須所有董事都同意者始可，至於其行使方式，或口頭、或書面、或電話、或電傳、或影音、或視訊、或 E-mail 皆可，即便是默示行為例如董事因出國旅遊而未能出席常態性會議，只要會後不表示異議者，亦為法所許[63]。相較之下，我國公司法目前只限現場口頭(包括視訊)與書面委託兩者(公 205)，作法相對保守。至於，我國除公司法另有規定者外，原則上採簡單多數之立法例，純屬董事會決議機制所不可免者，並非因此即可謂董事會無此共同執行業務之質性。

而在共同負責方面，則更是揭舉每位董事一般監督義務(Aufsichtspflicht)或者是作為合議機關的自我管控義務(Selbstkontrolle)[64]。因為董事會成員就是那麼幾個，肩負著執行整個公司業務，以追求其整體企業利益，雖說董事都有對事異議之權，但其實應有榮辱與共的同生期許，盡力去完成其受託的職權。因此，在揮舞著共同負責的大旗下，董事未如規矩負責的公司經營者盡

---

[62] § 77 Abs. 1 S. 1 AktG, “Besteht der Vorstand aus mehreren Personen, so sind sämtliche Vorstandsmitglieder nur gemeinschaftlich zur Geschäftsführung befugt.” 但緊接著同項第二句即明文「章程或董事會業務規則(Geschäftsordnung)得有不同之規定」，致使多數決亦為法所許。所以，Raiser/Veil 直言本條規定屬任意法(dispositives Recht)，Recht der Kapitalgellschaften, 5. Auflage, 2010, S. 123。

[63] Uwe Hüffer, Aktiengesetz, 10. Auflage, 2012, Rn. 6 zu § 77; Meyer-Landrut in Großkomm. AktG, 1973, Berlin: De Gruyter, Anmerkung 5 zu § 77; Günter Henn, Handbuch des Aktienrechts, 4. Auflage, 1991, S. 231ff.; Seibt in K. Schmidt/Lutter (Hrsg.), AktG, 2008, § 77 Rz. 4ff.; Hefermehl/Spindler in Münchener Kommentar zum Aktiengesetz, Band 3, 2. Auflage, 2004, Rn. 6 zu § 77; Arnold in Marsch-Barner/Schäfer (Hrsg.), Handbuch börsennotierte AG, 2005, § 18 Rz. 49ff.; Wiesner in Münchener Handbuch des Gesellschaftsrechts, Band 4: Aktiengesellschaft, 2. Auflage, 1999, Rn. 6ff. zu § 22.

[64] Statt aller, Uwe Hüffer, Aktiengesetz, 10. Auflage, 2012, Rn. 15 zu § 77.

其注意義務(Sorgfalt eines ordentlichen und gewissenshaften Geschäftsleiters)，或違反忠實義務或守密義務者，自應對公司或第三人負連帶(als Gesamtschuldner)損害賠償責任，這是德國股份法董事會共同責任與董事個別責任法制的基本思路。至於，董事會決議違法致公司受有損害時，此時參與決議之董事，根本無需負賠償之責，其理由即在於決議既為合議制機關的基本質性，決議行為(Beschlussverhalten)並非股份法所應課責的對象[65]。

反觀我公司法既未明文董事會共同責任之理念，而是直接切入第 193 條第 2 項規定，董事會之決議，違反法令章程及股東會之決議，致公司受損害時，參與決議之董事，對於公司負賠償之責。如此法制既未能積極激發良善，更是無意間造成董事對立的基模或是消極輕職的現象，致使有心任事者不免身履究責薄冰之上，故寄望商業判斷法則(Business Judgment Rule)[66]再多道免責防衛線，而善守其身者不免見風轉舵，於己有利無害時再行與會決議，甚至端的好人一個，連其他董事決議可能違反法令章程，都不能發揮合議機關自我管控的義務。因此，法律修正上，不僅只是基於董事權限擴大，為期其慎重且妥適行使職權，明定參與決議之董事應負連帶責任而已[67]，而是應如德國立法例，課所有董事連帶責任，始合乎股份有限公司機關法制法理，甚至法院亦應本此論證，在法未及修正前，藉漏洞填補以建法律續造之功。

法制設計如此，故必須對董事問參與決議與未參與決議之責任各為何[68]？

---

[65] Arnold in Marsch-Barner/Schäfer (Hrsg.), Handbuch börsennotierte AG, 2005, § 22 Rz. 39; Holger Fleischer, Zur Verantwortlichkeit einzelner Vorstandsmitglieder bei Kollegialentscheidungen im Aktienrecht, BB 2004, 2645 (2648).

[66] 以我國現行法制而言，董事會執行業務，已受限於「法令章程及股東會之決議」，若再加上董事注意與忠實義務等，事實上執行空間早受框框拘束(或保護)，是否尚有取法商業判斷法則調節而免除董事責任的依據，其實大有問題，因為以大拘小可以理解，但若是相反的，小框框已經一堆了，那到底何處尚存在董事可以任意而行(Weisungsfreiheit)，以致於出現損害賠償責任了，趕快再祭出商業判斷法則以排除責任的空間與正當性呢？

[67] 柯芳枝，前揭書，頁 317 以下；王文宇，前揭書，頁 346；劉連煜，前揭書，頁 376 以下。

[68] 陳俊仁，〈董事會違法決議之董事責任與免責規定〉，《台灣法學雜誌》，第 138 期，2009 年 10 月，頁 169。

或董事身分再細分執行董事與決議董事，並依其所據為董事會決議、為未據董事會決議、為董事會未為決議而為不同之歸責[69]，其實都屬末節爭議。因此，直接刪除公司法第 193 條第 2 項「董事會之決議，違反法令章程及股東會之決議，致公司受損害時，參與決議之董事，對於公司負賠償之責」條文，除明確揭示董事會共同責任法理，法制上取其格局大道，亦無礙於現行董事歸責機制之處理。否則，當我國任何關心董事法制者，皓首窮經於董事、董事長、副董事長、常務董事、法人董事、獨立董事、執行董事、決議董事之中，誠非法學法制發展的正常現象。

3. 對公司負損害賠償之內部責任

所謂內部責任(Innenhaftung)，即董事會對公司應負之責任，乃指董事執行業務時，違反注意義務、忠實義務、守密義務或其他因基於機關職掌所生之義務，致公司受有損害，自應對公司負損害賠償責任(公 23 I , § 93 Abs. 2 S. 1 AktG)[70]，德國法並認為本條規定即為請求權基礎(Anspruchsgrundlage)，無須迂迴而藉侵權行為上所謂「保護他人法律」(Schutzgesetz, § 823 Abs. 2 BGB)以為救濟。我國與德國法明顯責任規定不同者，我國對守密義務並未明言，以及董事連帶損害賠償責任尚未法制化。

董事責任採行過失原則(Verschuldenshaftung, 德國法例)，而我國則可能因董事與公司究係有償亦或無償而責任輕重有別，但基本上均應由損害賠償請求權人負舉證責任。公司之損害賠償請求權，原則上由監察人(監事會)代表公司提起(公 213, § 112 AktG)，但於例外情況下，亦均得由少數股東所發動[71]，所不同者，我國規定必須繼續一年以上，持有已發行股份總數百分之三以上之股東，始得以書面請求監察人為公司對董事提起訴訟。而監察人自有

---

[69] 柯芳枝，前揭書，頁 317 以下；王文宇，前揭書，頁 346；劉連煜，前揭書，頁 376 以下。

[70] 因題目範圍及篇幅所限，本文對董事內部責任與外部責任都僅只簡略帶過而已，無法深論。

[71] 德國法於特定情況下，亦有公司債權人(§ 93 Abs. 5 AktG)與各別股東直接提起訴訟之例(§§ 117, 309 IV, 310 IV, 317 IV, 318 IV, 823 I, II, 826 BGB)，但因更屬例外，本文不論。

此少數股東之請求日起，三十日內不提起訴訟時，則此少數股東得為公司提起訴訟(公 214)；德國法則是應經股東會簡單多數之決議，或至少持有公司股份總數(Grundkapital)百分之十之少數股東請求法院指派代理人，始得提起訴訟(§ 147 I AktG)，而且，如經決議者，則須於股東會後六個月內提起之。至於，此損害賠償請求權之消滅時效，德國法規定上市公司自違反義務之日起十年，其他公司為五年，而我國因公司法並無明文，原則上只能適用民法十五年之期(民 125)，明顯失諸過長，不利法律安定性。

4. 對他人負損害賠償之外部責任

所謂外部責任(Außenhaftung)，即董事對第三人之責任，主要是出於侵權行為者，如我國公司法第 23 條規定，「董事對於公司業務之執行，如有違反法令致他人受有損害時，對他人應與公司負連帶賠償之責。(Ⅱ)」德國侵權法(Deliktsrecht)之處理方式，基本上與我相同，但其更細分為董事直接侵害第三人之生命、身體、健康、自由、財產及其他絕對權者(§ 823 Abs. 1 BGB)，此種侵權主要發生於營業設備與工作場所上；或是間接侵害第三人受保護之法益，尤其是指交易上的義務(Verkehrspflicht)如產品責任，但須注意者，不能僅以董事與公司間關係，即肯定其違反交易上的義務[72]。除此之外，其他如締約上之過失(culpa in contrahendo)或違反保護他人法律等，亦可構成第三人之損害賠償請求權，自不待言。

五、結論

一、現行公司法對於董事會的召集程序(公 204)，規定簡略並不周全，特別是對其決議之瑕疵，法律效果究竟應該為何，完全缺乏明文規定，致使我

[72] Hefermehl/Spindler in Münchener Kommentar zum Aktiengesetz, Band 3, 2. Auflage, 2004, Rn. 188 zu § 93; Arnold in Marsch-Barner/Schäfer (Hrsg.), Handbuch börsennotierte AG, 2005, § 22 Rz. 79.

國學說與裁判實務不免有比附援引股東會決議瑕疵的規定(公 189, 191)，尤其是在董事會召集股東會決議瑕疵與股東會連動關係上，常將其解為應適用公司法第 189 條規定，轉而困擾於股東會決議是否得撤銷的爭議中，不免有牛頭不對馬嘴之憾，所以，實應儘快修法以矯正此缺漏，或者是在法未規定前，由法官據公司法制法理以造法，都屬應可為之道。

二、在董事會召集股東會決議瑕疵與股東會決議的連動關係上，則應謹守最基本的法律邏輯要求，既然召集股東會的決議已經因其瑕疵而無效，董事會於此已等同無召集權人，屬召集主體不適格(Unbefugte)，如此則其後續股東會決議之法律效果如何，或解為決議不成立(無決議)，或者決議因法律行為違反強制規定而無效(民 71、73)，均屬法理上可通，法制上可選擇之道。

三、目前公司實務司法爭訟中，常見董事會召集股東會決議瑕疵解為適用公司法第 189 條規定，轉而困擾於股東會決議是否得撤銷的爭議，造成法律邏輯上出現董事會無效召集股東會之決議，質變而為合法召集股東會決議的風險，甚至因此致使股東會決議基本上持續有效，因為除非有股東提起撤銷之訴，才得以形成決議無效的結果，所以，橋究竟是怎麼搭過來的，是學說與法說應嚴肅面對的問題，本文認為宜從董事會合法召集股東會決議對股東會決議的效力，與董事會召集股東會決議瑕疵對股東會決議之效力兩方面根本性的澄明。

四、董事會召集程序的目的，在使所有董事能夠事先知曉所議何事，並就議案先為準備，是其執行業務時應不受侵害之權責，因此，公司法第 204 條應屬強制規定，而非訓示規定，斯可以和董事會之權責本質相符，所以，董事會所為召集股東會之決議，如存在召集程序瑕疵者，應為無效。

五、董事會全員到齊且無異議議事，自然治癒補正原先存在的召集瑕疵，不論是未遵守七日之期，或未經載明事由者，抑或是漏未通知董事者，概此吻合通知的功能目的，與董事會合議組織及責任歸屬的法制理念。因此，如果有任何董事在意召集程序瑕疵且未參與決議者，則其董事會所為之決議應屬無效。而且不能曲解規範本意，切不可倒果為因，以多數決通過之數，去合法化董事會之召集瑕疵。但是，如有董事雖提出召集瑕疵異議之說，卻續留在現場而參與議事者，則應適用瑕疵補正之例，不可以決議結果不合己意而更行主張召集程序瑕疵。

六、延期或續行會議，究竟應如何處理，公司法僅對股東會規定延期或續行集會(公 182)，對於董事會則缺乏明文，亦無準用之例。雖然，公開發行公司董事會議事辦法第 12 條第 1 項設有延後開會之規定，但整體法制規定簡陋。本文認為續行會議或延後開會均屬事實需要或不得不之作法，除公開發行公司自應從其辦法規定外，為使董事會運作更具彈性及切合實務需要，應可類推適用公司法第 182 條之規定。所以，只要董事會明訂續行會議時間即可，至於，如於延期或續行會議中增列原本召集事由所無之議案，則應視所增事由之性質而為不同之處理，如其事由董事會決議後即為執行業務之依據者，為保障董事職權，宜以召集程序瑕疵之制處理，但若其事由尚需後續公司最高機關股東會去議決者，應視為非召集瑕疵，以避免不必要的法律疑義與爭訟。

七、董事會召集股東會決議合法始有未來股東會決議瑕疵的問題，股東會決議出於形式因素者，或出於召集期間，或出於董事會決議之召集事由與股東會之召集事由不一致等程序瑕疵。尤其是，股東會通知上明列之召集事由，溢出董事會原本決議之召集事由，明顯夾帶非經董事會決議之事由，本文認為不應以董事會決議瑕疵處理，而應回歸召集事由之立法目的，乃就特定議程以拘束業務執行機關，股東據此能有所準備，以及公司組織法制的設計理念，既然股東會將要或已經攬起事由來自己作出決議了，此時再去爭議董事會決議瑕疵效力，既無益於解決問題，更是毫無必要，而是應完全委諸股東會決議瑕疵機制來處理即可。

八、董事會召集股東會決議瑕疵者自屬無效，為國內目前學說或法說之主流，雖其立場明確堅定，但「任何利害關係人均得隨時以任何方式主張之」，明顯與法律安定性有違，而且無解於股東會決議效力的問題，因為橋究竟是怎麼搭過來的，使得董事會決議無效質變成為股東會決議瑕疵的問題，所以，應仿德國股份法立法例，董事會決議瑕疵者，其股東會決議無效之方式處理(§§ 241 Nr. 1, 121 Abs. 2, 3, 4 AktG)。以及相關登記公示效果、訟訴權與失權規定等，以兼顧法律利益保護與法律安定性交易安全的考量。

九、董事會決議瑕疵的問題，當然非僅只召集股東會決議而已，故有從董事會決議瑕疵之效力，認為宜仿股東會決議瑕疵之例以適用於董事會，並採類型化作法以細分其瑕疵樣態。但是，如此發展恐非法政策可行之道，因為規定趨於精細，不免致生治絲愈棼之效，尤其是，如果董事會陷入決議瑕疵的法律爭訟時，除了曠日費時，心力財力多所虛耗外，單就瑕疵類型乘以訴訟當事人的組合，那立法規定絕對是個問題，而在法無規定前，學者各家看法主張不同，在在都讓人不免疑惑，何故為了解決個問題反而孳生無窮問題。所以，本文認為應棄此細節化思維，而以董事責任法相繩，始為公司法理法制應可考量之道。

十、我國公司法對於董事責任法，有其明文與隱而未言者，其中明文者，如「董事」、「參與決議之董事」之董事個別責任規定，但隱而未言者，即是董事會作為合議機關，具有共同體的本質，既共同執行業務，亦應共同負其責任，故每位董事本身亦應負一般監督義務或合議機關的自我管控義務，此其共同責任制者，但我公司法既未明文或宣揚此董事會共同責任理念，反而直接切入第 193 條第 2 項規定，致使法制未能積極激發良善，更無意間造成董事對立的基模或消極輕職的現象，實宜仿德國立法例，課所有董事連帶責任，並藉責任法制以處理機關內部意思形成的衝突，與兼顧交易安全的考量，促使整個董事(會)內部責任與外部責任的體系發展。

*本文發表於《法學的實踐與創新：陳猷龍教授六秩華誕祝壽論文集》(2013.12)

董事會法制變革的問題與對策

關鍵詞：單軌制、雙軌制、常務董事(會)、審計委員會、獨立董事

一、問題之提出

今年股東會最受矚目的上市公司，大概就是老牌機車三陽工業股份有限公司公司派與市場派的經營權之爭，除了當事雙方實力縱橫競爭外，其實也提供公司法規範的檢驗與省思。原公司派在召開股東會之前，就用盡計謀掌控經營權，甚至因此造成公司股票一度被打入全額交割股，但是，種種防堵作法仍不敵市場派之進擊，市場派在新選任 9 席董事中獲取 5 席，成為公司新當權派，只是鬥爭並未因此停歇，反而戰場轉至董事長寶座選舉上。首先是舊公司派採取流會方式拖延戰，但卻也被新公司派經營管理會議解除其董事長職權，及申請法院假處分獲准。雙方雖然爭議──誰有權召集董事會及其法律效力如何，可是新當權派據有法律優勢(公 203 V)，召集董事會即決議通過，解任對方(原公司派)之新任 2 董事及 1 監察人案，並召集股東臨時會議決，同時亦提案修改公司章程，廢除「保障少數」條款。當然，此舉馬上招致舊公司派反撲，除登報公開信強調「堅守公司治理 捍衛股東權益」外，亦由監察人公告召開股東臨時會，召集事由中擬修訂公司取得或處分資產與交易總額達新臺幣五千萬元以上者，應先經審查委員會評估報告後，再經全體董事一致同意始得提案股東會議決，捍衛少數條款，並提案解任對方(新當權派)法人指派當選之董事及補選董事案。事經前董座聲請定暫時狀態處分，禁

止董事會召集股東臨時會，遭法院駁回後，三陽機車公司派與市場派的經營權之爭，最終於股東臨時會以通過解任舊公司派新任之 2 董 1 監席次，完全將對手排除於議案決策圈外暫時落幕[1]。

問題是，公司設董事會，不就在藉合議體制，期許董事集思廣益，善盡忠實義務以執行公司業務？何來公司派與市場派壁壘分明，派系對立的經營權之爭？尤其是，臺灣順應國際時潮，2003 年即訂定「強化公司治理政策綱領暨行動方案」[2]，推動公司治理，而「上市上櫃公司治理實務守則」第 20 條第 2 項還特別條列董事會整體應具備之能力，以求達到公司治理的理想目標，那為什麼公司董事(會)可以捨正事不為，而僅在意本身利益的纏鬥呢？為什麼公司監督機制無法發揮功能，甚至監察人還跳下去捲入派別紛爭中？

2013 年，金融監督管理委員會(以下簡稱：金管會)發布命令[3]，「依據證券交易法第十四條之四規定，已依本法發行股票之金融控股公司、銀行、票券公司、保險公司、證券投資信託事業、綜合證券商及上市（櫃）期貨商，及實收資本額達新臺幣一百億元以上非屬金融業之上市（櫃）公司，應自本令發布日起設置審計委員會替代監察人；實收資本額新臺幣二十億元以上未滿新臺幣一百億元之非屬金融業之上市（櫃）公司，應自中華民國一百零六

---

[1] 相關報導散見各新聞媒體，本文並未詳載，僅擇要註引出處，陳信榮(2014/07/04)，〈三陽董事會流會新董座難產〉，《工商時報》，版 B4；邱馨儀(2014/07/17)，〈張宏嘉掌三陽 風波未落幕〉，《經濟日報》，版 A18；葉憶如(2014/09/23)，〈鬥！公司傷 股東傷〉，《聯合晚報》，版 B1；陳信榮(2014/09/24)，〈三陽總座退休 周五董事會增變數〉，《工商時報》，版 B4；陳信榮(2014/09/27)，〈三陽兩派搶開股臨會〉，《工商時報》，版 B4；監察人盧明軒召開三陽工業股份有限公司 103 年第一次股東臨時會公告；黃琮淵，〈三陽董事會 兩派戰火再起〉，http://www.chinatimes.com/newspapers/20140918000683-260110，最後瀏覽日：2014/09/27；黃琮淵，〈三陽臨時股東會鬧雙包〉，http://www.chinatimes.com/newspapers/2014092700-1532-260110，最後瀏覽日：Sep.27.2014；葉憶如(2014/10/31)，〈黃世惠聲請暫停股臨會 法院駁回〉，《聯合晚報》，版 B3；陳信榮(2014/11/20)，〈少了 2 董 1 監 三陽進入非黃時代〉，《工商時報》，版 B4。

[2] 行政院經濟建設委員會(現國家發展委員會)，「強化公司治理政策綱領暨行動方案」辦理情形總檢討報告，http://www.ndc.gov.tw/m1.aspx?sNo=0000258&ex=1&ic=0#.VDYUvWeSzp8，最後瀏覽日：2014/10/09。

[3] 金融監督管理委員會 102 年 12 月 31 日金管證發字第 10200531121 號令。

年一月一日起設置審計委員會替代監察人。但前開金融業如為金融控股公司持有發行全部股份者，得擇一設置審計委員會或監察人。」亦即上市上櫃公司只要實收資本額新臺幣二十億元以上者，必須在 2015 至 2019 年間改成單軌制，而過去曾締造臺灣經濟奇蹟的雙軌制，從此自上市櫃市場消失。

而依公開發行公司審計委員會行使職權辦法[4]，第 4 條規定審計委員會應由全體獨立董事組成。問題是，獨立董事因其與公司間通常存有利益關係，能否保有獨立性，本就早已備受質疑，難以發揮監控效果[5]。而且，根據美國學者長期的實證研究[6]，亦清楚顯示獨立董事並未能提升公司價值，安隆(Enron Corp.)這家曾經全世界最大的能源公司，董事會 14 位董事，就有 11 位歸屬獨立董事，卻仍難阻遏弊案的發生，公司終歸瓦解灰飛煙滅。所以，迷信獨立董事與審計委員會的監督機制，或許終究還是明日黃花，而現行監察人「監事不監視」[7]，法制上既不再求改革強化，那作為世界上兼容雙軌制與單軌制的臺灣公司法制，難道將致兩頭落空，欲求公司監督機制而毫無所得？還是可以創設完全以本土情境為度的公司法制，既然公司派與市場派無法同心，那何不由公司派獨挑業務執行，而由市場派擔任監督業務執行的功

[4] 中華民國九十五年三月二十八日行政院金融監督管理委員會金管證一字第 0950001615 號令訂定發布全文 13 條；並自九十六年一月一日施行。

[5] 賴英照(2012)，〈法制的移植──從公司律到獨立董事〉，《臺北大學法學論叢》，第 84 期，頁 38；賴英照(2014/08/24)，〈新庵與古廟〉，《聯合報》，民意論壇；陳冲(2014/05/18)，〈安倍的第四枝箭──外部董事〉，《聯合報》，民意論壇；楊君仁(2006)，〈新世紀的公司治理〉，《新世紀的法律課題》，頁 281 以下；林仁光(2006)，〈董事會功能性分工之法制課題──經營權功能之強化與內部監控機制之設計〉，《臺大法學論叢》，第 35 卷第 1 期，頁 157；傅豐誠(2004)，〈從公司治理的微觀基礎探討我國強制設立獨立董事之必要性〉，《經社法制論叢》，第 34 期，頁 41；葉銀華/李存修/柯承恩(2002)，《公司治理與評等系統》，頁 135 以下；黃銘傑(2001)，《公開發行公司法制與公司監控──法律與經濟之交錯》，頁 1；邵慶平(2009)，〈規範競爭理論與公司證券法制的建構：兼論對台灣法制的可能啟示〉，《臺大法學論叢》，第 38 卷第 1 期，頁 42；陳冲(2014/09/23)，〈當雀兒喜遇到亞當斯密〉，《經濟日報》，版 A4。

[6] 資料轉引自林郁馨(2013)，〈從美國法論獨立董事獨立性之法律規制〉，政治大學公司治理法律研究中心，公司治理法制學術研討會，頁 6。

[7] 王文宇(2003)，《公司法論》，頁 53。

能，虎視眈眈以摘奸發伏董事不法，專業與獨立性鐵定不受懷疑，而且亦可去除監察人、獨立董事與審計委員會「存而無能」之無奈，本文即是探討其法制法理的可行性。

二、董事會組織兼容雙軌制與單軌制

(一) 兼容兩制的董事會複雜圖像

股份有限公司必設股東會、董事會、監察人三法定機關，是我公司法制向來熟悉的圖像，但自公司治理頓成顯學以來，即使在當時法律並無明文規定或授權下，政府就已開始推動「上市(櫃)公司獨立董事、獨立監察人制度」，要求自 2002 年民國九十一年起，凡是新申請上市(櫃)者，都必須設置獨立董事 2 名，獨立監察人 1 名[8]。2006 年 1 月 11 日，證券交易法修正[9]，不再採行獨立監察人，但卻將獨立董事法制化，增訂第 14 條之 2 第 1 項「已依本法發行股票之公司，得依章程規定設置獨立董事。但主管機關應視公司規模、股東結構、業務性質及其他必要情況，要求其設置獨立董事，人數不得少於二人，且不得少於董事席次五分之一。」及第 14 條之 4 第 1 項「已依本法發行股票之公司，應擇一設置審計委員會或監察人。但主管機關得視公司規模、業務性質及其他必要情況，命令設置；其辦法，由主管機關定之。」開始經由修法增訂方式，在傳統公司法制上嫁接新枝。

此種原則上仍任公司自由設置獨立董事[10]，或者是擇一設置審計委員會

---

[8] 2002 年 8 月 9 日財政部證期會台財證一字第 0910003948 號函；證交所台證 91 上字第 102276 號函。

[9] 中華民國九十五年一月十一日總統華總一義字第 09500002801 號令修正公布。

[10] 經濟部 98 年 07 月 03 日經商字第 09800603050 號函，「有關獨立董事之規定，因公司法並無獨立董事之規定，且獨立董事及審計委員會係證券交易法之特別規定，故公司撤銷公開發行後，獨立董事當然解任。」可資參照。

或監察人的規定，因為規定主管機關應視公司規模、股東結構、業務性質及其他必要情況，強制公司設置獨立董事，審計委員會替代監察人，實際上已是刨舊根另植新株，單軌新制已完全取代素所熟悉的公司雙軌圖像了，但卻也因此成全臺灣兼容世上雙軌制與單軌制的特殊公司法制，其複雜性可以視公司有無公開發行股票，上市(櫃)實收資本額是否達一定規模，而有不同的組織圖像(如下作者所繪圖示)。

股份有限公司		經營		監督
未公開發行	模式一	董事會	⇔	監察人
	模式二	董事會、常董會	⇔	監察人
公開發行	模式一	董事會	⇔	監察人或審計委員會(擇一)
	模式二	董事會、常董會	⇔	監察人或審計委員會(擇一)
	模式三	董事會、獨立董事	⇔	監察人或審計委員會(擇一)
	模式四	董事會、常董會、獨立董事	⇔	監察人或審計委員會(擇一)
公開發行：(實收資本額新臺幣二十億元以上者)	模式一	董事會、獨立董事	⇔	審計委員會
	模式二	董事會、常董會、獨立董事	⇔	審計委員會

(二) 單軌制或雙軌制並無優劣之分

單軌制或雙軌制，究竟孰優孰劣？無法一言為定，或者本來就是應無優劣之分，而是應該就其所擇定之法制，是否吻合歷史文化背景與公司結構發展來觀察，例如向來視為雙軌制龍頭代表的德國，其實股份有限公司最先採行的是單軌行政理事會(Verwaltungsrat)的組織。直到1861年，制定一般德國商法典(ADHGB, das Allgemeine Deutsche Handelsgesetzbuch)時，始開創性地區分監察(Aufsicht)與執行(Führung)不同功能的雙軌制，但法律仍未強制規定，而是任由公司自行決定採行雙軌抑或單軌制。1897年，商法典(HGB)第248條，正式將董事會與監事會雙軌制強制規定，董監雙軌制自茲而全面通行至今[11]。

而且，聯合國經濟合作暨發展組織(OECD)倡議公司治理，所公佈的公司治理準則(Principles of Corporate Governance)[12]，前言(Preamble)即表明其對單軌制或雙軌制之中性立場，清楚指明世上並無全然好用的通行模式，而是尊重各國法制自由的選擇。雖然，我現行雙軌制，因監察人之監督功能不彰，致有國產汽車、東隆五金、國揚建設、博達案、力霸掏空案等企業弊案，但並不會因為改採單軌制，就好像吃了萬靈丹，保證藥到病除。事實上，美國單軌制在安隆(Enron)後，仍然相繼爆發世界通訊(WorldCom)、泰科(Tyco)、全錄(Xerox)、默克藥廠(Merck)、安達信會計師事務所(Anthur Andersen)等知名企業弊案，「怎麼最會爬樹的猴子也會從樹上掉下來？[13]」

明乎此，即不難理解，究竟應該採行單軌制或雙軌制，其實差異不大，而是重點在於能否深切掌握自身社會文化背景及公司結構發展特性，發揮公司決策執行與經營監督之功能，並且就事論事，那部分功能不彰或者失衡，就針對問題想辦法解決，而絕非趕快換帖藥，完全刨除舊根而另植新株，以為換個制度就可以了事，就可以枝葉茂盛，不免有痴人夢話之嫌。

---

[11] Peter Böckli, Konvergenz: Annäherung des monistischen und des dualistischen Führungs- und Aufsichtssystems, in Hommelhoff/Hopt/v. Werder (Hrsg.), Handbuch Corporate Governance, 2003, S. 201 (202)。

[12] OECD最先於1999年公佈「公司治理準則」，其2004年修正版本，請參閱網站：http://www.oecd.org/document/49/0,2340,en_2649_34813_31530865_1_1_1_1,00.html，最後瀏覽日：2014/10/20。

[13] 劉紹樑(2002)，〈從莊子到安隆——A+公司治理〉，《天下雜誌》，2002年11月，頁27。

(三) 兼容兩制的承載能力問題

臺灣股份有限公司，可因其有無公開發行股票，上市(櫃)實收資本額是否達一定規模，而有不同的組織圖像，從絕對採行雙軌制，經任意兼取兩制特色，過渡到強制採行單軌制(見前圖示)，所以，如果僅以公司經營之董事會為計，則有 8 種組織模式，但如果再加上監督經營之監察人或審計委員會，則可達 12 種組織模式，其複雜性可謂舉世無雙。

問題是，強制採行單軌制的依據，僅由金管會以單方行政命令，設定實收資本額新臺幣二十億元以上為標準，如此是否契合憲政法治精神，其實容有深究之必要。再者，以臺灣公司實務規模為論，不從公司法整體規範調整法制，卻藉證券交易法與資本市場主管機關旁道，如此兼蓄雙軌與單軌法制，是否合乎理性？有否必要性？或者是法制有其足夠承載能力？對於公司法之規範效力，是否積極正面？在在都使人質疑，實有必要匯聚各界公司法精英，從根本整體性地全面修正公司法，除釐清調整與證券交易法之分際，亦可稍改民國九十年代以來，幾乎年年修正公司法，甚至一年三修正[14]，已有偏向點式增刪修法風氣，可能有損公司法制整體性發展。畢竟，法律是社會最主要規範機制，即使應保持與時俱進，但仍有其常準常軌本性，切莫變成過動兒。

(四) 獨立董事的獨立性有待加強

獨立董事已是現行公司法制的產物，但如何調和其與監察人間之功能，避免導致權責不分，亦為學界素所關注[15]，而且，獨立董事應扮演何種功能，主管機關似乎並未有明確圖像，例如證券交易法第 14 條之 2 第 1 項規定，主管機關要求公司強制設置獨立董事的考量，並不在意其如何發揮監察功能，

---

[14] 民國 100 年(2011)，公司法即分別於 6, 11, 12 月經第 18, 19, 20 次修正。

[15] (以代詳舉)劉連煜(2003)，〈健全獨立董監事與公司治理之法制研究——公司自治、外部監控與政府規制之交錯〉，《月旦法學雜誌》，第 94 期，頁 139。

而是視公司規模、股東結構、業務性質及其他必要情況[16]。而且，依同法第14條之3第1項規定，「獨立董事如(於董事會決議)有反對意見或保留意見，應於董事會議事錄載明」，要求載明僅為依公司法第193條第2項規定，作為獨立董事免責之依據？或是尚有其他因素考量，並不得知。但如果僅為免責依據，而不求發揮監察導正董事會的功能，實與所謂「監事不監視」無別，那又何必耗費心力，廢監察人而改設獨立董事，究竟其規範歸責意義何在？

而且，學者嘗試以嵌入說，希望能夠將獨立董事的監督職能，無縫插入現行治理制度的框架內，從而發揮獨立董事與監察人的監督作用，立意相當創新，具有說服力[17]，只是，該說認為獨立董事享有經營決策權與監督權，代表全體股東與公司利益，尤其是代表中小股東利益[18]，明顯失諸主觀期待，且與獨立董事出線之現實公司權力結構不符，除非是，法律明文規定，獨立董事只能由中小股東推舉選出，但如此卻可能增生額外問題，例如何為中小股東？如何選任？表決權數應如何計算等等，都應立法明確規定始可。

(五) 強制膨脹董事會規模的問題

根據前述實證研究顯示，臺灣董事會成員平均約在7～9人之間，即便是因黑心頂新食品，引發觀注的臺北101董事會席次，官股與民股加總在一起，也只有13位董事[19]，而最近頗受矚目的彰銀案，亦僅有9席董事而已。況且，美國市值在100億美元以上的公司，平均董事人數為11.2名，最小規模董事會平均由9.5人組成，最大規模董事會平均由14人組成，規模都並非那麼龐

[16] 同此意見者如賴英照(2012)，〈法制的移植──從公司律到獨立董事〉，《臺北大學法學論叢》，第84期，頁26。前輩賴英照更於文中明確批評，相關法律之制定，既非世界潮流之作法，且行政院推動立法，亦沒有回答學者、輿論及立委的質疑，沈痛指出正當良善的目的，未必然發揮法律實施效果，前車之鑑，發人深省。

[17] 楊敏華(2006)，〈兩岸上市公司獨立董事與監事會(監察人)制度運作之研究〉，《法令月刊》，第57卷第6期，頁63。

[18] 楊敏華，同前揭註17，頁64。

[19] 李至和(2014/10/28)，〈頂新策略 棄101董事保股權〉，《經濟日報》，版A3。

大，尤其是，董事會規模較小的經營績效，更比大組織的董事會來得有效率。

但如今，僅依證券交易法第 14 條之 4 第 2 項，「審計委員會應由全體獨立董事組成，其人數不得少於 3 人」，及同法第 14 條之 2 第 1 項「獨立董事不得少於董事席次五分之一」之規定以觀，未來實收資本額達新臺幣二十億元以上之上市上櫃公司，其董事會人數規模至少必須要有 15 人，始能合乎法律之最低數規定。問題是，法律強制膨脹實際並不需要的董事會人數規模，是否合乎私法自治的理念？是否因此將阻礙公司的運作與發展？其於法政策上之考量，是否具有道理？在在都使人質疑。

三、常務董事(會)的獨特法制

(一) 舊習並未順應現代公司組織之法制法理

我公司法自 1946 年起即有常務董事之制，「公司得依章程……，一人或數人為常務董事，代表公司。(舊公 193 I [20])」斯時董事執行業務除章程另有訂定外，以其過半數之同意行之(舊公 191)，但原則上董事有各自代表公司之權限，董事會尚非法定必備常設機關，而任由公司視董事在職權上須集體行動時，以章程得定其組織及開會決議方法(舊公 192)，故「依照習慣[21]」並設置董事長或常務董事，顯見當初常務董事之設，乃純為配合公司實務的產物，亦與公司發展及家族企業的特性應該有關[22]，未必是基於現代股份有限公司

---

[20] 本文除特別指明，不然「公」所稱公司法，均指中華民國一百零二年一月三十日總統華總一義字第 10200017781 號令修正公布之現行公司法。而且，所論公司種類亦偏向資本額達新臺幣二十億元以上之上市上櫃股份有限公司。

[21] 梅仲協(1956)，《商事法要義》，上冊，頁 74。

[22] 1957 年 12 月底臺灣省統計資料顯示，當年股份有限公司僅有 1,989 家，顯見公司發展尚處初階而已，資料引自姜聯成(1966)，《新公司法精釋》，頁 148。

機關組織的法制理念[23]。

直到 1966 年公司法修正時，始明文由董事會決定公司業務之執行，但依然保留常務董事制至今，並設董事長，規定董事長對內為股東會、董事會及常務董事會主席，對外代表公司(公 208Ⅲ)。至於，何以在設置法定必備常設機關──董事會後，尚得由公司章程訂定常務董事及常務董事會之制，以致於在董事會執行業務機關之內，再增常設業務執行機關？通說認為是董事會為會議體之機關，成員龐大，集會不易，無法經常開會，而且為使公司在董事會休會期間業務執行得以順利推展，乃特設常務董事之規定[24]。

問題是，此種會中有會，同樣常設合議制業務執行機關的作法，除未與現代公司機關法制理念相合，兩者間權責如何劃分，不免有架空董事會之疑慮[25]，而且，究之於他國立法例，似乎也是我公司法獨創法制，尤其是，1980 年公司法修正常務董事有關規定的理由，「但目前若干公司董事與常務董事人數相同或相差一人，失其設置常務董事之意義，故於第二項後段增列『常務董事至少三人，至多不得超過董事人數三分之一』，以杜流弊。[26]」竟然不是以其失却設置意義，直接刪除常務董事制，而回歸董事會常軌，反而是增訂常董最低與最高額限制，此種法政策(rechtspolitisch)上的取擇，實在令人好奇玩味，可惜立法資料竟欠任何說明，徒留無頭公案而已。

---

[23] 游啟璋(2005)，〈公司法的功能、問題與法律策略〉，《現代公司法制之新課題── 賴英照大法官六秩華誕祝賀論文集》，頁 3-31。

[24] 劉甲一(1971)，《公司法新論》，頁 219；陳顧遠(1968)，《商事法(中冊)》，頁 353；柯芳枝(1999)，《公司法論》，頁 359；王文宇(2003)，前揭書，頁 365。

[25] 王文宇(2005)，〈論董事會、常董會與委員會之權責劃分〉，《現代公司法制之新課題──賴英照大法官六秩華誕祝賀論文集》，頁 362；劉連煜(2007)，《現代公司法》，頁 419；游啟璋(2004)，〈常務董事與董事職權之分際〉，2004 年 12 月 7 日經濟部公司法研修會議專題報告，引自劉連煜(2007)，前揭書，頁 419。

[26] 修正草案對照表說明欄，載立法院公報第 68 卷第 87 期，頁 57；立法院秘書處編印(1981)，法律案專輯，第 38 輯，《公司法第六次修正案》，頁 276-277。

(二) 常務董事(會)的立論不合實際

1. 董事會成員實際並未如想像的龐大

設置常務董事的立論，如上述所言，主要是因董事會組織龐大，集會不易無法經常開會。問題是，此種立論是否合乎公司法制法理(Rechtsdogmatik)[27]？是否切合公司實務現況？還是疊床架屋，反而有侵蝕法制之正常發展，徒然增惹紛擾與適用疑慮而已[28]。

因為，根據實證研究顯示，董事會成員實際上並未如想像的那麼龐大，平均約在 7 ~ 9 人左右，如果開會時不講究排場，其實通常小型會議室即可夠用，例如研究期間自 1996 年起至 2008 年止，在排除產業性質與財務結構迥異於一般產業的金融業、證券業及保險業後，所採樣的 1,318 家上市櫃公司，董事會人數平均為 9.54 人(9 人)[29]；或者是採樣 2005 年至 2007 年於臺灣證券交易所(TSEC)掛牌上市的 1,590 家公司，其中高科技產業有 917 家，傳統產業有 673 家，平均董事規模為 9.75 位[30]；或者是取樣臺灣上市櫃公司(2006

---

[27] 德文 Rechtsdogmatik，乃 Recht(法)與 Dogmatik 之組合字，Dogmatik 臺灣常見譯為「教條論」、「釋義學(論)」、「教義學(論)」不等，但似乎都未能切合德文原意，吳庚教授對此亦有所批評，而以「義理」或「體系理論」代之，請參見氏著(2004)，《憲法的解釋與適用(三版)》，頁 456，註 36。惟義理其實與釋義或教義的語義差別不大，而體系理論不免有與體系解釋混淆者，故不若以簡明易懂之「法制法理」翻譯 Rechtsdogmatik，蓋以臺灣成文法制而言，莫不在釋義現行法(de lege lata)規定之道理，而於法律規定有所不足或缺漏者，又不免窮究其法理以期新法(de lege ferenda)，甚或取法他國法例，以求法律發揮定紛止爭的功能，如此既能盡其(法)道理，又不能胡亂添加有逾法制格局者，因此，民法有其法制法理(Rechtsdogmatik)，證券交易法有其法制法理(Rechtsdogmatik)，刑法有其法制法理(Rechtsdogmatik)，譯為「法制法理」應更能顯現其義。

[28] 如法學前輩武憶舟(1992)，「章程如規定並無常務董事之設時，則董事會自屬常設之機關；否則，……由常務董事……，以集會方式『經常』執行董事會職權。則公司之常設執行機關，應屬常務董事會，而非在董事會矣。故云董事會為常設之機關，無絕對之意義。但常務董事會，為董事會之分支，仍屬董事會之內部組織，故云董事會為常設之執行機關，理論上亦可貫徹。」《公司法論》，頁 343。

[29] 林宛瑩/汪瑞芝/游順合(2012)，〈研發支出、內部董事與經營績效〉，《會計審計論叢》，第 2 卷第 1 期，頁 73。

[30] 林穎芬/洪晨桓/陳佳成(2012)，〈臺灣上市公司董事薪酬影響因子之研究〉，《臺大管理論叢》，第 23 卷第 1 期，頁 188。

~2007 年)，根據其「公司治理報告」2,432 筆原始觀察值所作的統計，董事會規模為 3 ~ 27 人，平均數為 6.82 人，中位數為 7 人[31]。

而且，以美國為例，在《華爾街日報》委託 GMI Ratings 顧問公司所做涵蓋能源、零售、金融服務、醫療保健等 10 個行業的研究顯示，這些市值在 100 億美元以上的公司，平均董事人數為 11.2 名，最小規模董事會平均由 9.5 人組成，最大規模董事會平均由 14 人組成，而前者帶給股東的投資報酬率明顯較佳[32]，董事會的規模也未龐大到無法議事。

2. 董事會直接議事無實際困難

公司董事會，設置董事不得少於 3 人(公 192I)，但已依證券交易法發行股票之公司，則其設置董事不得少於 5 人(證 26-3I)[33]。而且，公司法第 208 條第 2 項規定，董事會設有常務董事者，其常務董事應由三分之二以上董事之出席，及出席董事互選過半數之同意選舉之，名額至少 3 人，最多不得超過董事人數三分之一，設有常務董事最低額及最高額之限制，故據此可知，公司董事會人數達 9 人以上者，始有設置常務董事之可能，董事人數在 8 人或 8 人以下者，章程即不得規定設置常務董事。既然實證資料顯示，董事會成員約在 9 人上下，而且法律設有董事最低額規定，則 3, 5, 7, 9 之間是否差距過大，以致於對召集會議有所困難，集會不易而無法經常開會，因此，必須捨 7 或 9 人董事會，而賴 3 人常務董事會以議事，實在難為合理之說詞。

再者，因上市上櫃公司另設有特別之規定，第 24 條第 7 項明文，「上市上櫃公司如有設置常務董事者，常務董事中獨立董事人數不得少於一人，且不得少於常務董事席次五分之一。」亦即獨立董事必須占有常務董事至少 20%

---

[31] 邱筱茜(2008)，《董事會監督強度決定性因素之實證研究》，國立政治大學會計研究所碩士論文，頁 45。

[32] http://www.chinatimes.com/realtimenews/20140827005174-260410，最後瀏覽日：2014/10/10。

[33] 上市上櫃公司治理實務守則第 20 條第 2 項，「上市上櫃公司之董事會結構，應就公司經營發展規模及其主要股東持股情形，衡酌實務運作需要，決定五人以上之適當董事席次。」

的席次，因此，如依前例為計，則董事成員 9 人的董事會，有設置常務董事者，當其常務董事為 3 人時，扣除董事長之必要成員外，剩餘兩席則應分由常務董事與獨立董事職司，始能滿足法律最基本規定。

設置常務董事之制，亦有考量董事會開會次數之說，而董事會會議可分為定期董事會與臨時董事會兩種。臨時董事會乃為應付事出突然，而採任意自由隨時召集，次數自無限制之必要；但是，對於定期董事會究竟多久應開會一次，雖然公司法並無召集會議次數之規定，但如考量召集法定股東常會計，即使公司事業順利整年風平浪靜，毫無召集董事會議事之必要，那至少每年一次，應是法律最少開會次數之規定。但上市上櫃公司治理實務守則第 30 條第 1 項則明定，上市上櫃公司董事會應每季至少召開一次，遇有緊急情事時並得隨時召集之。據此可知，上市上櫃公司之定期董事會，每季至少應召開一次，至於臨時董事會，則任由公司董事會自決，法律並無最低或最高次數之限制。

至於，公司實務上如何規範定期董事會的運作，則呈現不同的面貌，有複製法條規定「本公司董事會應至少每季召開一次」，如智原科技股份有限公司者[34]；有以每月召集一次為原則者，如臺電[35]、中油[36]或彰化銀行[37]之例；或者是「本公司董事會每二個月召集乙次」，由中華民國證券商業同業公會所擬訂的上市上櫃公司董事會議事規則參考範例。換句話說，公司明訂的定期董事會，每年至少在 3 ~ 12 次之間，但若再加上不定期之臨時董事會，如此

[34] http://www.faraday-tech.com/html/IR/Download/Faraday_Rules%20of%20Procedures%20for%20-the%20Board%20Meeting-970613.pdf，最後瀏覽日：2014/10/13。依證券交易法第 26 條之 3 第 8 項授權規定訂定之公開發行公司董事會議事辦法第 3 條第 1 項，「董事會應至少每季召開一次，並於議事規範明定之。」可資參照。

[35] http://www.taipower.com.tw/content/govern/govern01.aspx?MType=4&MSType=11，最後瀏覽日：2014/10/13。

[36] http://www.cpc.com.tw/big5/content/index01.asp?sno=2994&pno=407，最後瀏覽日：2014/10/13。

[37] https://www.chb.com.tw/wps/wcm/connect/web/resources/file/eb465f04637217f/1011127.pdf，最後瀏覽日：2014/10/13。

則公司是否還需要增設常務董事，以經常執行董事會職權，確實值得商榷。

另外，根據對上市公司董事會實際運作功能進行量化的實證研究顯示[38]，董事會平均三個月開一次會的比率最高(46.5%)，同時平均開會時間為 2 小時以內(46.9%)。但因此研究總共向 3,851 位董事發出問卷，經過寄發與催收後，有效問卷為 244 份，有效問卷回收率為 6.34%，回收率並不理想，是否足以提供董事會召開次數的實際圖像，其實不無疑問。類似的研究[39]，如以隨機抽樣上市公司的問卷調查，顯示公司董事會開會次數最多者為 24 次，最少者 1 次，平均值則為 6 次，總平均開會時數為 2.39 小時，但因仍受限於樣本數只有 70 家，其說服力應該不夠。

比較值得信賴的研究，應該是取樣臺灣上市櫃公司(2006~2007 年)，根據其「公司治理報告」2,432 筆原始觀察值所揭露董事會開會次數，顯示董事會每年平均開會次數為 9 次，約 1.3 個月開會 1 次，中位數為 8 次，每年開會次數最大值高達 40 次，亦即上市櫃公司每個月約召集 3 次的董事會[40]。實證資料既清楚指明董事會開會密度如此不低，應該沒有無法經常開會之失，對於公司執行業務之順利推展，實無必要在董事會會與會之間(所謂「休會期間」)，增設常務董事以執行董事會之職權，而且，「捨正道而不由」，公司運作無法回歸董事會常軌，卻以常務董事代之，如此法政策上之取捨，著實令人難以理解。

3. 常務董事制潛存不必要法律風險

董事會與常務董事會，都屬合議制機關(Kollegialorgan)，其所職掌事項

---

[38] 葉匡時/劉韻僖/鍾喜梅(2000)，《我國上市公司家族控制力與董事會運作關係之探討》，行政院國家科學委員會贊助計畫編號：NSC 89-2416-H-110-010，頁 14。https://bm.nsysu.edu.tw/tutorial/ksyeh/articles/family%20control.doc，最後瀏覽日：2014/10/13。

[39] 趙維穎(2004)，《董事會屬性、董事會功能與企業經營績效之關聯性研究》，中原大學企業管理學系碩士論文，頁 34。

[40] 邱筱茜(2008)，《董事會監督強度決定性因素之實證研究》，國立政治大學會計研究所碩士論文，頁 42。

均應經會議決議行之(公 202)，始具合法性。如此則於董事會之決議，除本法另有規定外，應有過半數董事之出席，出席董事過半數之同意行之(公 206I)。常務董事於董事會休會時，依法令、章程、股東會決議及董事會決議，以集會方式經常執行董事會職權，由董事長隨時召集，以半數以上常務董事之出席，及出席過半數之決議行之(公 208IV)。

試以臺灣公司實務平均董事會成員 9 人為例，召開會議時，董事會必須 5 人出席 3 人同意，始有合法決議之可能。但是，如董事會設有常務董事者，最高僅可常務董事 3 人，卻也只達法律規定最低之數而已，問題是，如果召開常務董事會，卻僅 2 人出席 1 人同意即可，如此欲期董事集思廣益之功能，或求議決過程之嚴謹，事實上已不可得，而且，如果董事長與另名出席常務董事異見相左時，那究竟決議是通過呢？還是未通過？任何結果必然都會增惹解釋的爭議，徒然招致執行業務上的法律爭訟，甚至因此造成一人董事會的情形，全憑董事長獨斷行事[41]，毫無任何議事或制衡作用，董事會功能蕩然無存，亦有違公司治理原則，應非公司法制所樂見者。

(三) 常務董事的法律基礎並不明確

董事會與常務董事會兩者間權責關係如何，或者是常務董事何由而生？因為公司法並未具體明文規定，不免滋生相當爭議[42]，實有釐清的必要。因為，公司與董事間原則上適用民法委任之規定(公 192 IV)，則董事受公司委任以執行公司業務，即應親自處理委任事務，始合乎公司(委任人)與董事(受任人)間之契約要求(民 537 前段)，但何以董事於董事會後，卻仍需選出為常務董事，始常任執行公司業務，或者可能僅因其未能出任常務董事，致其執

[41] 德國立法例，1937 年股份法(§ 70 Abs. 2 AktG)曾明文董事長獨斷權(Alleinentscheidungsrecht)，於董事成員間議決意見不一致時，由董事長獨自裁斷之，但由於斯制易使董事長對重要決策不須與其他董事詳細討論，失諸決定輕率而致生危害公司之慮，故為現行股份法制所不採，立法理由請參 Bruno Kropff, Aktiengesetz, 1965, Begründung RegE zu § 77, S. 99.

[42] 劉連煜，前揭書，頁 419。

行公司業務之職權，於董事會休會期間受有限制。

1. 常務董事非屬複委任關係

法律制度上，受任人並未親自處理委任事務，反而將其轉委由第三人處理者，是為複委任，雖為可行之道，但必須經委任人之同意或另有習慣或有不得已之事由者，方得使第三人代為處理(民 537 但書)，我民法對此已有明文規定。問題是，董事與常務董事之間是否存在複委任的關係呢？

由於常務董事乃經由董事會董事互選所生，而董事資格之取得，乃先前已經股東會選任而後由公司委任任用之[43]，因此，事實上常務董事早已受公司之委任，並非是複委任的關係，只是董事另外再取得常務董事的資格而已。換句話說，董事得以複委任之法定三種情況，並不適用於常務董事，自無探討其要件之必要。反而是，為何董事因未另外再取得常務董事資格，以致於其執行公司業務之職權，於董事會休會期間受有限制，此種自動限縮董事職權的作法，於法制法理是否可行，其實是應受質疑的[44]。

2. 法定說與授權說之爭議

(1) 常務董事欠缺法律基礎

現行公司法並未如舊法明文「……並得依章程規定之人數，依同一方式，互選常務董事」(公 208 I, 1980 年前舊文)，而僅謂「董事會設有常務董事者」或「董事會未設常務董事者」(公 208 I II)，明顯不採舊法「事先同意」章定事項之規定，而任由董事會自行決定設或不設常務董事，如此於法律基礎上，

---

[43] 臺灣公司法教科書對於董監與公司之關係，向來著重在董監選任資格程序等，而不像德國公司法並論其組織法上之行為(ein körperschaftlicher, korporationsrechtlicher Akt)，乃將特定具資格之人選為公司機關，或撤回其職位之選定關係(Bestellungsverhältnis)，與公司內部關係上與個別董監之任用關係(Anstellungsverhältnis)兩種不同之法律關係。尤其是，公司法第 8 條第 3 項所謂實質董事(de facto director)，其中因選任瑕疵所生之事實上董事，若無視此兩種不同法律關係之分野，其實並不容易理解。楊君仁(2014)，〈董監薪酬及適當性的問題與對策〉，《月旦法學雜誌》，第 233 期，頁 82～114。

[44] 同此質疑者，如王文宇，前揭文，頁 363。

明顯有所缺失，而且，現行公司法亦乏公司事後承認的規定，完全置常務董事的法律基礎於不顧。

雖然，學者亦有見於此，認為「惟解釋上應屬相同，如此，常務董事之設置，方有明確之依據。[45]」但是，既然現行法律已無明文規定，哪來能有所依據而得以解釋適用呢？或者所謂解釋上應屬相同，乃側重在新舊條文同類適用之義，但問題是，新舊條文已經修正增刪，而舊文逝者已矣！何況，董事會中再設常務董事會，屬臺灣獨創法制，亦未見於其他法律規定，亦難有藉類似性(Ähnlichkeit)的前提下，本諸平等對待原則，類推適用於此法律所疏漏未為規定之事項。

因此，根本之道，上策者乃直接刪除常務董事(會)制，直接回歸董事會常軌，如此則不致於再有董事會數月方開會一次，比比皆是的錯誤印象[46]，而且，據前述實證研究後，臺灣董事會組織亦未如想像般，有大到集會不易的地步。至於，學者所顧慮因此將有失決策分擔之需求者[47]，應屬過慮之思，蓋董事會直接集會議事，既可省卻因職分，徒添組織不必要的堆疊，發揮集思廣益功能外，對於其所舉例台積電之延攬天下英才，亦應無影響，因該等英美精英所出任者，既為外部董事，本就非我公司法之常務董事(managing directors)[48]；中策者應是直接修法明文由章程規定，始能建構常務董事(會)為章定任意機關之法律基礎，俾不違法治原則，私法自治與章訂自由。至於，下策者則是一如往昔，仍然糾葛於法定說與授權說的爭議之中。

(2)法定說有因事釋法矛盾之失

---

[45] 柯芳枝，前揭書，頁359，註275。

[46] 游啟璋(2003)，〈常務董事法制之檢討〉，《法令月刊》，第54卷第5期，頁26。事實上，常董會與董事會乃呈消長關係，只要廢除常董會，董事會開會次數必定躍升，更何況，實證研究顯示上市櫃公司平均約每月召集3次董事會。

[47] 王文宇，前揭文，頁367。

[48] 英譯乃據法務部全國法規資料庫公司法官方英文版，http://law.moj.gov.tw/Eng/LawClass/LawAll.aspx?PCode=J0080001，最後瀏覽日：2014/10/20。

實務向來採用法定說[49]，經濟部認為「查依公司法第二百零八條第四項規定之意旨，常務董事係在董事會休會期間執行董事會職權，既係在執行董事會職權，其在董事會休會期間地位與董事會相當，其職權係基於法律規定而來，尚非純係授權而來(法定職權)。如法令章程另有規定或股東會、董事會另有決議之情形下，自須依該規定處理公司事務，惟如在章程、法令未規定或股東會、董事會未決議之事項，常務董事基於與董事會相當之地位，仍得行使董事會職權，本案應依上開意旨辦理。[50]」但因此函釋中明文「惟如在章程、法令未規定或股東會、董事會未決議之事項，常務董事基於與董事會相當之地位。」不無架空董事會之疑慮，故另函釋「按公司法明定專屬「董事會」決議之事項，不論係普通決議（例如同法第一百七十一條召集股東會之決議）或特別決議（例如第二百六十六條發行新股之決議），均不得由常務董事會決議。[51]」

但是，財政部證券暨期貨管理委員會卻有不同意見，認為「證券交易法第二十八條之二第一項規定，上市上櫃公司買回本公司股份應經董事會之同意；如遇董事會休會時，可依據公司法第二〇八條第四項規定，由常務董事會議決議辦理，再提報下一次董事會追認。[52]」創設特有之事後董事會追認制，本號函釋後雖經行政院金融監督管理委員會號令廢止，但前述內容卻於新函釋中依然保留[53]，如此則不免滋生適用之疑慮，究竟買回本公司股份僅為單獨特例，抑或上市上櫃公司有關應經董事會決議之事項，均得比照辦理，先由常務董事會決議處理後，再俟下一次董事會提報追認。而且，如果董事會不為追認呢？則其決議效力究應如何[54]？而已據此而執行之法律行為，如

[49] 學者主張法定說者，如柯芳枝，前揭書，頁362。

[50] 經濟部77年2月12日商字第04379號函。

[51] 經濟部86年12月26日商字第86224536號函。

[52] 財政部證券暨期貨管理委員會91年10月28日台財證一字第0910005444號函。

[53] 行政院金融監督管理委員會96年12月26日金管證一字第0960073134號函。

[54] 同此質疑者，如王文宇，前揭書，頁367。

有致生他人或公司損害者，則其賠償責任又應該如何處理？

再者，行政院金融監督管理委員會在函覆信託業商業同業公會，有關金融資產證券化條例及不動產證券化條例相關法規涉及受託機構董事會權責部分，是否得由董事會決議授權常務董事會代表行使乙案時，表示「處理原則如下：(一)法律明定由董事會行使職權者，不得由董事會決議授權常務董事會代表行使。(二)若屬行政規章所訂者，得由董事會決議授權常務董事會代表行使，俟董事會開會時，再提報董事會決議。[55]」另行創設行政規章例外之規定，釋法於隨意之間，除不管部會間之立場整合，亦完全置公司法制法理於不顧。

(3)授權說亦缺法律基礎盲點

授權說，是現有多數學者之主張[56]，此說認為常務董事之權限，乃來自於董事會之授權。因為，在此法律基礎上，固可避免法定說，因將董事會事權轉移至常務董事，導致常務董事決議等同董事會決議之不當，實際造成架空董事會的效果，失卻董事會法定機關的功能，亦有違公司法制常理。而且，藉由授權之說，亦可以增設監督防範機制，避免放任常務董事肆意而為，保有事後否決常務董事會決議之權限。

雖然，現行公司實務，公司章程中常見有「董事會應由三分之二以上之董事出席，及出席董事過半數之同意互選常務董事三人」之規定[57]，據此，授權說乃得以立論，常務董事會屬章定、任意及常設機關之依據，藉此建構常務董事之法律基礎，並試圖減緩法定說之強勢壓境，用心不可不謂良苦，

---

[55] 行政院金融監督管理委員會 93 年 12 月 3 日金管銀(四)字第 0938011978 號函。

[56] 王文宇，前揭文，頁 363；王文宇，前揭書，頁 367；王志誠(2013)，〈我國公司治理之實務發展及檢討──以並列制經營機關之改革為中心〉，《現代公司法制之新課題──賴英照大法官六秩華誕祝賀論文集》，頁 387；劉連煜，前揭書，頁 420；游啟璋認為授權亦應有所限縮，以鞏固董事會之地位，〈常務董事與董事職權之分際〉，2004 年 12 月 7 日經濟部公司法研修會議專題報告。

[57] 以統一企業股份有限公司 101 年 6 月 22 日修正之公司章程版本為例，請參 www.uni-president.com.tw/invest/101 公司章程.doc，最後瀏覽日：2014/11/04。

但卻明顯忽視授權(Bevollmächtigung)法制[58]。蓋依授權說者，常務董事既不為法定說之機關，而是歸屬董事會任意設置與否，則其任意性之法律基礎何在？而且章程類此條文之規定，其法律意義究應如何解讀，始合機關組織之法制法理，著實令人費解？何以在股東會選出董事後，卻能任令董事會再為變動？怎可董事會自廢武功或者自動失職，將其職權轉移至常務董事會？又怎可在股東會選任董事以執行職責時，董事會內部自行設限，排除非常務董事於董事會休會期間之職權？何況，常務董事乃經董事會董事互選而生，其出任與否實受限於常務董事席次與選舉得票結果，並非因此即可謂董事(非常務董事)自主授權所為。

(四) 常務董事轉化單軌制之對策

如果無法直接廢除常務董事制，而有仍然維持之必要者，則應據單軌法制理念，將常務董事轉化為行政(內部)董事，或執行委員會(executive committee)[59]，專責經營公司，而由外部與獨立董事職司監督經營之功能，俾使法制上職能分工清楚明確。

1. 常務董事轉化為內部董事

單軌制(unitary board, one-tire system)，通行於英美國家，斯制乃由股東會選舉董事，組成董事會(board of directors)，以領導公司之經營。因此，在概念上，如果董事兼任行政職務(如 CEO, officers)者，既決定業務政策，又參與業務執行經營者，稱為內部董事(inside director)或行政董事(managing

[58] 王澤鑑(2000)，《民法總則》，頁 471 以下；王澤鑑(1988)，《債編總論》，第一卷，頁 195 以下；黃立(1999)，《民法總則》，頁 373 以下；黃立(2000)，《民法債編總論》，頁 127 以下；Karl Larenz, Allgemeiner Teil des deutschen Bürgerlichen Rechts, 7. Auflage, 1989, § 31, S. 613ff.; Erman/H. Palm, BGB, 12. Auflage, 2008, § 167, Rz. 1ff.；最高法院 74 年台上字第 2014 號判例謂：「代表與代理固不相同，惟關於公司機關之代表行為，解釋上應類推適用關於代理之規定。」可資參照。

[59] 至於，學者王志誠所質疑是否發生常務董事會與執行委員會權責不明的問題，如循此途應可解決。見氏著(2005)，〈我國公司治理之實務發展及檢討──以並列式經營機關之改革為中心〉，《現代公司法制之新課題──賴英照大法官六秩華誕祝賀論文集》，頁 385。

director, executive director)；而不兼任行政職務的董事(non-executive director)，則為外部董事(outside director)，至於，外部董事與公司全無利害關係(no material relationship)者，就稱獨立董事(independent director)，所以，獨立董事必屬外部董事，但外部董事未必即為獨立董事[60]。

常務董事既不論董事會休會與否，都具有常態性執行公司業務的權職，而且，上市上櫃公司只要資本額新臺幣二十億元以上者，依法必須在 2015 至 2019 年間改成單軌制，公司經營機關之改制已勢所難免，那何不直接以單軌制吸納轉化我現行法制，既有舊有基礎為底，亦較能嫁接新枝。更何況，根據我公司法官方英譯版，常務董事譯為 managing directors[61]，其相對詞自然為 non-managing directors(非常務董事)，如此則任何老外讀我公司法者，應不免直覺反映為單軌制之思維，將常務董事(managing directors)轉化為內部董事，幾乎可謂是與國際(英美)無縫接軌，何樂而不為[62]。

2. 非常務董事與獨立董事職司監督功能

單軌制之董事會(board of directors)，並不像雙軌制，另設監察人(並列式如臺灣)或監事會(直列式如德國)，職司監督董事會業務之執行，而是由不兼任行政職務的外部董事(outside director)扮演[63]，或是由董事會下設獨立董事所組成之審計(稽核)委員會(audit committee)負責。因此，獨立董事的職責，就在監督董事會，可謂是單軌制之特有產物，應在董事會單軌制下理解才有意

---

[60] 賴英照(2009)，《最新證券交易法解析》，頁 177；Alexander Loos, Directors' Liability: A Worldwide Review, 2006, pp. 96, 405; Gower & Davies' Principles of Modern Company Law, 7th. Ed., 2003, pp. 294ff.; Black's Law Dictionary, 8th. Ed., 2004, p. 493.

[61] 英譯乃據法務部全國法規資料庫公司法官方英文版，http://law.moj.gov.tw/Eng/LawClass/LawAll.aspx?PCode=J0080001，最後瀏覽日：Oct.20.2014。

[62] 本文作者並未寄望單軌制(請參拙作，〈公司治理新挑戰── 論監察人制度〉，《社會文化學報》，第 19 期，頁 57～83，2004 年 12 月)，而是立法者與主管機關常自詡與國際接軌，情勢既然如此，總是希望所提建議對策，確實有助法制無縫轉換銜接。

[63] 蔡宏瑜(2009)，〈美國法關於公司外部董事之義務與責任之規定〉，《玄奘法律學報》，第 11 期，頁 261-296。

義。

而如上所述，我公司法既實際存在非常務董事(non-managing directors)，雖其仍得列席常務董事會，公司法並無限制[64]，但明顯確定已是「乞丐趕廟公」，而被排除於常務董事會與會議決之權。雖然，如依授權說者，非常務董事尚有機會，能夠回到董事會予以制衡，重新審議常務董事會之決議。但是，既然單軌制對資本額新臺幣二十億元以上之上市上櫃公司，已是江水向東流，莫可阻逆，何不直接將非常務董事轉化為外部董事，並與獨立董事配合，專門職司監督董事會的功能。

3. 公司派⇔市場派轉化為常務董事⇔非常務董事

公司派與市場派之說，並非我公司法專有名詞，而只是坊間對於公司經營權保衛(或爭奪)戰派系勢力之粗分，但卻一路伴隨實務上市公司的發展[65]，甚至還有所謂市場派馬路股東會(如台鳳公司)的奇景。然而，公司法實務對此種現象的反應，大都僅只聚焦於此際股東會決議，其法律效力如何的問題，但鮮少從董事會組織上提出對公司派與市場派的因應對策。

尤其是，如前言所舉三陽工業經營權之爭，既已勢如水火，則與其陷入(新舊)公司派與(舊新)市場派之困境，不若直接面對問題，藉現有常務董事與非常務董事之制，配合單軌制之必行法制，轉化為英美法內部董事與外部董事之概念，而由常務董事(內部董事)決定與執行公司政策業務，非常務董事(外部董事)與獨立董事職司監督董事會經營的功能。而且，如此改革，既可面對累積投票制董事地位的結構問題，公司派與市場派是否不和已非重要，亦可解決常務董事制，此種(董事會)會中有會獨特法制的法理爭議，亦可順應即將改行之單軌制公司的組織結構，使常務董事、managing directors、inside

---

[64] 經濟部 59 年 12 月 9 日商字第 56381 號函，「查公司常務董事會依公司法第二〇八條第四項規定係於董事會休會時，依據法令章程、股東會決議及董事會決議經常執行公司業務，由董事長隨時召集與董事會性質有別，關於常務董事會議事錄，上開條文並無準用同法第一八三條之規定，至於董事列席常務董事會，公司法並無限制，董事長如認為需要時自可通知有關董事列席。」

[65] 葉宣模(1993)，《股市紅黑板── 台灣證券交易市場傳奇》，工商時報出版。

directors(內部董事)三位一體，非常務董事、non-executive directors、outside directors(外部董事)亦如是觀(如下圖示)，兩者在概念與功能上，都能馬上契合英美單軌法制，並因市場派的非常務董事獨立性無庸置疑，勢必更能提昇監督功能，不再發生公司監控體系頻仍失調的問題[66]，發揮法制移植最快最佳本土化或是內化(assimilation)的效果。

經營	⟺	監督
公司派	⟺	市場派
常務董事	⟺	非常務董事
內部董事	⟺	外部董事
managing	⟺	non-executive

directors

四、結論

1848 年，德國法學者 Julius v. Kirchmanns 曾言，「立法者修正三個字，整間圖書館變廢紙。[67]」即言法律之制定，應該要極其慎重，切莫隨意變更接枝，甚至是刨舊根種新株。雖然，現今國際化全球化的影響，法律制度的相互借鏡取法，應是舉世普遍的現象，但如何在傳統法制枝幹上移花接木，不使引介外國法制而移植的立法工程，成為「比較的仿製者(rechtsvergleichender Eklektiker)[68]」而已。

[66] 黃銘傑(2001)，《公開發行公司法制與公司監控──法律與經濟之交錯》，頁 5。

[67] Julius v. Kirchmanns, “Drei berichtigende Worte des Gesetzgebers und ganze Bibliotheken warden zu Makulatur.”, Vortrag über Die Werthlosigkeit der Jurisprudenz als Wissenschaft von 1848, S. 29, zitiert nach Schmidt, Editorial: Gewaltenteilung im Gesellschaftsrecht, ZHR 171 (2007), S. 6.

[68] Konrad Zweigert/Hein Kötz, Einführung in die Rechtsvergleichung, 3. Auflage, 1996, S. 17.

事實上，法律之移植繼受有不同的層次，尤其是，現行公司法制傳襲自清末公司律，如單以年歲計，也逾百年之久，雖然其間法制因政經社會變遷，仍有諸多亟待改進之處，但取法方式可為偏重法制或條文移植者[69]，或者是繼受法學方法律思維者(Methoden-Rezeption)[70]，或者是仿效作事方法者，然究觀此三者，臺灣學界仍然偏向前者外國法制之研究與移植，而疏於在現有法制基礎上，藉方法論以建立本土法制法理之論述，尤其是應講究專著(Monographie)，法域整體性之學術研究，避免因側重單篇論文績效，而造成見樹不見林的學術品味[71]。

因此，除於前各章節小結所述意見外，特再提出下列幾點建議，無非是期望臺灣公司法制在變革中，能有所注意與調整，俾使立法能切合法事實，奠定社會生活規範的基礎，而任何學說主張不會違反法制法理，司法能有更明確無誤之裁判理由，從而建立與穩固法律權威，斯無損民主法治之期待。

一、證券交易法第 14 條之 4 規定，授權強制設置審計委員會替代監察人，隨即讓百多年來的傳統監察人制，頓如東逝流水，而過去曾締造臺灣經濟奇蹟的雙軌制，從此將自上市櫃市場消失。問題是，監察人「監事不監視」，監督功能不彰的弊端，並未因轉移至獨立董事或審計委員會，而有立即改正的效果，何況，獨立董事因其與公司間通常存有利益關係，能否保有獨立性，早已備受質疑，是臺灣採行單軌制後，仍必須嚴肅面對的問題。

二、單軌制或雙軌制，究竟孰優孰劣，或者是各有優劣，公司法在橫向移植西方法制時，殊少依據法事實研究立法，反而是經常取決於政經時局，

---

[69] 據報導國外有隻寵物鸚鵡跟著主人而學會流利英文，但 2010 年牠突然失蹤，經過 4 年後，牠最終回到主人身邊，但原本流利英語全忘掉，卻開口說起西班牙語，原來這期間牠都被說西班牙語的某女士收養。看來動物模仿有時比法律更道地！2014/10/14 聯合新聞網，記者高智深綜合報導，〈神奇！消失 4 年 鸚鵡回來後滿口西班牙語〉，http://udn.com/NEWS/LIFE/LIF10/8998334.shtml，最後瀏覽日：2014/10/14。

[70] Zentaro Kitagawa, Rezeption und Fortbildung des europpäischen Zivilrechts in Japan, Frankfurt/M: Alfred Metzner Verlag, 1970.

[71] Schmidt, Editorial: Gewaltenteilung im Gesellschaftsrecht, ZHR 171 (2007), S. 3.

外在壓力或與國際接軌之期待。公司法前輩張肇元曾言，「外人讀我法律，必曰既非甲制，又非乙制。既有甲制之骨骼，又有乙制之皮毛，猶長衣袍掛，西冠革履，事實如此，誠非謬論。然老大古邦一躍而為新興強國，即在其能取人所長捨人之短耳。[72]」究之於現行公司法制外觀，似乎言之成理，仍不乏西裝馬掛之例，但隨意嫁接的結果，可能未蒙其利，先受其害，故法制之移植繼受，仍應看重其社會變遷之過程，不可單純寄望藉由法律改制，即可藥到病除。

三、雖然學者倡言，早期公司法的比較研究，可能侷限於法條的僵化對照，但近年來已顧及法條背後所面臨的社會價值、經濟發展及政治環境等因素[73]，但驗諸公司實證研究，顯示力道仍有待加強，例如常務董事制，根本未如其立法理由所言「董事會組織龐大，集會不易無法經常開會」，而是董事會成員平均約在 7～9 人左右，實際上並沒那麼龐大，如果開會時不講究排場，其實通常小型會議室即可夠用，董事會直接議事並無實際困難。而且，上市櫃公司每個月約召集 3 次的董事會，董事會無法經常開會的說詞，完全經不起事實的驗證。但證券交易法修正規定，卻漠視此事實，依該法第 14 條之 4 第 2 項，「審計委員會應由全體獨立董事組成，其人數不得少於 3 人」，及第 14 條之 2 第 1 項「獨立董事不得少於董事席次五分之一」之規定以觀，未來實收資本額達新臺幣二十億元以上之上市上櫃公司，其董事會人數規模，至少還必須膨脹到 15 人，始能合乎法律之最低數規定。

四、現行董事會的組織，因兼容雙軌制與單軌制的設計，董事會圖像異常複雜，如就公司有無公開發行股票，上市(櫃)實收資本額是否達一定規模，單單董事會就有 8 種組織模式，但如果再加上職司監督的監察人或審計委員會，則有 12 種組織模式，如此法制是否有足夠承載能力，不無問題。而且，審計委員會簡單準用監察人之規定(證 14-4III)，而未能從組織結構根本釐清

[72] 張肇元(1957)，《新公司法解釋》，《現代國民基本知識叢書》第五輯，頁 24。

[73] 王文宇(2008)，〈法律移植的契機與挑戰── 以公司法的受託、注意與忠實義務為中心〉，《月旦民商法》，第 19 期，頁 87。

並從新規範，亦潛存適用上的風險，例如審計委員會如何以董事會下設委員會的資格，追究董事會違法損害賠償責任？

五、公司派與市場派之說，雖非我公司法專有名詞，但卻現實存在於公司實務，甚至還有所謂市場派馬路股東會的奇景。面對此種臺灣特色，學界其實應自創本土論述，但可惜視而不見，仍僅只著意於其股東會決議之法律效力而已。誰說法制一定要移植，不能自建法制法理，因此，本文試圖藉助市場派獨立性無庸置疑的特性，取其監督功能之長，解決公司向來監控體系失調的問題，並配合單軌制之必行，採行單軌制之概念，使「常務董事、managing directors、inside directors(內部董事)」與「非常務董事、non-executive directors、outside directors(外部董事)」三位一體，由常務董事(內部董事)或執行委員會(executive committee)決定與執行公司政策業務，非常務董事(外部董事)與獨立董事職司監督董事會經營的功能，發揮法制移植最快最佳本土化或是內化(assimilation)的效果。

*本文發表於《法令月刊》，第66卷第5期（2015.05）

臺灣公司法董事責任法制之釐正

關鍵詞：董事損害賠償責任、機關內部責任、董事會、合議制、共同責任、連帶債務人、注意義務、忠實義務

一、問題之提出

董事經股東會選任後，受公司委任而為公司執行業務，自應忠實履行並盡善良管理人之注意義務，如有違反致公司受有損害者，當然亦負損害賠償責任(公 23 I)。惟同法第 193 規定，「董事會執行業務，應依照法令章程及股東會之決議。董事會之決議，違反前項規定，致公司受損害時，參與決議之董事，對於公司負賠償之責；但經表示異議之董事，有紀錄或書面聲明可證者，免其責任。」致使通說向來認為董事應負損害賠償責任與否，尚得因其是否出席董事會會議，參與會議決議時是否反對，與反對是否存有記錄而有不同的法律效果。問題是，此種偏離合議制常軌之法制法理何在？至今仍未見明確論據，而學者論說基本上不脫重述法條條文規定而已。

最高法院 98 年度台上字第 1302 號民事判決，以「……然花蓮企銀於 91 年 6 月 26 日第九屆第二次董事會議，由全體出席董事授權董事長決定董事、監察人酬勞，且董事會無權利能力，不得以董事會為求償對象之情形下，則董事長或任何董事就內部控制及稽核制度無法有效執行得否認其無共同侵權行為而脫免損害賠償之義務？又甲(被告)自 93 年 7 月 5 日起至 95 年 1 月 7 日止擔任花蓮企銀第十、十一屆董事長，應瞭解相關股東會決議及章程規定，

然其除未健全銀行內控制度外，甚且利用職務之便及內控疏漏自行以簽呈核發年終獎金予己及其餘董事，是否均未預見花蓮企銀將遭主管機關裁罰？倘其得以預見，能否以內控制度應由合議制之董事會負責，即謂其個人無故意或過失，而無庸負損害賠償責任，殊值斟酌。」顯見法院對於公司法第 193 條董事會責任法制之理解，亦未見清晰明確。

似乎臺灣現行董事責任法制，仍然困擾著學界及司法實務，究竟是董事個別責任？抑或是董事會集體責任？還是兩者間存在排斥關係，有一就沒二？抑或兩者其實同體異相，只是不同的觀察角度而已，都有待澄明之必要。而對比於德國機關責任(Organhaftung)[1]之損害賠償立法例，可分從董事(會)對公司所負之內部責任(Innenhaftung)[2]，與董事(會)對他人之外部責任(Außenhaftung)之體系發展，其責任法制之規範結構，正如我公司法第 23 條第 1 項與第 2 項之規定，故而本文乃從公司法制法理，並參酌德國立法例，僅針對董事(會)對公司所負之機關內部責任(外部責任則有意不論)，就董事會合議制之本質，釐正臺灣現行董事責任法制。

二、董事會責任法制現行通說之困境

依公司法第 193 條第 1 項之規定，董事會執行業務，應依照法令章程及股東會之決議，故當董事會違法執行業務，致公司受損害時，董事會即應對

---

1 Peter Hemeling (2014), Editorial: Reform der Organhaftung? *ZHR* 178, S. 221; Gerald Spindler (2013), Organhaftung in der AG – Reformbedarf aus wissenschaftlicher Perspektive, *AG*, S. 889; Gerhard Wagner (2014), Organhaftung im Interesse der Verhaltenssteuerung – Skizze eines Haftungsregimes, *ZHR* 178, S. 227; Theodor Baums (2010), Managerhaftung und Verjährung, *ZHR* 174, S. 593; Mathias Habersack (2013), Perspektiven der aktienrechtlichen Organhaftung, *ZHR* 177, S. 782; Herbert Wiedemann (2011), Verantwortung in der Gesellschaft – Gedanken zur Haftung der Geschäftsleiter und der Gesellschafter in der Kapitalgesellschaft, *ZGR*, S. 183.

2 本文因僅論董事(會)責任法制，故對於監察人(監事會，Aufsichtsrat)部分則不論，先予說明。

公司負所謂的內部責任，對公司負損害賠償之責。只是，所謂執行業務，是否誠如學者所言，概念過於狹隘，並不合乎目前公司實務發展，而有修法之必要。或者是，現行通說對於董事會責任法制，仍有諸多疑義亟待釐正，例如最高法院 98 年度台上字第 1302 號民事判決所涉案例，總共歷經七審法院的判決[3]，但是對於公司法第 193 條的解釋適用，不難看出法院見解依然游移不定。法說[4]如此，學說亦未見高明，因此，本(「二、」)節次先以處理執行業務概念之解決對策，以及董事會責任規定，現行法院見解及學者通說所面臨的法制法理困境。

(一) 執行業務之意義與檢討

公司法第 193 條第 1 項規定，董事會執行業務，應依照法令章程及股東會之決議，及同法第 202 條規定，公司業務之執行，除本法或章程規定應由股東會決議之事項外，均應由董事會決議行之。雖然，「執行業務」與「公司業務之執行」，兩者文字使用不同，但因中文文法特性，動詞與名詞轉換間，執行業務與業務(之)執行，其意義內涵實無不同，都是同一件事！

只是，執行業務的概念，學者觀察臺灣公司大小規模，尤其是對大公司而言，認為「執行」兩字概念過於狹隘，屬業務經營活動中較下位之概念，僅指向經理職員階層的職能而已，而有混淆董事會與經營階層角色分工，導致權責不明之疑慮，而主張應該分為業務決策與業務執行兩種概念[5]，本文相當肯定其付出。問題是，在上述學者建議未及修法改善的情況下，是否維持

---

[3] 本案歷經 7 審法院：臺北地院 96 年度重訴字第 1054 號民事判決、臺灣高等法院 97 年度上字第 1036 號民事判決、最高法院 98 年度台上字第 1302 號民事判決、臺灣高等法院 98 年度上更(一)字第 97 號民事判決、最高法院 99 年度台上字第 1177 號民事判決、臺灣高等法院 99 年度上更(二)字第 82 號民事判決、最高法院 101 年度台上字第 1342 號民事判決上訴駁回定讞。

[4] 法說為德文 Rechtsprechung 之中文直譯，乃指法院裁判而言，本文特別如此使用，乃為求對稱學說(Rechtslehre)，呈現文字用詞之美而已，絕非崇信「外國月亮比較圓」之說，特予說明。

[5] 王文宇(2005)，〈論董事會、常董會與委員會之權責劃分〉，載於：《現代公司法制之新課題——賴英照大法官六秩華誕祝賀論文集》，頁 356。

現行法條文字，適用時即會出現解釋疑慮與衝突，本文則據如下立論理由，持否定之觀點。

1.「執行業務」之法制歷史觀

「執行業務」概念之理解，不能忽視公司法制的歷史觀點。蓋公司法立法之初，相關條文就使用「執行業務」一詞，斯時公司規模與股權結構，都不能以今日發展計，例如 1957 年底的統計資料顯示，當年僅有股份有限公司 1,989 家[6]，才剛開始逐漸走向公開化[7]，加上家族企業特性，應有學者所指稱的大股東、董事(長)及經理階層三位一體的現象[8]，既是公司最主要出資者，也是公司發展的掌舵者與執行者(校長兼敲鐘)，兼有推動與監督公司日常業務運作的功能。

而且，公司機關法制初期發展亦顯簡陋，例如直到 1966 年公司法修正時，始明文設置董事會，並由其決定公司業務之執行，建構現代股份有限公司機關組織的法制規模，但是，由於家族企業的影響，公司董事主要還是由公司創業主或其家族成員所掌控，反而是完全採行西方式專業經理人職掌的董事會，依然並不多見。所以，執行業務者，或許條文文字使用並不高明，但究之於斯時公司實務，應包括公司高度的決策與日常落實的執行的意義，並無限定是經理或職員執行業務之意義，其實並無解釋適用的問題。

問題是，隨著企業發展，是否公司權力組織結構已產生根本改變，以致於董事現今只限縮在公司發展決策，或許對於大型上市股份有限公司可能適用，執行業務則完全歸諸專業經理或職員層級，而與推動監督公司日常業務運作無關，但公司實務仍不時出現董事長兼執行長、總經理之例，因此，本文仍持保留看法。當然，法應與時轉，如果能經由審慎的實證研究，證明董

---

[6] 資料引自姜聯成(1966)，《新公司法精釋》，頁 148。

[7] 1966 年公司法修正理由，引自賴英照(1986)，〈中國公司立法之回顧與前瞻〉，氏著：《公司法論文集》，頁 22。

[8] 王文宇(2003)，《公司法論》，頁 534。

事會確實與公司日常執行業務無關，則法律自應適時匯整眾意，經由增刪修正立法程序，回應當代社會生活的實際需求，展現立法權積極作為，應屬上策之舉。但是，如果法律未能適時修訂時，亦應切莫忽視臺灣公司機關法制之歷史發展，不能望文生義，僅據「執行業務」即謂董事會大材小用，而未顧及我中小企業特性，決策階層與經營階層常有混充現象，公司法條所用文字「執行業務」應該就屬這類。

2. 解釋論應屬可行對策

吾國因採成文法制，適用法律時即不免有解釋法條文字之必要，因此，如何執據法條規定而使法律具體化、明確化與體系化[9]，則為法律解釋之要務。蓋法律經常取諸日常用語，與數理邏輯及科學性語言不同，除此之外，法律有時定義未必完全相同，或者是文字存在多義性，因此，法律用詞常非外延明確的概念，而是多少具有彈性的表述方式，所以必須依當時或今日的語言闡明理解，始能發揮合乎法目的的規範效果。

譬如德國法學家 Karl Larenz 在其經典著作《法學方法論》(*Methodenlehre der Rechtswissenschaft*)，即曾舉聯邦法院刑事裁判(BGHSt 1, 3)為例，該案事涉以鹽酸(Salzsäure)攻擊人時，是否為藉武器(Waffe)或其他危險的器具傷害人體，而構成刑法之加重傷害罪(Gefährliche Körperverletzung, § 224 I StGB)，應處以較重的刑罰。因為，如果依循以往語言用法，武器僅限定是機械性的工具(nur mechanisch wirkende Mittel)，如此則鹽酸自非武器。但是，聯邦法院認為，「在科技發展的影響下，語言用法已經有所轉變，化學性的工具亦應被視為武器，『武器』依現今用語，應盡可能作廣義理解，以對應該刑法規定的意義與目的。」Larenz 贊同聯邦法院的見解，而且並不認為法院如此解釋有任意填補「武器」概念之嫌，或者是違反刑法禁止類推解釋的規定[10]。

因此，只要文字的理解，能為人民所接受，並於解釋適用上不致曲解，

[9] 楊仁壽(1994)，《法學方法論》，頁 117。

[10] Karl Larenz (1991), *Methodenlehre der Rechtswissenschaft*, 6. Auflage, S. 324.

則誠如前述(「1.」)歷史觀所論，「執行業務」用語盡可保留，概念上應不致有損公司決策層級之功能。而臺灣類似成例中，諸如憲法第十一條，雖然條文用語僅只載明「人民有講學之自由」，但是在概念內涵上，通說往往擴及至學術自由、研究自由層次，甚至大學自治理念都涵蓋其中[11]。所以，只要文字意義的延展，沒有逾越法制法理，「執行業務」在沒有修訂更適當用詞之前，藉助法律解釋方法論，應能同樣發揮條文意義，規範廣度擴及公司決策適用的功能。

何況，中文亦有以一代全的語法，例如為官講究清廉，一針一線都不貪取，如此針線既不貪取，則其他金銀財寶、美女豪宅、良駒寶馬等等自然都不碰，語詞上並未有以針線僅屬低俗，遂致精美價昂之物排除在外之錯誤理解。故而，當董事會對於公司業務既執行又管理監督，實無礙其對於公司營運、發展目標、財務人事、稅賦環保等等公司重大根本性問題之決策權能，「執行業務」用語應可作如是觀。

3. 德國立法例之比較參考

德國的公司法制，向來被視為是雙軌制的龍頭代表，其最早起源於 1861 年的一般德國商法典(ADHGB, das Allgemeine Deutsche Handelsgesetzbuch)，就股份有限公司之組織分工，設置分別職司執行(Führung)[12]與監察(Aufsicht)機關權能的雙軌制[13]。現行德國股份法(Aktiengesetz, AktG)第 76 條第 1 項規

---

[11] 司法院釋字第 380 號解釋，可資參照。

[12] Führung 德漢語譯文為何，學者在不同法典轉換間亦有不同，例如 Geschäfts**führung** 於公司法上通常譯為「業務**執行**」，但 Geschäfts**führung** ohne Auftrag 民法上則是指債之發生的法定(ex lege)原因「無因**管理**」，至於，「執行」或「管理」何者為當，語意都不脫德文字義，而吾人對於譯文取捨，除非翻譯確實錯誤，不然，在尊重俗成已定及文字內涵可及範圍內，應無必要再作文字上的爭議，亦為本文所持觀點。

[13] 但在這之前，其實最先採行的是行政理事會(Verwaltungsrat)單軌制。而且即使 1861 年創設雙軌制後，並未強制規定採行，仍任由公司自行決定雙軌抑或單軌制。直至 1897 年，商法典(HGB)第 248 條，正式強制規定董事會與監事會雙軌制後，董監雙軌制始全面通行至今，Peter Böckli (2003), Konvergenz: Annäherung des monistischen und des dualistischen Führungs- und Aufsichtssystems, in Hommelhoff/Hopt/v. Werder (Hrsg.), *Handbuch Corporate Governance*, S. 202。

定，董事會自負責任領導公司[14]，使用的是「領導(leiten)」的語詞，賦予董事會主導經營公司的專業權責，並無類似我公司法明文「應依照法令章程及股東會之決議(公 193 I)」之規定[15]。

相較於第 76 條第 1 項規定，賦與董事會作為合議機關之領導任務，著重在董事會領導功能(Führungsfunktion)之描繪，同法第 77 條條文標題則使用業務執行(Geschäftsführung)的用語，明確揭示董事會基於權能(Befugnis)為公司所作之任何事實行為與法律行為[16]，其概念內涵不僅包括領導公司(§ 76 Abs. 1 AktG)之特別指明部分，亦擴及董事會內部關係(如製作商業簿冊，Führung der Handelsbücher § 91 AktG)，或者是對第三人之公司代表權限(§ 78 AktG)外部關係上的任何舉措。

總而言之，德國股份法對於董事會之權責高度，即使使用的是「業務執行」、「執行業務」之用語，仍無礙其主導公司經營之權柄，而且，其概念內涵在歷經百多年來的傳承累積後，同樣厚實到沒有人會僅以「執行業務」為據，而去質疑董事會沒有身繫公司發展決策，具有主導公司經營、人事財務等重大事項的權力。

4. 小結

綜上所論，「執行業務」之概念用語，既有其法制發展之歷史淵源，即不

---

14 § 76 I AktG, “Der Vorstand hat unter eigener Verantwortung die Gesellschaft zu leiten.”

15 此種組織法制上定位不同，是臺灣在引介「經營判斷法則」(Business Judgment Rule)時必須要注意的差別，而這也是為何德國股份法依據公司治理政府委員會建議引進「經營判斷法則」，於 2005 年增訂股份法第 93 條第 1 項第 2 款，「董事於其企業決策時，如據適當的資訊，為公司福祉所為合理的行為，應不存在違反義務」，學界認為僅具宣示意義(deklaratorische Bedeutung)的原因，蓋因德國法認為董事會決議時，如董事已善盡注意與忠實義務(§ 93 Abs. 1 S. 1 AktG)，但卻仍致公司受有損害結果，依然無需負賠償責任，並未改變原來法制之當然結果。Begr. RegE UMAG BR-Drucks. 3/05, S. 18; Michael Arnold (2005) in Marsch-Barner/Schäfer (Hrsg.), *Handbuch börsennotierte AG*, § 22 Rz. 39; Holger Fleischer (2004), Zur Verantwortlichkeit einzelner Vorstandsmitglieder bei Kollegialentscheidungen im Aktienrecht, *BB*, 2648; Gerd Krieger/Viola Sailer (2008) in Karsten Schmidt/Marcus Lutter (Hrsg.), *AktG*, § 93 Rz. 10。

16 Uwe Hüffer (2012), *Aktiengesetz*, 10. Auflage, Rn. 3 zu § 77。而此見解亦為德國法界與學界通說。

可以今比古，認為執行業務只是單純執行面的層次而已。何況法律用詞通常具有彈性的表述方式，如果藉由解釋論的方法，能夠清楚理解文字的內涵，發揮法目的之規範效果，並能為人民所接受，於法律適用上不致曲解，則「執行業務」並未排除董事會主導公司經營、人事財務等重大事項的權力，以及身繫公司發展決策的重要功能。尤其是，在比較德國立法例後，更是明白顯示概念內涵跟隨時代轉換充實的作法，實較諸僅據其文字表面意義，而單純質疑「執行業務」用詞，來得深富法文化的發展厚度。

因此，相較於改弦易轍，提議視公司大小型態而異其規定用語，現有規定應該仍是法政策上最為可行的選擇，畢竟增修的不同語詞，極有可能造成法律文字名詞的使用更趨複雜。或者是，鑒於大型股份有限公司之發展需要，仍然執著倡議修法研訂新詞，那對於執行業務是否有不同的理解與界定，亦應先經法事實研究(Rechtstatsachenforschung)[17]，避免法律規定與法事實疏離，增修之規定與公司實務運作出現落差的現象。

(二) 法院對責任歸屬主體仍有諸多疑義：以最高法院 98 年度台上字第 1302 號及其歷審判決為例

1. 案例事實

原告中央存保公司(承當花蓮企銀訴訟)主張，以被告太平洋公司為花蓮企銀之法人股東，因其指派之代表人蔡董(共同被告)為花蓮企銀董事，蔡董且自 2004 年 7 月 5 日起至 2006 年 1 月 17 日止當選為花蓮企銀第 10、11 屆董事長。花蓮企銀於 93 年 11 月 8 日之臨時股東會，通過董事與監察人月報酬金，至於月報酬之外之紅利、年終獎金並無相關決議。乃董事會於公司章

---

[17] 20 世紀初起，法事實研究即是國際學界的議題，乃是研究對法律之產出及適用具有重要性的社會事實。臺灣因法律的移植繼受向來忽視法事實研究，前輩學者林山田教授早為文公開呼籲「一個亟待加強的法學研究」，可惜歲月如梭，法事實研究至今依然缺乏青睞，尚居處學術邊緣。請參閱林山田(1977)，〈法事實研究──一個亟待加強的法學研究〉，《法學叢刊》，第 88 期，頁 48-54；Aristide Chiotellis/Wolfganf Fikentscher (1985) (Hrsg.), *Rechtstatsachenforschung*。

程修訂後，授權董事長辦理董、監事酬勞事宜，蔡董即以董事長身分，不當自己支領93年度、94年度之年終獎金新臺幣1,837,500元及742,500年終獎金，致遭行政院金融監督管理委員會要求花蓮企銀追回未果後，以其公司內控及稽核未能有效執行為由，予以裁處罰鍰400萬元。該罰鍰既係蔡董任董事長期間，未履行其義務，而不當發放年終獎金，所造成花蓮企銀之損害，爰依民法第184條、第185條及第28條規定[18]，自應對花蓮企銀負賠償責任。

2. 法院認定責任歸屬主體之見解紛歧

系爭案例在主張損害賠償請求權，其認事用法之依據，在於法院以花蓮企銀因內控違反法令遭受裁處罰鍰，致公司受有損害，故應對花蓮企銀負損害賠償責任。其董事會執行業務違反法令，乃出於銀行法第45條之1第1項規定，「銀行應建立內部控制及稽核制度；其目的、原則、政策、作業程序、內部稽核人員應具備之資格條件、委託會計師辦理內部控制查核之範圍及其他應遵守事項之辦法，由主管機關定之。」依前開規定授權訂定之96年9月6日修正前之「銀行內部控制及稽核制度實施辦法[19]」第4條第1項前段明定：「董事會應負責核准並定期覆核整體經營策略與重大政策，董事會對於確保建立並維持適當有效之內部控制制度負有最終之責任。」由董事會對內部控制制度負有最終之責任。但是，此應遵守法令執行業務之義務，董事會

---

[18] 受制於原告訴權主張，本案歷審法院大都以民法第184條、第185條及第28條規定為用法依據。但是，假若脫離原告立場，本案仍有諸多問題值得討論，例如援引前述法條規定以為請求權基礎是否適當？或者是如高等法院判決所言，「被告(蔡董)不能領取有盈餘性質之獎金，乃屬當然。」則不免有不當得利返還請求的問題；或者是最高法院所持論點「又蔡董係任太平洋公司董事時，經該公司指派至花蓮企銀公司為執行業務之代表。倘認蔡董之執行職務，確加損害於花蓮企銀公司，太平洋公司是否不應負民法第一百八十八條之僱用人之連帶損害賠償責任？均非無再事斟酌之餘地。」或者是民法第28條「法人與其董事對所加於他人損害之連帶賠償責任」，其法制法理(Rechtsdogmatik)之正確理解為何？或者是本案應如何適用公司法第23條第1項之規定，均屬系爭案例所應連帶釐清的問題，但可惜本文受限於論述重點及文章規模，只得有意排除不論，惟俟他日再另就請求權基礎為文詳論。

[19] 中華民國103年8月8日金融監督管理委員會金管銀國字第10320003010號令修正發布「金融控股公司及銀行業內部控制及稽核制度實施辦法」後，現行規定內容已有所不同。

有所違反致公司受損害時，究竟應由誰對公司負賠償之責，是董事會？董事會成員？抑或董事長？雖然案經七次不同法院審庭，但是法院間裁判見解並不一致。

(1)以「董事會」為責任歸屬主體者：臺北地院、高等法院

本案於臺北地院裁判時[20]，除以原告(中央存保公司)未能舉證證明蔡董及其繼任董事長乙二人「對此具有故意或過失，即難認為彼等對原告有侵權行為，自無庸依民法第184條第1項前段規定，對原告負賠償之責」，並認為「是負有確保建立並維持花蓮企銀內部控制及稽核制度義務者，為合議制之該行『董事會』，並非董事長個人，是原告前開主張即非可採。蔡董、乙既不因曾任花蓮企銀董事長，即單獨負有建立並維持該行內部控制及稽核制度之義務，縱該行之內部控制及稽核制度有所缺失，彼等因無義務之違反，對此即無故意、過失可言。」

同樣地，高等法院在審理原告上訴[21]，除質疑損害之發生及有責任原因之事實二者間，並不存在相當因果關係，而否定原告之損害賠償請求權外，亦認為「是則負有確保建立並維持花蓮企銀內部適當有效之控制及稽核制度義務者，為合議制之董事會，並非董事長個人，自不得因蔡董、乙曾任花蓮企銀之董事長，即謂其負有單獨建立並維持該行適當有效內部控制及稽核制度之義務。其等既未負有單獨建立並維持該行內部控制及稽核制度之注意義務，縱該行之內部控制及稽核制度有所缺失，亦難逕以認其等有故意或過失可言。」

(2)以董事會成員為責任歸屬主體者：最高法院

對於上述第一、二審法院之見解，最高法院則以「……負有確保建立並維持花蓮企銀內部適當有效之控制及稽核制度義務者，為合議制之董事會，為原審所認定之事實。然花蓮企銀於91年6月26日第九屆第二次董事會議，

---

[20] 臺北地院96年度重訴字第1054號民事判決。

[21] 臺灣高等法院97年度上字第1036號民事判決。

由全體出席董事授權董事長決定董事、監察人酬勞，且董事會無權利能力，不得以董事會為求償對象之情形下，則董事長或任何董事就內部控制及稽核制度無法有效執行得否認其無共同侵權行為而脫免損害賠償之義務？又蔡董自 93 年 7 月 5 日起至 95 年 1 月 7 日止擔任花蓮企銀第十、十一屆董事長，應瞭解相關股東會決議及章程規定，然其除未健全銀行內控制度外，甚且利用職務之便及內控疏漏自行以簽呈核發年終獎金予己及其餘董事，是否均未預見花蓮企銀將遭主管機關裁罰？倘其得以預見，能否以內控制度應由合議制之董事會負責，即謂其個人無故意或過失，而無庸負損害賠償責任，殊值斟酌。」[22]，廢棄原判決並發回臺灣高等法院更審。

(3)以董事長為責任歸屬主體者：最高法院、高等法院更(二)審

針對上訴人對高等法院第二審更審判決(98 年度上更(一)字第 97 號）所提上訴案，最高法院除指明「原審未依本院前次發回意旨詳加審認，說明上訴人前述攻擊防禦方法之取捨意見，遽以前詞，為上訴人敗訴之判決，尚嫌速斷，有判決不備理由之違法。」並認為「系爭年終獎金之發放，係由蔡董簽名決行等旨之簽呈，似見花蓮企銀公司遭金管會課處罰鍰，係因蔡董於其擔任花蓮企銀公司董事長期間，在違反該公司章程第二十四條及九十三年度臨時股東會討論事項決議之情形下，以董事長之身分決定（簽呈）發放系爭年終獎金，暨該公司未能查核實情並拒絕辦理追回獎金之共同行為所致。果爾……，且若非蔡董自行以簽呈核發年終獎金之行為，則花蓮企銀公司絕不會遭金管會裁處罰鍰四百萬元，故兩者間應有因果關係，蔡董應就此部分之不法行為負侵權行為損害賠償責任等語，依上說明，是否全無可取？[23]」直接以董事長為責任歸屬之主體。

在案經最高法院第二次發回更審，高等法院廢棄原判決，並判決蔡董應負損害賠償責任。其裁判理由主要是以「董事長與公司間為委任關係，與一

---

[22] 最高法院 98 年度台上字第 1302 號民事判決。

[23] 最高法院 99 年度台上字第 1177 號民事判決。

般員工之僱傭關係迥異，……則蔡董身為董事長於領取前揭月支酬勞上限外，未再經股東會議決議得否逕自比照員工年終績效考核作業規定發給工作獎金、考績獎金、不休假獎金，殊非無疑。」而公司法第 196 條規定：董事之報酬，未經章程訂明者，應由股東會議定；其立法本旨在於避免董事利用其經營者之地位與權利，恣意索取高額報酬，為貫徹此一立法意旨，公司股東會不得以決議將董、監事報酬額之決定委諸董事會定之，否則該決議無效（最高法院 99 年台上字 420 號判決參照)。「要言之，若非蔡董溢領各項獎金及內控稽核之疏失，當不致被金管會裁罰，蔡董自應就其加害行為負全部賠償責任。[24]」直接認定董事長應負內控稽核疏失，而為金管會裁罰所致損害之賠償責任。

上述高等法院更(二)審所持見解，最高法院於終局裁判時相當肯認，「花蓮企銀稽核處對董事長蔡董領取前揭各項獎金等異常狀況，均無表示任何稽核意見。……則花蓮企銀稽核處並未落實稽核制度，洵無疑義。金管會認為花蓮企銀其內部控制及稽核制度顯然已無法有效執行等情，自屬有據。則蔡董自 93 年 8 月 26 日起任花蓮企銀董事長，依法應具專業資格，自難諉稱不知九十二、九十三年度公司均虧損，其卻利用職務之便及內控疏漏、事後稽核制度未落實之際，違反花蓮企銀所訂頒之公司章程，領取前揭性質為盈餘之各項獎金，且明顯違反九十三年度股東臨時會議決議發放董事長報酬之上限，致使花蓮企銀遭金管會裁處四百萬元罰鍰，蔡董上開行為，與花蓮企銀被裁罰受損害間，顯有相當因果關係。如非蔡董溢領各項獎金及內控稽核之疏失，當不致被金管會裁罰，蔡董自應就其加害行為負全部賠償責任。」

(4)未指明責任歸屬主體者：高等法院更(一)審

案經最高法院第一次發回更審，高等法院以「……金管會係因花蓮企銀未執行管回獎金而處罰花蓮企銀，非以花蓮企銀發放獎金為由處罰花蓮企銀，金管會要求花蓮企銀追回獎金時，蔡董已非花蓮企銀董事長，無權代表

---

[24] 高等法院 99 年度上更(二)字第 82 號民事判決。

花蓮企銀執行追回獎金任務，金管會對花蓮企銀之處罰即與蔡董以花蓮企銀董事長身分發放獎金之行為無關，上訴人主張蔡董執行花蓮企銀董事長職務，致花蓮企銀受金管會處罰，應依侵權行為法則規定連帶賠償花蓮企銀損害，太平洋公司為蔡董雇用人，應與蔡董連帶賠償損害云云，即不足採信，不應准許。原審駁回上訴人之訴及假執行之聲請，雖非以此為理由，惟結論並無不合，仍應予以維持。上訴論旨，指摘原判決不當，聲明求予廢棄改判，為無理由。[25]」法院既然認定原告並不存在賠償請求權，但卻亦未因此指明「孰？」應為責任歸屬之主體。

3. 法院見解所呈現之困境

綜觀系爭案例雖歷經七次不同審庭的裁判，但法院對於董事會違反法令執行業務，其損害賠償責任之主體，究竟應是董事會？抑或董事長？總計有四種不同見解：1、臺北地院與高等法院以「董事會」為責任歸屬主體；2、最高法院以董事會成員為責任歸屬主體；3、最高法院、高等法院更(二)審以董事長為責任歸屬主體；4、高等法院更(一)審則未詳責任歸屬主體。見解如此分歧，恰正見證法院所處困境，尤其是最高法院態度保守，未能從事法之續造、確保裁判之一致性或者是具有原則上重要性的法律見解，藉公司法制法理(Rechtsdogmatik)[26]自為判決，發揮定紛止爭的權威，展現最高法院終局定樁之事功，誠屬可惜。

除此之外，如果依循臺北地院與高等法院以「董事會」為責任歸屬主體之見解，那董事會僅為公司機關，並無權利能力，不得以董事會為求償對象，是否反使公司法第 193 條第 1 項「董事會執行業務，應依照法令章程及股東會之決議」成為具文，似乎只要打著董事會旗幟任意而行，即使違法亦在所

---

[25] 高等法院 98 年度上更(一)字第 97 號民事判決。

[26] 有關德文 Rechtsdogmatik 譯為法制法理，而非「法教條論」或「法釋義學(論)」或「法教義論」，除中文簡明易懂外，其理由說明請參閱楊君仁(2015)，〈臨時動議減資的法律問題──兼論公司法第 172 條第 5 項規定法制之檢討〉，《法學叢刊》，第 60 卷第 2 期，頁 32，註 95，茲不贅述。

不懼，因為董事會主體不適格，就如金鐘罩一般任打不傷，絕無成為訴訟被告的機會。

但是，如果依最高法院、高等法院更(二)審所言，以董事長為責任歸屬主體，卻又明顯與公司現行法制不符，因為董事長對內為股東會、董事會及常務董事會主席，對外代表公司(公 208Ⅲ)，並不是說因為擔任會議主席，即必須為董事會違法情事單獨負責，形同董事長獨任制。至於，如最高法院所持不同見解，是以董事會成員為責任歸屬主體，則「董事長或任何董事就內部控制及稽核制度無法有效執行得否認其無共同侵權行為而脫免損害賠償之義務」，何以卻是董事長蔡董成為訴訟被告，其間因緣轉折如何，亦應有所說明以釋疑慮。

(三) 學說面臨的法理困境

1. 立法理由為何已不可尋

公司法第 193 條規定，前身可上溯至民國 35 年公司法第 196 條「董事之執行業務，應依照法令、章程及股東會之決議。董事違反前項規定致公司受損害時，對於公司負賠償之責。但曾經表示異議之董事，有紀錄或書面聲明可證者，免其責任。」斯時董事會尚非法律概念，還不是法定必備常設機關[27]，法律僅規定董事執行業務，除章程另有訂定外，以其過半數之同意行之(舊公 191)，但原則上董事有各自代表公司之權限，而任由公司視董事在職權上須集體行動時，以章程得定其組織及開會決議方法(舊公 192)。故條文雖言「董事」，然據「以其過半數之同意行之」，可知實際已為「全體董事」合議制運作。

問題是，1946 年公司法修正時，何以改變原條文「董事違反前項規定致公司受損害時，對於公司負賠償之責(公 148Ⅱ, 1929 年)」，尚保留合議制責

[27] 直到 1966 年公司法修正時，始明文由董事會職司公司業務之執行，建立現行股份有限公司三法定機關的架構，並設董事長，規定董事長對內為股東會、董事會及常務董事會主席，對外代表公司(公 208Ⅲ)。

任理念的作法，而增訂但書「曾經表示異議之董事，有紀錄或書面聲明可證者」，轉向免除責任之條件規定，究竟其立法理由為何？實有探尋之必要。可惜的是，就目前立法院所有可能典藏檔案，查閱國會圖書館之立法專刊影像系統，僅有公司法三讀修正之條文而已，並未附具任何立法理由。而立法院公報影像系統，則因最早收錄年代為民國 37 (1948)年，並無 1946 年訓政時期更早的資料，國家典章資料保存情勢如此，則欲求探知立法者之歷史文獻，已屬不可能之舉。

至於，搜尋國家圖書館建置之臺灣書目整合查詢系統(Synergy of Metadata Resources in Taiwan, SMRT)[28]，顯示官方資料僅有立法院編之「新公司法[29]」，及國民政府公佈之「修正公司法[30]」兩筆，而且還都是孤本，但前者空有目錄編碼，卻不知館藏何處，後者存於臺灣圖書館，內容僅只修正後公佈之公司法條文。除此之外，公司法專論書籍，前輩學者大都重述條文內容而已[31]，並未敘明立法理由，有者亦僅持論「……然而由出席會議的全體董事都負同一責任，也失公允，所以對於表示異議而有記錄或書面聲明可據的董事，便免其責，因為他(們)並非行為董事而然。[32]」所以，究竟當時立法理由何在，應是全然不可尋矣！

2. 割裂式責任釋義論的缺失

公司法第 193 條第 2 項規定，董事會之決議，違反法令章程及股東會之決議者，致公司受損害時，參與決議之董事，對於公司負賠償之責；但經表示異議之董事，有紀錄或書面聲明可證者，免其責任。據此，自法律制定以

[28] 網址 http://metadata.ncl.edu.tw/，最後瀏覽日：2015/10/01。

[29] 立法院編(1946)，《新公司法》，北平：中行股份公司有限公司文化事業部。

[30] 國民政府(1946)，《修正公司法》，臺北：立信會計圖書用品社。

[31] 梅仲協(1956)，《商事法要義》(上冊)，頁 78；劉甲一(1971)，《公司法新論》，頁 236；林咏榮(1985)，《商事法新詮》(上)，頁 300。

[32] 陳顧遠(1968)，《商事法》(中冊)，頁 366。

來，通說向來認為董事應負損害賠償責任與否，尚得依其是否出席會議，參與決議時是否反對，與反對是否存有記錄而區分不同責任，以作為損害賠償責任追究與否的判定標準後，法界代代教習傳承，致使學者無不窮究思慮，自然有如下極致案例之出現[33]，堪稱經典，故直接引述原文事實及其法律效果，以供本文後續論述之參考。

A 股份有限公司之董事會，計有甲、乙、丙、丁、戊、己、庚董事 7 人，因 A 公司財務困難，董事長甲有意挪用 A 公司依章程規定所提列之特別盈餘公積，以支付屆期之貨款，遂委由好友副董事長乙，召集董事會討論；董事丙當場以明顯違反章程所訂得動支項目為由，表示反對，但經副董事長乙苦勸之後，於表決時投票同意；該議案最後獲過全體出席董事之同意而通過；董事長甲並未出席該次董事會；董事丁亦未出席該次董事會，然因身兼財務長，負責於該議案之執行。經查該次董事會之議事錄，關於該議案之記載為：「本議案經出席董事決議通過(董事丙異議)」。請問甲、乙、丙、丁、戊、己、庚 7 位董事，是否應就該董事會之違法決議負責？

【結論】

⇨參與該違法決議之董事乙、戊、己、庚，因無公司法第 193 條第 2 項但書免責規定之適用，即應……對公司負賠償責任。

⇨董事丙雖依法定方式對該決議之內容表示異議，然其並未「積極投票反對」或「消極放棄投票」，故仍不得主張免責。

⇨董事長甲雖未參與該違法決議，本得以免責；然其係以故意未參與違法決議之方式，以規避其所應負之責任。因該違法決議受損害之公司，如能證明董事長甲對 A 股份有限公司董事會具相當控制力，得主張依侵權行為法之共同侵權行為之法理，令董事長甲依民法第 185 條之規定，與參與決議之董事，負連帶負損害賠償責任。

⇨董事丁雖未參與董事會違法決議，本亦得以免責；然其負責該違法決議之執行，其是否得以免責，應以其是否知悉董事會違法決議之情事為斷。若其並未知悉董事會違法決議，僅單純執行董事會之決議，當給予其於知悉董事會違法決議後，以書面表示異議而免責之機會，始為允當。

---

[33] 陳俊仁(2009)，〈董事會違法決議之董事責任與免責規定〉，《台灣法學》，第 138 期，頁 169-173。

> 然依現行法制，若董事丁未參與、且未知悉董事會之違法決議，當不負損害賠償之責。如若受損害之公司能證明董事丁雖未參與董事會違法決議，然知悉並執行該違法決議，自得依民法第185條之規定，令其與參與決議之董事，負共同侵權行為人之連帶損害賠償責任。

上述案例清楚展露割裂式責任釋義論，所造成的利害糾葛與人情算計，但是法律的制衡對策卻只能極盡巧思，窮究「如能證明」，設法將不法繩之以法，例如對董事長甲即使在其刻意規避責任而未參與違法決議時，不能名正言順課其共同責任，反而要去「證明董事長甲對A股份有限公司董事會具相當控制力」，以求實現法理正義之荒謬現象。無怪乎學者即曾為文警示「如此法制既未能積極激發良善，更是無意間造成董事對立的基模或是消極輕職的現象。[34]」蓋如容許此種割裂式適用法律，則董事為避免後續損害賠償責任的壓力，自可明哲保身，有董事會就是不去開，反正只要沒有參與決議，則後續賠償責任永遠算不到，至於那因公司委任關係所生之注意義務也好，忠實義務也好，監督義務也好，大可置之不理，反正本人不在場！

因此，在明知董事會決議事項有違法令章程及股東會之決議，自有明哲保身之策，只要「懶人作到底，無庸強出頭」，不出席董事會，是非總上不了身。或者是不得已受人情局勢所迫，實在脫不了身，必須出席董事會議事時，即使覺得議案決議不當，對公司有所損害，但好人作到底！反正不擋人財路，而任令決議過關；反正，只要行使異議權，並有紀錄或書面聲明可以為證，就可免除責任，既可作好人，又可以無責，何樂而不為。

3. 通說無法建立監督義務之法理基礎

邇來有學者援引美國法例，主張董事監督義務與守法義務(Compliance)[35]，

---

[34] 楊君仁(2013)，〈董事會召集股東會決議瑕疵對股東會決議的效力〉，載於：《法學的實踐與創新：陳猷龍教授六秩華誕祝壽論文集》，頁519。

[35] 楊竹生(2004)，〈論董事注意義務中監督公司業務執行之義務〉，《中原財經法學》，第13期，頁1-64；邵慶平(2008)，〈董事受託義務內涵與類型再思考──從監督義務與守法義務的比較研究出發〉，《臺北大學法學論叢》，第66期，頁1-43；蔡昌憲(2012)，〈從內控制度及風險管理之

持論「如何同步透過董事監督義務以強化企業內控制度及法令遵循的落實，亦屬目前刻不容緩的重要課題[36]」，並考慮法制移植的可能，以及探討董事監督義務與守法義務，究竟是出自注意義務[37]？抑或是起於受託義務[38]？

但是，如上(二)案例所述情況，依現行通說董事會違法決議之究責規定(公193 II)，會議不來的沒事(意謂無未來法律責任風險)，有來的但反對有紀錄或書面聲明為證者沒事，董事們充滿著離間算計，如何能共心？督促向善？落實董事監督義務？

因為，現行法制既無董事們共同承擔責任的壓力，董事會上消極輕職，反而是明哲保身的防衛網，如此怎麼可能期待董事間發揮監督義務，相互督促共同為公司最大利益同心打拚，強化企業內控制度？而且，現行割裂式責任釋義論，既然已經掏空共同責任的法理，如此欲再求基於注意義務或忠實義務[39]，以建構董事監督義務的法理基礎，斯似若緣木求魚，蓋前提根基既已不立，注意與忠實義務自然無所依附。換句話說，現行割裂式歸責的說法，並無法建立監督義務之法理基礎。至於，董事對於經理人之監督義務或權利，本於公司組織結構、董事會之選任決議與公司法第33條之規定，自屬當然之理，但因與此處建構董事監督義務之法理無關，故無庸再費說詞。

4. 守法義務亦受割裂式責任通說的制約

(1)守法義務本為董事(會)法定義務

公司法第193條第1項規定，董事會執行業務，應依照法令章程及股東會之決議。據此，董事會執行業務，負有遵循相關法令的義務，則其成員即

國際規範趨勢論我國的公司治理法制：兼論董事監督義務之法律移植〉，《臺大法學論叢》，第41卷第4期，頁1819-1897。

[36] 蔡昌憲，前揭註35，頁1819。

[37] 楊竹生主此見解，前揭註35，頁1-64。

[38] 邵慶平持此論點，前揭註35，頁1-43。

[39] 本文因側重責任法制，故對於注意與忠實義務內涵及其適用事例，並未詳論，特予說明。

所有董事都應本此守法義務，應已無庸置疑。而且，公司法既已明文規定此守法義務，則其是否出於注意義務或受託義務(忠實義務)，應僅屬立論觀點不同而已，對實際依法適用上並無影響。

至於，外國立法例所提之守法義務(Legalitätspflicht, Compliance)，亦應顧及美國或德國之公司董事會運作模式，實與臺灣公司法制不同，蓋臺灣董事會執行業務，先天並非無罣無礙，而是應受「法令」、「章程」及「股東會決議」等框框限制，並不若美德等國董事會於受股東會選任後，即得本於專業經營者職權，全權主導公司，為公司謀最大利益，基本上享有不受指示之自由(Weisungsfreiheit)，以致於當其經營致公司受有損害，而股東因此歸罪董事而請求賠償時，美國法即可藉助「經營判斷法則」(Business Judgment Rule)[40]以為能否免責之參考。

而德國股份法則規定，董事會自負責任領導公司(§ 76 AktG)，不受股東會、監事會或(大)股東之指示拘束[41]。董事會既擁如此寬廣的自我裁量經營空間，對其權力的緊箍咒，即是要求其執行業務時，應具有規矩與負責公司經營者之注意義務(§ 93 AktG, Sorgfalt eines ordentlichen und gewissenshaften Geschäftsleiters)，所以，如有違反義務致公司受有損害，則應對公司負損害賠償責任。據此，德國通說認為，股份法第 93 條之注意義務，具有客觀行為義務(Verhaltenspflichten)與確定責任過失標準(Verschuldensmaßstab)的兩個功能，而這其中合法與合秩序性(Rechtsmäßigkeit und Ordnungsmäßigkeit)，即是執行業務必須注意的義務[42]，故而守法義務可謂是注意義務的具體化類型[43]。

---

[40] Dennis J. Block/Nancy E. Barton/Stephen A. Radin (1998), *The Business Judgment Rule*, Fifth Edition,; (2002) Cumulative Supplement。

[41] (Statt aller) Uwe Hüffer (2012), *Aktiengesetz*, 10. Auflage, Rn. 10-11 zu § 76。

[42] (Statt aller) Krieger/Sailer (2008) in K. Schmidt/Lutter (Hrsg.), *AktG*, , § 93 Rz. 5-7。除此之外，亦應考量執行業務決策時之經濟性(Wirtschaftlichkeit)與目的性(Zweckmäßigkeit)。

[43] Christoph Thole (2009), Managerhaftung für Gesetzesverstöße, Die Legalitätspflicht des Vorstands gegenüber seiner Aktiengesellschaft, *ZHR* 173, S. 504，並且直稱守法義務就是董事一般注意義務(§ 93 Abs. 1 S. 1 AktG)的下屬類型(Unterfall), S. 509; Michael Arnold (2014), Verantwortung und

至於前述美國法制發展之「經營判斷法則」，雖於 2005 年股份法修正時正式引進，增訂第九十三條第一項第二款[44]，「董事於其企業決策時，如據適當的資訊，為公司福祉所為合理的行為，應不存在違反義務」，並無改於現行董事責任法制，故學界通說認為僅具宣示意義而已(deklaratorische Bedeutung)[45]。但如此亦可見移植外國法制時，必須能夠密合本土法制之理路，否則，好心動念地仿行他人好制度，結果可能未蒙其利，反受其害，不可不慎！

當然，目前學界所討論的守法義務(Compliance)，早已超越此一般所公認的義務，而將重點轉移至公司(尤其是董事會)的組織要求與責任，舉凡只要是為確保公司或其機關成員與相關職務者，能遵循適法與法定禁止行為，公司所有應採行的必要措施而言[46]，意即建立所謂的內部控制制度。證券交易法第 14 條之 1 第 1 項規定，「公開發行公司、證券交易所、證券商及第十八條所定之事業應建立財務、業務之內部控制制度。」即是此股法制思潮發展的具體成就。因此，金融監督管理委員會依同法第 2 項之授權規定，訂定「公開發行公司建立內部控制制度處理準則[47]」，要求公開發行公司應設置內控機制，由經理人設計，並經董事會通過，以使董事會、經理人及其他員工執行之管理過程，目的在於促進公司之健全經營，以確保達成營運之效果及效率、報導具可靠性、及時性、透明性及符合相關規範，及遵循相關法令規章的目標(準則 3 I)。只是，此種基於證券交易特別法所設的內控制度，

Zusammenwirken des Vorstands und Aufsichtsrats bei Compliance-Untersuchungen, *ZGR*, S. 76; Holger Fleischer (2005), Aktienrechtliche Legalitätspflicht und „nützliche“ Pflichtverletzungen von Vorstandsmitgliedern, *ZIP*, S. 141.

[44] Gesetz zur Unternehmensintegrität und zur Modernisierung des Aktienrechts (UMAG) vom 22. 9. 2005, BGBl. I 2005, 2802。

[45] Begr. RegE UMAG BR-Drucks. 3/05, S. 18; Krieger/Sailer (2008) in K. Schmidt/Lutter (Hrsg.), *AktG*, § 93 Rz. 10。

[46] Stephan Harbarth (2015), Anforderungen an die Compliance-Organisation in börsennotierten Unternehmen, *ZHR* 179, S. 138。

[47] 中華民國 103 年 9 月 22 日金融監督管理委員會金管證審字第 1030036318 號令修正發布全文 47 條；並自 104 年 1 月 1 日施行。

觀點是否過於局限，或者是與法定監督機關監察人或審計委員會間職掌重疊的問題，都有待更為深入的研究[48]。

(2)現行責任通說割裂守法義務

如上所述，董事會守法義務是公司法明定的法定義務，其責任內涵實與國外立法例並無二致，應不生法制(Compliance)再移植的問題，而且，姑且不論立法者是否前瞻性地意識到守法義務往組織內控制度發展的推移，其實真正學術研究目前所缺者，應該就是深化本土情境的論述而已[49]，例如 2001 年 10 月到 2006 年 2 月期間，臺韓日面板大廠包括奇美電、友達、華映、彩晶、LG Display、Sharp、三星等幾家面板廠商，以固定秘密聚會(Crystal Meetings)方式分享商業資訊，涉嫌聯合操縱面板價格，違反競爭法而分別遭歐盟執委會與美國司法部反托拉斯調查，其中除韓國三星 Samsung 窩裡反當抓耙仔，率先轉為污點證人而未遭裁罰以外，其餘都被處以高額罰金[50]。

此時董事們為公司競爭或發展利益而違反競爭法，但卻致公司因此所受之損害，公司應否向董事請求賠償？適用公司法第 23 條第 1 項之規定？公司實務上沒有告訴成例[51]，不代表法律上不能告。尤其是，當臺灣公司股東結

---

[48] 德國法學界同樣認為依特定法域，例如證交法(§ 33 WpHG)、銀行法(§ 25a KWG)與保險業(§ 64a VAG)等等規定所設之內部控制組織(Compliance-Organisation)，並以其作為法律基礎，並非是最合適的，甚至警告內控過於規範的話，反而有損特別法域的監察法(Aufsichtsrecht)與一般守法原則間的關係，造成過溢現象(spill-over)的風險。德文文獻請參閱 Tobias Bürgers (2015), Compliance in Aktiengesellschaften, Arbeitsteilung zwischen Vorstand unf Aufsichtsrat sowie innerhalb der Organe, *ZHR* 179, S. 173; Christian Bochmann (2015), Diskussionsbericht, *ZHR* 179, S. 207。

[49] 以繼受西方法制作為現代化進程的臺灣，向來不無外國月亮比較圓的傾向，似乎國外有者都有為文移植的熱情，反而忽視其實有些早為公司法明確地規定，此處 Compliance 之例如此，其他如民法對人格權(Persönlichkeitsrecht)明文規定，比起德國至今仍無成文規定，全賴法學理論與造官造法發展法制(曾有立法之議，但因反對意見而作罷)，可能也是個例子。王澤鑑(2012)，《人格權法》，頁 25。

[50] 臺灣廠商受罰以百億新臺幣計，其中友達光電單在美國被控違反托拉斯案宣判，2012 年 9 月 21 日法官裁定友達罰款五億美元，2 位前高級主管各判刑 3 年，各罰款 20 萬美元，損失慘重。http://www.moneydj.com/kmdj/news/newsviewer.aspx?a=2c0d8101-0b1c-4b84-a24f-86cea4f4da31，最後瀏覽日：2015/10/07。

[51] 此與現行公司法對董事訴訟的訴權制度有關，是個大題目，容後再另為文說明。

構逐漸國際化，董事們是否感受到這明顯的法律風險，而有以應之，其實不無疑問。對此，美國學者主張「利在公司者，不應受責！[52]」。但是，相反地德國股份法並不容許「利在公司者，不應受責！」的觀點，這可從德國公司治理準則(Ziff. 4.1.3)，「董事會應確保遵循法令及企業內部指令，並致力其關係企業同等注意[53]」的規定明顯可見，因此，違反者皆以股份法第 93 條之注意義務過失歸屬標準，來決定應否負損害賠償之責。

除此之外，證券交易法規定，如果公司內部控制制度不立，則處新臺幣二十四萬元以上二百四十萬元以下之罰鍰(證交法 178 I)。而於法人違反本法之規定者，依本章各條之規定處罰其為行為之負責人(證交法 179 I)，但是，此時究竟歸責主體為何？所稱「行為之負責人」是否足夠明確？仍不免令人生疑。而且，公司實務上類似上述面板業的問題不少，可是對董事違法求償事例仍不多見，此種現象絕對與股東訴權制度設計有關[54]，以致於究竟公司法應如何落實損害賠償責任，始合乎公司法制法理，可說尚難有定論。但是，如果仍然依循現行通說的究責標準，參與決議之董事，對於公司負賠償之責；但經表示異議之董事，有紀錄或書面聲明可證者免其責任，卻必然不免割裂守法義務的落實。

---

[52] 美學者 Frank H. Easterbrook & Daniel R. Fischel (1982)主張利在公司者，因“Managers have no general obligation to avoid violating regulatory laws, when violations are profitable to the firm.”故應不受責，Antitrust Suits by Targets of Tender Offers, *80 MICH. L. REV. 1155*, 1168 n.36; Stephen M. Bainbridge (2008), The Convergence of Good Faith and Oversight, *55 UCLA L. REV. 559*, 592-93。

[53] 4.1.3, Der Deutsche Corporate Governance Kodex in der Fassung vom 5. Mai 2015 “Der Vorstand hat fur die Einhaltung der gesetzlichen Bestimmungen und der unternehmensinternen Richtlinien zu sorgen und wirkt auf deren Beachtung durch die Konzernunternehmen hin (Compliance).”惟有學者認為企業內部指令，因屬企業內部自發性所設的約款，並非國家法定應為或禁制規範(Gebots- und Verbotsnormen)，缺乏法規範質性(Rechtsnormcharakter)，實不宜因 Ziff. 4.1.3 規定，即將其視為是 Compliance 概念所及而為不法。Stephan Harbarth (2015), Anforderungen an die Compliance-Organisation in börsennotierten Unternehmen, *ZHR* 179, S. 138。

[54] 例如公司法目前仍堅持少數股東訴權，與美國或德國法制已許股東個別訴權不同，而且相關訴權規定門檻重重(公 214)，因此，在訴權只為公司利益打抱不平(actio pro socio)的規範下，欲期待少數股東提出訴權，實有如聖人境界者，即不難想見實務少見此類訴訟矣。

(四) 小結

現行董事責任法制，究竟為何？是董事個別責任？抑或是董事會集體責任？向來困擾著學界及司法實務，長久以來並無定見。追究其因，應該是漠視公司法雖無明文，但卻顯而未言者，即是董事會合議制「共同執行與共同負責」的法制法理，致使在董事會共同責任法制理念不能彰明的情況下，機械式地直接適用第 193 條第 2 項規定，造成董事責任走向割裂式的解釋適用方式，使得董事應負損害賠償責任與否，尚得依其是否出席會議[55]？參與決議時是否反對？與反對是否存有記錄？區分不同的責任分擔。

而此種割裂式法律解釋適用的方式，不免招致董事人情算計與激揚惡念，既未能積極激發良善，更是無意間造成董事對立的基模，或者是消極輕職的現象，虛晃董事會集思廣益的功能，任令掏空合議法制之精神理念，亟待盡速予以釐正。

三、董事會責任法制應當釐正之道

(一) 共同責任是董事會合議制的本質

董事會是股份有限公司法定、必備、常設之機關[56]，公司法規定設置董事不得少於三人(公 192 I)，以作為公司執行業務之機關(公 193 I)，可見公司法對董事會乃採集體執行制，而非如民法以董事單獨執行業務制為原則(民 27 I)，故據此就董事會整體而言，乃是所謂的合議機關(Kollegialorgan)。而

---

[55] 學者以「舉重以明輕」來推論根本未參與決議者，應無須負賠償責任，即屬因採割裂式解釋的適用結果。洪秀芬(2008)，〈公司對董事責任追究之探討──以股份有限公司董事之民事賠償責任為研究對象〉，《輔仁法學》，第 36 期，頁 68。

[56] 現行通說(以代詳舉)，柯芳枝(1999)，《公司法論》，頁 290；另王文宇指出，董事仍不失為公司之法定、必備之業務執行機關，非僅屬董事會之構成員而已，前揭註 8，頁 327。

且，董事是董事會的構成員，董事成員的地位相同，並無誰有優於其他董事之權利，例如每位董事均僅有一表決權，亦無董事可以擁有複數權，或是身兼董事長之董事有獨斷決定權[57]。

合議制組織的本質，就是共同執行與共同負責(Gesamtgeschäftsführung und Gesamtverantwortung)[58]。所謂共同執行者，即是每位構成員都有同等權利，但如遇事而不免應有所決定時，假設仍任令各成員自行其事，則組織將無以成事，所以必須經由民主程序決議以匯聚眾意，並可依事情之輕重，以簡單多數決為定，或嚴格多數決(2/3, 3/4, 4/5)，甚至必須全員一致同意者始可，但都無礙其共同執行之理念。至於，所謂共同負責者，乃是不管採行何種表決權制，只要決議既定且無任何法律瑕疵，就是組織之總意，任何據決議所行之事，不管禍福都由組織所有構成員共同承擔。

此種合議制成員同等權利與共同負責的理念，於公司法制如此，於法院合議庭判決須由全體參與審理法官評議多數決通過者亦如是，即使是最具理念利益衝突的立法院，當院會最後三讀議案後，不同意者雖然可以賴帳多數決(黨)強渡關山，但卻已成共業，代議政治的不良品質，仍舊都要由全部立法委員及全民共同承擔。同樣事理亦可以北北基颱風假共同決策機制為例，杜鵑颱風來襲到底放不放假？雖然結果是北北基民眾共享風和日麗的颱風假，事後臺北市長柯文哲坦言「這種天氣放颱風假，對不起國家民族，但既然共同決策就共同承擔責任。[59]」清楚表明共同執行與共同負責的法制法理。

因此，董事會經決議執行業務，不管是應有過半數董事出席，出席董事

---

[57] 1937 年之德國股份法(§ 70 Abs. 2 AktG)曾明文賦予董事長獨斷權(Alleinentscheidungsrecht)，於董事成員間執行業務意見不一致時，由董事長獨裁之，但由於斯制易使董事長對重要決策不須與其他董事詳細討論，而失諸決定輕率致危害公司，故為現行股份法所不採，立法理由請參 Bruno Kropff (1965), *Aktiengesetz*, Begründung RegE zu § 77, S. 99.

[58] 請參考德國法通說 Karsten Schmidt (1991), *Gesellschaftsrecht*, 2. Auflage, S. 681f.; Uwe Hüffer (2012), *Aktiengesetz*, 10. Auflage, , Rn. 3~18 zu § 77; Seibt, Christoph H. (2008) in Karsten Schmidt/Lutter (Hrsg.), *Aktiengesetz*, § 77 Rz. 4~6.

[59] 《聯合報》，焦點 A2，記者游明煌、祁容玉、邱瓊玉連線報導，2015 年 9 月 30 日。

過半數同意行之的普通決議，簡單多數同意即可(公 206 I)，或者是公司法另有特別規定者(公 185V, 208III, 240VI, 241II, 246II, 266II, 282II)，董事會之決議，如有違反法令章程及股東會之決議，致公司受損害時，董事會之構成員，亦即董事全體應負共同責任，而不應另就是否出席參與決議，或者是決議時表達異議並有記錄，實乃不可歸屬多數決之少數意見而主張免責，可謂是組織法制的當然道理，自不待言。

(二) 合議制成員連帶責任的問題

合議制共同執行共同負責，乃組織法制當然的道理，如此則董事會決議，如有違反法令章程及股東會之決議，致公司受損害時，董事會全體成員應負共同連帶債務人的責任，應無疑義。但是，民法第 272 條規定，「數人負同一債務，明示對於債權人各負全部給付之責任者，為連帶債務。無前項之明示時，連帶債務之成立，以法律有規定者為限。」據此則連帶債務之成立，以債務人明示對於債權人各負全部給付之責任，及法律有所規定者為限，致使董事會全體成員是否負共同連帶債務人責任，仍有再探究竟的必要。

1. 拘泥立法論無助解決法正義的難題

學者有見於民法第 272 條連帶責任，以當事人明示或法律有所規定者為限，遂引據公司法第 193 條第 2 項規定，因法條文字並無「連帶」字樣，因而主張實不便即認董事應負連帶責任，「惟從立法論言，董事之權限既經擴大，為期其慎重且妥適行使權限，實有加重民事責任，以保護公司之必要。從而此處宜仿日本立法例，明定應負連帶責任。[60]」

上述見解有其法律明確性之慎重與嚴謹，自應值得尊重。但問題是，修

[60] 柯芳枝，前揭註 56，頁 318。除此之外，同樣持立法論見解者，如王文宇，「惟立法論上可令其(執行業務之董事與贊同決議之董事)負連帶責任以加強保障股東及公司債權人。」前揭註 8，頁 347；劉連煜(2007)，「解釋上不應認為執行董事與贊同決議之董事間應負連帶責任，但從立法論言，為期董事慎重且妥適行使權限，此處宜明定應負連帶責任。」《現代公司法》，頁 377。

法立法之言，公司法前輩學者早於 1978 年即已倡議[61]，其間公司法都已歷經 18 次大大小小的修正，但直至今日(2015 年)卻仍從未出現過任何條文修正草案，可見立法者(Gesetzgeber)根本不在意此問題，立法之論，實難期待。

因此，在本於權力分立理念，並探求立法者當初訂定公司法第 193 條第 2 項規定之本意，回溯法律所由生法制史料之歷史解釋(historische Auslegung)已難再尋的情況下，此時法正義實踐的難題，似應從解釋論法官造法上著手，以啟法律續造(Rechtsfortbildung)之功。

2. 解釋論可行之道

德國法學者 Julius v. Kirchmann 早於 1848 年曾言，「立法者修正三個字，整間圖書館變廢紙。[62]」意思即在說明法律之制定，應該要極其慎重，切莫隨意接枝，甚至亂了法制法理。而且，從這例子卻也清楚顯示，如果拘泥於立法者之言，雖然形式上似乎嚴守權力分立原則，但不免有招致惡法亦法的僵化結局。尤其是，自從(制定)法上之法(übergesetzliches Recht)學說一出，法之公平正義價值(Gerechtigkeitswert)應有高於形式法安定性的優位關係，如此則藉由司法解釋論的管道，仍然可以撥亂反正，發揮法律續造的功能。

更何況，在實證法學成文法制(kodifiziertes Recht)的規範下，法條規定雖然是定紛止爭之主要依據，但是，法律條文之適用，依然必須藉由解釋始得達成，所以，解釋可謂是媒介行為，藉此使解釋者對已有所疑問的條文意義獲得理解，而此處有所疑問者，即指條文適用者就特定法律事實之規範可行性而言[63]。所以，如果公司法第 193 條第 2 項規定完全背離合議制之本質，則無庸待立法者之明言修訂，甚或違憲審查之必要，藉如下幾點解釋論之方法，應可矯正現行此特異規定之弊端。

---

[61] 柯芳枝，《股份有限公司之設立與管理》，1978 年 10 月，頁 155。

[62] Julius v. Kirchmann, “Drei berichtigende Worte des Gesetzgebers und ganze Bibliotheken warden zu Makulatur.”, Vortrag über Die Werthlosigkeit der Jurisprudenz als Wissenschaft von 1848, S. 29, zitiert nach Karsten Schmidt (2007), Editorial: Gewaltenteilung im Gesellschaftsrecht, *ZHR* 171, S. 6.

[63] Karl Larenz (1996), *Methodenlehre der Rechtswissenschaft*, 6. Auflage, S. 312.

(1)公司法第 193 條第 2 項規定致生規範衝突

董事會既為合議制機關，而共同負責乃是合議制的責任本質，則明顯與此原則相違的法律規定，實不可視之為強制規定，應屬不言可喻之理。明乎此，則公司法第 193 條第 2 項割裂式之責任規定，明顯牴觸董事會合議制機關共同責任之本質，自非深具應為(sollen)質性之強制規定，而直接據為評定董事負責與否之法律規定。

再者，在法律適用上，為避免規範衝突(Normwiderspruch)，造成法理混淆法律矛盾的現象，故而藉體系解釋(systematische Auslegung)，在使解釋法律時應將其置於整體法規體系下，務期文義前後一致，維持國家法制之整體性，而非任由法條獨立存在，忽視法律相互間構成的體系結構。法學方法論層次之拘束如此，則更推前進一步言，整體法制間之規範，難道不應該更是如此嗎？所以，當臺灣法律所及之任何民間社團合議組織，或是官方行政合議機關所作之決議，立法院之讀會決議，法院合議庭之裁判，甚或容許提出不同意書之司法院大法官會議之決議，法律規範上都是承負共同責任之規範，怎可獨令公司法第 193 條第 2 項有違此通例常情之割裂式責任規定呢？

(2)公司法第 193 條第 2 項並非請求權基礎

權利主體依據現時客觀法律規定，此種法律所賦予之力(Rechtsmacht)，向他人請求為一定作為，以享有特定利益之權利，是為請求權(Anspruch)[64]。而現時法律所賦予請求權規範(Anspruchsnorm)的依據，亦即權利人得據以向他人請求作為或不作為之權利，其請求權可為債權，物權，親屬的或是繼承上的請求權等[65]，是為請求權基礎(Anspruchsgrundlage)。總而言之，請求權基礎可謂是請求權規範的法律依據，也是請求權者所欲實現的法律效果

64 請求權(Anspruch)作為實體法概念，首由德國法學家 Bernhard Winscheid (1871~1892)於 1856 年所著之“Die actio des römischen Civilrechts vom Standpunkte des heutigen Rechts”所建立，Uwe Diederichsen (1984), *Der Allgemeine Teil des Bürgerlichen Gesetzbuches für Studienanfänger*, 5. Auflage, Rn. 113.

65 Vgl. Erman/J. Schmidt-Räntsch (2008), *BGB*, 12. Auflage, § 194, Rz. 2.

(Rechtsfolge)[66]。

如上所述，公司法第 193 條第 2 項僅在規定董事不同責任之分野，並不是請求權者(公司)所欲與所能實現的法律效果，所以不是真正的請求權基礎。真正的請求權基礎應是公司法第 23 條第 1 項，公司負責人(董事)應盡善良管理人之注意義務執行業務，如有違反(法令章程及股東會之決議)致公司受有損害者，負損害賠償責任。

此處「應依照法令章程及股東會之決議」，即所謂合法性(Rechtsmäßigkeit)的概念，乃是抽象注意義務的具體化要求[67]，因此，當董事會違法決議，應認定並未善盡注意義務，因此而致公司受損害時，自須對公司負損害賠償責任，公司法第 23 條第 1 項規定之意義在此，亦即本文前(壹)所指董事對公司所負之內部責任(Innenhaftung)。

(3)公司法第 193 條第 2 項應屬董事會內部責任分擔之特別規定

董事會之成員，既然應就其違法決議所致生公司之損害，共同承負賠償的責任，則此法制法理自有優於民法第 272 條之適用高度，既無須待各債務人之明示共負責任，亦無庸法律有其規定者為[68]，即應直接負連帶債務人(Gesamtschuldner)之責任，應不言可喻。而且，如果共同責任原來即屬合議制之責任本質，則依立法論者所持之修法明定連帶責任之議，其實只是展現

---

66 請求權基礎通常即為訴訟標的，其法律思維過程，即在於探討根據客觀法規範(何種法律關係)，請求權人(Anspruchsteller)是否可以因此而向請求權相對人(Anspruchsgegner)，請求特定作為或不作為(請求標的, Anspruchsgegenstand) (wer - was - von wem - woraus verlangen kann)，請參閱王澤鑑(2000)，《請求權基礎理論體系》，頁 1 及頁 60 以下；楊君仁(2015)，〈不執行業務股東兼任經理人者之監察權行使——以請求權基礎之方法探討〉，《世新法學》，第 8 卷第 2 號，頁 8；Jürgen Plate (2008), *Das gesamte examensrelevante Zivilrecht*, 4. Auflage, S. 1。

67 德國法通說，可供參考，Krieger/Sailer (2008) in Karsten Schmidt/Lutter (Hrsg.), *Aktiengesetz*, § 93 Rz. 6。但應注意者，德國股份有限公司之法定三機關規範架構有不同於臺灣者，例如其董事會享有獨立性(Selbständigkeit)與免於(受股東會、監事會或第三人)指示之自由(Weisungsfreiheit)， Seibt (2008) in Karsten Schmidt/Lutter (Hrsg.), *Aktiengesetz*, § 76 Rz. 10。

68 黃立(2000)明列公司法第 23 條為法律規定連帶債務者，《民法債編總論》，頁 563。但卻並未指明究竟適用第幾項規定，蓋因該條文內分三項規定，有完全不同之法律關係，殊為可惜。

本來面貌而已，並非如學者所言「實有加重民事責任」之說[69]。

當然，董事會成員既然負連帶債務人責任，則依民法第 280 條有關連帶債務人內部分擔之規定，「連帶債務人相互間，除法律另有規定或契約另有訂定外，應平均分擔義務。但因債務人中之一人應單獨負責之事由所致之損害及支付之費用，由該債務人負擔。」故據此可知，除非法律另有規定或者契約另有訂定之例外情事，董事會成員內部關係上，原則應負平均分擔債務之義務。

中央法規標準法第 16 條規定，「法規對其他法規所規定之同一事項而為特別之規定者，應優先適用之。」揭櫫法律規定上特別法優於普通法(Lex specialis derogat legi generali)之適用原則。因此，公司法第 193 條第 2 項可謂是民法第 280 條之特別規定，自有優先適用之必要，而依董事會違法決議時，董事是否參與決議，以及參與決議時，董事是否表示異議，並有紀錄或書面聲明可證，而異其承負責任與否之考量，亦即董事內部關係上，自得依董事不同程度之侵權或過失，而分配不同之責任比例[70]。

(三) 小結

董事會是合議機關，組織上不能任令成員單獨專意行事，而是必須經由民主程序決議，並依事情之輕重，以簡單多數決為定，或特別決議為定，自屬當然之道。但是，此種組織上多數決的民主程序，並無損於合議制的責任理念，亦即共同執行與共同責任，仍是法制法理唯一正解，切不可漠視，而採取割裂式的解釋與適用，造成董事應負損害賠償責任與否，尚得端視其是否出席會議，參與決議時是否反對，與反對是否存有記錄而區分不同責任。而是應回歸合議制的道理常軌，只要董事會決議，違反法令章程及股東會決議，致公司受損害時，全體董事都應負共同責任，以所有董事為被告連帶債

[69] 柯芳枝，前揭註 56，頁 318。

[70] 此為德國法通說，可資參考，Krieger/Sailer (2008) in Karsten Schmidt/Lutter (Hrsg.), *Aktiengesetz*, § 93 Rz. 25。

務人，不論其是否出席、反對與否、記錄有無，以激勵合議制揚善之功能。

而且，就因董事會合議制機關共同負責的本質，所以每位董事自然在意董事會之議事品質，務期發揮執行業務必須注意的合法與合秩序性，如此則欲建構董事應負有監督義務之法理，不使董事會的決議，違反法令章程及股東會之決議，以作為董事會合議機關的內部自我管控義務(Selbstkontrolle)[71]，自然理路通順，密合合議制機關法制，而無詰屈聱牙之情事。

何況，此種董事會內部董事監督義務，臺灣其實已有法制成例，銀行法第 45 條之 1 第 1 項規定:「銀行應建立內部控制及稽核制度；其目的、原則、政策、作業程序、內部稽核人員應具備之資格條件、委託會計師辦理內部控制查核之範圍及其他應遵守事項之辦法，由主管機關定之。」並依此前規定授權訂定之 96 年 9 月 6 日修正前之銀行內部控制及稽核制度實施辦法第 4 條第 1 項前段明定:「董事會應負責核准並定期覆核整體經營策略與重大政策，董事會對於確保建立並維持適當有效之內部控制制度負有最終之責任。」雖然，現行辦法已經刪除「董事會負有最終之責任」文字，但是，如明乎此法制法理，即使法已無此明文，實無改於董事全體成員應負共同負責之情形，亦不難解決最高法院之疑惑。

至於，公司法第 193 條第 2 項之規定，應視為是民法第 280 條之特別規定，有特別法優於普通法之優先適用原則，而於董事內部責任分擔關係上，依董事會違法決議時，董事是否參與決議，以及參與決議時，董事是否表示異議，並有紀錄或書面聲明可證，而異其承負不同比例責任之考量。

四、執行董事之責任

學者在探討董事會違法決議時，通常又析分出「執行董事」的概念，並

[71] (Statt aller) Uwe Hüffer (2012), *Aktiengesetz*, 10. Auflage, Rn. 15 zu § 77.

據此而類型化執行董事執行業務是否依照董事會決議而為，而歸納出一、依照董事會決議而為之情形；二、未依照董事會決議而為之情形；三、董事會未為決議而為之情形；四、逾越權限而為執行之情形等四種樣態[72]。

但是，執行董事的概念，是否明確可依，有無與董事執行業務混淆疑慮，或者是上述類型化的主張，因涉及董事責任法制之根本問題，故有釐清之必要。

(一) 執行董事之定性問題

公司法第 192 條第 1 項「公司董事會，設置董事不得少於三人，由股東會就有行為能力之人選任之。」法律上並無執行董事之專詞規定，可見它是功能性之描述，如此則從語意理解，應是指將「董事會決議而付諸(行動)落實」之「執行」董事；或者是現代大型股份有限公司，董事會基於內部專責分工考量，設置水平式的部門專責(Spartenorganisation)董事，由某董事專責某部門，例如環保、財務、行銷、勞工等等，此時董事會只要歸屬部門這類事者，政策直接由他拿定說了算！故有稱為「部門董事」或「環保董事」等等。

因此，如果所謂的執行董事，只是將決議推動落實，付諸實施而偏向執行行動層次者，則其職務除了董事資格外，同時身兼經理人的功能，「為公司管理事務」，身處公司經理階層，例如公司實務上常見董事長兼總經理、執行長 CEO，或是董事兼策略長、財務長之類的[73]，具有角色功能重疊的現象。雖然，現行公司法並無禁止規定，但因兩者職權有別，經理人組織架構上應受董事會之監督，則如此球員兼裁判，不免有失監督制衡之疑慮，滋生法理上的爭議。

但是，既然公司實務不乏董事長兼總經理之例，執行董事亦已是熟悉用

[72] (以代詳舉)柯芳枝，前揭註 56，頁 317；王文宇，前揭註 8，頁 347；劉連煜，前揭註 60，頁 376。

[73] 董事兼○○長，除了兼經理功能外，亦有可能就是部門董事而已，應依公司組織個案認定。

詞，則執行董事應否對公司負損害賠償責任，應視其究竟居於董事會層級或經理階層不同法律關係為定。

(二) 執行董事於董事會決議層級之責任

1. 決議之意義

董事會違法決議，致公司受損害時，應是已經付諸實施，否則，決議如果完全沒有付諸實施之想，並不產生任何新局效果，何來損害之可能。雖然，法制度上為防違法情事，設有決議瑕疵確定無效或得撤銷之訴，並對無視決議無效而仍恣意肆行所致生之損害課以賠償之責，但是，就世俗層面而言，決議後如果就這麼放著不動，有決議其實等同無決議，決議有無違法根本無關宏旨，其情形就好像董事會沒事找事作，那麼鬧著玩罷了，因此，在追究執行董事責任時，問其有無付諸實施[74]，是否「必其已達具體執行之階段」，實非構成要件之考量，應無疑義。但問題是，「決議等同無決議，決議有無違法根本無關宏旨」，這樣的文字表達可能不容於法律思維，被質疑好像違法決議不是問題，可是語言文字轉折間，以文就有可能害義，無怪乎哲人歌德(Johann Wolfgang von Goethe, 1749 ~ 1832)不禁喟嘆「人只要一說，就開始錯了(Sobald man spricht, beginnt man schon zu irren.)[75]」。

董事會是股份有限公司的執行業務機關，而此合議制的組織特性，莫不經由董事會成員對所提議案表示其同意或不同意之意見(表決)，採民主多數決的機制(公 206I)，作出決議(Beschlussfassung)以為機關執行業務之合法基礎。至於，決議的法律性質，臺灣通說認為是共同行為(Gesamtakt)[76]，屬於

[74] (以代詳舉)柯芳枝，前揭註 56，頁 317；劉連煜，前揭註 60，頁 377。

[75] http://www.gutzitiert.de/zitat_autor_johann_wolfgang_von_goethe_483.html?page=61, last visited: 2015/12/17.

[76] 最高法院 71 年度上字第 4013 號判決；臺灣高等法院 92 年度上字第 1121 號判決；王志誠(2005)，〈董事會決議瑕疵之效力〉，《法學講座》，第 32 期，第 65 頁；王澤鑑(2000)，《民法總則》，頁 200。

法律事實，而非法律關係，應不得為確認之訴之標的，明顯尚處於德國 19 世紀公司法釋義學(Rechtsdogmatik)的學術爭議階段，並不適應現代公司法制運作的需要，實宜變更學說立場，而以法律關係代之[77]。據此，則董事會表決時，董事之投票是為意思表示(Stimmabgabe als Willenserklärung)，而多數決確定的決議即為特定法律行為。

明乎此，即不難理解德國立法例，向來認為決議行為(Beschlussverhalten)並非股份法所應課責的對象，因為它是合議制機關的基本質性，董事成員經由多數決作出違反義務之決議，投票的董事並無庸為此負責[78]，前述「有決議等同無決議，決議有無違法根本無關宏旨」之義在此，故必決議已為後續行為所據之基礎時，此時決議有無違法即具法律意義。

2. 董事會違法決議之情形

因此，基於董事會違法決議而為之情形，只要致公司有所損害，則本於合議制機關共同責任之本質，董事會所有成員都應對公司負連帶損害賠償責任，是以，執行董事作為董事會構成員，其連帶損害賠償責任在董事會決議層級已經確定，故無庸再問其是否參與決議，不問對於違法決議贊同或知悉與否，執行董事都應負損害賠償責任，而其立論理由，前(「三、」)節次已經充分說明，茲不再贅述。

至於，如果公司採用部門董事(ressortzuständiges Vorstandsmitglied)專責設計者，原則上董事會所有成員仍負共同責任，但既然組織已有所分工，部門事務都由部門董事全權說了算，如果再要求其他董事共負責任，不免有失公

---

[77] 19 世紀，德國爭議董事會決議之性質時，契約說(Vertrag)、共同行為說(Gesamtakt)及特定集體意思行為(kollektiver Willensakt eigener Art)各有其擅長，但目前通說一致認為，決議乃特定法律行為(Rechtsgeschäft eigener Art)，請參閱(statt aller) Karsten Schmidt (1991), *Gesellschaftsrecht*, 2. Auflage, S. 355。

[78] Arnold (2005) in Marsch-Barner/Schäfer (Hrsg.), *Handbuch börsennotierte AG*, § 22 Rz. 39; Holger Fleischer (2004), Zur Verantwortlichkeit einzelner Vorstandsmitglieder bei Kollegialentscheidungen im Aktienrecht, *BB*, 2648.

道，所以，德國通說認為部門董事外之其他成員，只要以適當方式告知疑慮，已善盡監督義務(Aufsichtspflicht)，亦即無違董事會內部相互督促守法為善的義務者，自然免除損害賠償之責任[79]。

所以，當部門董事決議而行(Ressortgeschäftsführung)，有違法令章程及股東會決議，應認定並未善盡注意義務，因此致生公司損害者，則由執行董事自個兒對公司負責。

3. 董事會合法決議之情形

董事會合法決議，並無違法令章程及股東會決議，但卻仍致公司受有損害時，董事會成員是否必須為其決議負損害賠償責任？對此，雖然公司法第193 條並無更為詳細的規定，而且亦未見學者曾有立言是否，但在解釋適用上，則應以董事會決議時，董事是否善盡注意與忠實義務為定(公 23 I)，因此，如果董事經認定並無違反相關義務，但結果即使仍致公司受有損害，董事會全體成員對公司依然無需負連帶損害賠償責任。或者是仿效美國法例，以經營判斷法則(Business Judgment Rule)[80]，就當時之情境論斷之(ex ante)，而非事後諸葛亮的觀點(ex post)，如果認定當時理應如此作為者，即使後來致生損害，仍然無庸負責，否則即應負責。

(三) 執行董事於經理階層之責任

公司法第 33 條規定「經理人不得變更董事或執行業務股東之決定，或股東會或董事會之決議，或逾越其規定之權限。」故當執行董事雖曰董事，但其實際作為並非董事會層級之決議(執行業務)，或是部門董事之決策執行，而是依據董事會決議，屬於經理階層之執行事務者，則就其類型而有不同之責任負擔。

---

[79] (Statt aller) Krieger/Sailer (2008) in Karsten Schmidt/Lutter (Hrsg.), *Aktiengesetz*, § 93 Rz. 27。

[80] 劉連煜(2007)，〈董事責任與經營判斷法則〉，《月旦民商法》，第 17 期，頁 178-196。

1. 據董事會決議之執行董事責任

(1)據董事會違法決議之執行董事責任

執行董事據董事會違法決議而付諸執行，一人兼有兩種身分，既是董事會成員，又是經理階層，校長兼摃鐘，因此，如果摃鐘敲出問題，致公司受有損害時，則因責在前端，而非後端，執行董事於董事會決議層次即已與其他成員與負連帶損害賠償責任(立論理由請參閱前(「三、」)節次之說明)，此時再探討執行董事之責任，重複增重其負擔，並無意義。

至於，如果董事會違法決議付諸執行，結果並未致公司受有損害，反而有所利得時，例如前述面板業為謀發展利益而為聯合價格行為，是否應持「利在公司者，不應受責！」的觀點，抑或視其是否受偵辦處罰可能再作決定？類似譬喻如服用不容易驗出之禁藥以取得奧運金牌，斯已觸及法哲學、法倫理之探討，本文實難深入論述，但基於人性尊嚴，本文並不贊同此類作為。但公司實務上，公司既然受有利益，如此亦求其自揭瘡疤，接受法律之制裁，實例誠然不可得。

(2)據董事會合法決議執行董事責任

執行董事據董事會合法決議，執行決議，但卻致公司損害者，依公司法第 8 條第 1 項，「公司之經理人，在執行職務範圍內，亦為公司負責人」之規定，適用同法第 23 條第 1 項之規定，視其有無違反忠實執行業務並盡善良管理人之注意義務為定，如有違反義務時，則應獨自承擔對公司之損害賠償責任。

2. 未據董事會決議之執行董事責任

執行董事在經理階層之行為，依法應受董事會之節制(公 33)與監督，並非可以任意而為，所以，除非是有前述部門董事(「四、(一)(二)」)之情形，始具有合法執行的權限，否則，如其並未據董事會之決議而行，應即認定已屬違反守法義務，違反注意義務了，因此，如其執行致公司受有損害，自當單獨負損害賠償責任，應無疑義，而非再問執行董事是否已盡善良管理人之注意義務[81]。

有問題的是，此時董事會其他成員應否對此共負損害賠償責任？本文認為應視其有無違反忠實執行業務並盡善良管理人之注意義務為定，因為，依法董事會有監督經理人(執行董事)之權利義務，當然應該在意董事會決議之執行情況，不能任令執行董事視董事會決議為無物，甚至致生公司之損害，所以，如果董事會稍加注意，即可發現執行董事並未據董事會決議而行，並適時予以糾正，但卻失諸監督之責，自然執行董事外，其餘董事會成員亦應共負損害賠償責任。

3. 董事會未為決議之執行董事責任

(1)限於事非屬董事會職權範圍者

董事會並無決議，而可任由執行董事自行處理者，必其事非屬董事會職權範圍內者始可(公 202)，否則，即有違董事會合議制，董事會必須予以制止，以發揮機關的內部自我管控義務(Selbstkontrolle)。因此，如果董事會捨此不為，致公司受有損害者，全體董事即應對公司共負連帶損害賠償責任。

至於，學者所舉「公司日常發生之事務，事實上不可能均由董事會一一決議，通常均交由執行董事酌情處理[82]」，如其所涉事宜已屬董事會職權範圍內者，則有董事會合議授權董事專責之意，其實是部門董事的概念，故若因執行致生公司之損害，損害賠償之責任，於執行董事方面，應視其有無違反忠實執行業務並盡善良管理人之注意義務為定，如有違反義務時，則應對公司負損害賠償責任；而於部門董事外之其他董事會成員，則視其是否已善盡監督義務，假若並不存在違反董事會內部相互督促守法為善的義務，自然免除損害賠償之責任，否則，即應共同負責(如前「四、(二) 2.」之例)。

(2)事非屬董事會職權範圍之執行董事責任

---

[81] 持不同意見者，柯芳枝，前揭註 56，頁 317；王文宇，前揭註 8，頁 347；劉連煜，前揭註 60 頁 377。

[82] 柯芳枝，前揭註 56，頁 318；王文宇，前揭註 8，頁 347；劉連煜，前揭註 60，頁 377。

事非屬董事會職權範圍內者，董事會自然無須啟動合議制決議之必要，此時，執行董事純然經理階層，若其執行有致公司損害者，依公司法第 8 條第 1 項，「公司之經理人，在執行職務範圍內，亦為公司負責人」之規定，適用同法第 23 條第 1 項之規定，視其有無違反忠實執行業務並盡善良管理人之注意義務為定，如有違反義務時，則應獨自承擔對公司之損害賠償責任。

4. 逾越權限不是適當類型

公司與董事間之關係，原則上適用民法關於委任之規定(公 192Ⅳ)，自然有委任事務範圍的問題，據此，則受任人超出此委任範圍，即有所謂逾越權限的問題(民 544)。問題是，逾越權限所涉法律爭議，主要在於對內與本人間之關係，或者是對外與善意第三人兩方面，如此，則公司法對於董事權限設有範圍規定者，僅有政府或法人為股東時，對其董事代表人代表權所加之限制(公 27)，此時逾越權限所涉之本人，乃是政府或法人，並非這間公司；或者是執行董事身居經理階層，所加於經理人職權之限制(公 36)。何況，兩者都不能因其所加之限制，對抗善意第三人，因此，並不容易置入此董事責任法制。

所以，法律概念上或許容可，但卻非此處之問題類型，何況，公司法作為民法特別法，董事作為董事會構成員，董事會之職權範圍相當確定(公 193Ⅰ、202)[83]，「逾越權限」概念內涵所指為何，反而並不明確；再者，依本(「四、」)節次之論述，執行董事之各種責任類型，不論是董事會階層，抑或是經理階層，應該已經極致思慮，如此則另設逾越權限之類型，應不具意義；更何況，公司法對董事代表人代表權所加之限制(公 27)，不對抗善意第三人之法律效果，正好反證逾越權限並不是適當的責任類型。

[83] 當然，如從董事會優位主義或股東會優位主義的不同觀點，範圍如何其實仍有爭議，請參閱曾宛如(2010)，〈股東會與公司治理〉，《臺大法學論叢》，第 39 卷第 3 期，第 109 頁以下；陳俊仁(2006)，〈論股東於公司之地位——股東於公開發行公司角色與功能之檢視〉，《成大法學》，第 12 期，第 185 頁以下；張心悌(2005)，〈股東提案權之省思——兼以代理成本與 Arrow 定理觀察之〉，載於《現代公司法制之新課題——賴英照大法官六秩華誕祝賀論文集》，頁 281。

五、結論

世上任何合議組織，有權利共同執行，有義務共同負責，乃其常規道理。但是，公司法第 193 條第 2 項規定，董事會決議，違反法令章程及股東會決議，致公司受有損害，董事負損害賠償責任與否，尚得依其是否出席會議，參與決議時是否反對，與反對是否存有記錄而有所不同，完全背離合議制的法制法理。而且，此種割裂式的責任規定，除未能積極激發良善，更是無意間造成董事對立算計的基模，或是消極輕職的現象。問題是，此獨特立法例，法制法理目的何在？但立法上理由無法可尋，學術上亦未見有何特別論說，實在有損臺灣公司法之形象。

因此，為避免規範衝突，造成法理混淆法律矛盾的現象，應重新慎重面對公司法第 193 條第 2 項規定的法律質性，並藉解釋適用方式，重歸合議制共同負責常軌，只要董事會決議，有違反法令章程及股東會之決議，致公司受損害時，董事不論其是否出席、反對與否、記錄有無，全體成員均應負共同連帶債務人。並且，不可拘泥於民法第 272 條之框架，蓋共同責任之合議制原則，本不待法律之規定或當事人之約定，即有其適用。故據此而言，公司法第 193 條第 2 項應是民法第 280 條之特別規定，是董事內部關係上，依其不同程度之事例，是否參與決議？參與決議時，是否表示異議？表示異議是否有紀錄或書面聲明可證，而承負不同比例之責任分擔。

而且，依循這個法制法理，目前困擾法院莫衷一是，頻生疑義的究竟誰應對公司負賠償之責，是董事會？董事會成員？抑或董事長？自可迎刃而解。而前述案例何以原告中央存保公司獨對蔡董事長提告，乃是民法第 273 條第 1 項「連帶債務之債權人，得對於債務人中之一人或數人或其全體，同時或先後請求全部或一部之給付。」債權人單純之選擇自由罷了！

尤其是，回歸合議制共同責任法制，斯有可能建立董事會內部自我管控的義務，而學者所提的監督義務才能有所依附的基礎，不然的話，憑空基於好心欲從國外移植的法制，勢必有如壁飾紙花，根本不具生命力，無法發揮其規範意義。至於，執行董事的責任問題，就如節次(肆)所論述般，宜就其身分多樣化特質，分別詳列其歸責情況，切莫據詞即究責，混淆其真實面貌。

*本文發表於《法令月刊》，第67卷第6期 (2016.06)

董監薪酬及適當性的問題與比較德國法之對策

關鍵詞：董監薪酬、薪酬委員會、適當性原則、公司治理、比較法

一、前言

2010 年 11 月，證券交易法修正時[1]，增訂第 14 條之 6 條條文，規定股票已在證券交易所上市或於證券商營業處所買賣之公司，應設置薪資報酬委員會(以下簡稱：薪酬委員會)，首度將公司董事、監察人及經理人之薪資、股票選擇權與其他具有實質獎勵的措施等納入法制化的設計。至於，薪酬委員會的組成，成員所應具的專業資格，所定職權的行使及相關事項之規定，其辦法則授權由主管機關定之(同條第一項後段)。2011 年 3 月 18 日，主管機關行政院金融監督管理委員會據此公告訂定「股票上市或於證券商營業處所買賣公司薪資報酬委員會設置及行使職權辦法」(以下簡稱：薪酬委員會職權辦法)[2]，並要求規範公司應於 2011 年 9 月 30 日前依辦法設置薪酬委員會，且於 2011 年 12 月 31 日前至少召開一次會議。但實收資本額未達 100 億元者，

[1] 中華民國九十九年十一月二十四日總統華總一義字第 09900317071 號令增訂公布第 14-6 條條文。

[2] 中華民國 100 年 3 月 18 日行政院金融監督管理委員會金管證發字第 1000009747 號函令訂定發布全文 14 條；並自發布日施行。本辦法適用對象包括公司董事、監察人及經理人，但為行文方便，亦如文章標題所示，下文都僅以「董監」代表。

得於2011年12月31日前設置完成，並得於2011年12月31日前不召開會議，不適用第8條第1項有關召開會議次數之規定[3]。

薪酬委員會法制化運作以來，已經歷相當時日，就法律實效(Effektivität des Rechts)[4]而言，自應有階段性之觀察檢討，以供法制發展之參考，亦即薪酬委員會之實踐情況，是否恰如當初立法設想，確實發揮正向規範的效果？或者是法制仍見規範盲點，宜有再改進之必要？尤其是，如果費心建立的法制度，結果卻是報章媒體「董監酬勞 誰最賺？」、「22家虧損 董事酬勞照領逾百萬[5]」火辣標題，淪為諷刺的對象，雖然報導未必客觀全面，但是如果任令此類信息充斥流通，無疑地必然折損法制形象，所以，當法律無法發揮其應有規範功能時，究竟是應該廢除相關規定算了[6]，免得徒具形式軀殼？抑或是盡快修正缺漏，去現行軟法設計而改為硬法體質，將目前薪酬委員會僅具建議權之功能，增補司法管制之機制，藉此期待薪酬法制能夠真正落實，因此無疑地，董監薪酬與薪酬委員會法制正面臨法政策再次的抉擇。本文即是基於對薪酬法制的關懷，故參考比較德國立法例，提出董監薪酬適當性的規範對策，以為未來修法之建議。

---

3 薪酬委員會職權辦法第13條。

4 Manfred Rehbinder, Rechtssoziologie, 7. Auflage, 2009, S. 106ff..

5 《聯合晚報》2013/7/31，版B2集中市場‧焦點；《工商時報》2013/8/1，版B2法人看市。其實類此頗為負面評價的相關董監薪酬報導，向來都是報章媒體從不輕易放過的話題，每年總有那麼幾家知名上市公司上榜，例子隨手可得，例如「上市公司虧損董事高酬金 友達376萬最肥」，《聯合報》2013/2/1，版A財經教育；「賠錢公司 肥貓仍拿高薪……宏碁酬金發放4,720萬」，《經濟日報》2013/2/1，版C2市場脈動。

6 從法律社會學的觀點，完全或完全不被遵行的法律，根本都無立法之必要，即使有立法亦僅只畫蛇添足或聊備一格而已，反而是從現代民主機制論至少已有過半數受規範者遵行，且法律施行實效正往百分百方向前進者，始是法制之常與發展之機。所以，當法律雖已制定施行，但其實效卻不及半數比率，甚至有愈趨下流之勢者，則其立法(law in books)之必要性，即見疑慮。

二、薪酬之意義與法律規定

(一) 薪酬的意義

薪者，薪水俸給之謂也，其他類似用詞如「薪津」、「薪餉」、「薪俸」等，皆指工作或職業所得的酬金[7]，而資者本就有財的意思，故「薪資」合用，其意義應更為廣泛，不以酬金為限。至於，報與酬語義相近，都有酬答的意思，依辭源解釋，酬者報也，報者酬答也[8]。所以，如從文字語義的理解，「薪資」著重在給付之標的內容(Gegenstand)，而「報酬」則表彰其酬答對價(Gegenleistung)之意涵，但無論名稱「報酬」、「酬金」、「酬勞」(酬其勞者)或「薪酬」(薪資報酬)者，本文都認為係同義異詞而已，均應係指董監因其職務而獲取的對價利得，因此諸如金錢或實物加給等可為薪資報酬外，其他金錢債權如津貼、獎金、紅利、選擇權(Options)及補助費等，自應亦包括在內。

(二) 臺灣現行法對薪酬之定義

1. 民法與公司法並無明文定義

公司董事、監察人及經理人與公司之法律關係，適用民法委任之規定(公29 I, 192 Ⅳ, 216 Ⅲ)[9]。民法第528條稱委任者，謂當事人約定，一方委託他方處理事務，他方允為處理之契約。據此可知，有償或無償並非是委任契約之必要條件，但如當事人約定報酬，或者依習慣或依委任事務之性質，應給

[7] 周何(總主編)，《國語活用辭典》，臺北：五南圖書，2007，頁1739。

[8] 《辭源》，臺灣商務印書館，1976，如《詩經》「報之以瓊槳」，頁346；酬者報也，蔡邕詩「敢不酬答，賦誦以歸」，頁1498。

[9] 以下「公」簡稱所謂者，乃指中華民國一百零二年一月三十日總統華總一義字第10200017781號令修正公布之公司法。

與報酬者，受任人自得請求報酬。(民 547)，因此，就民法之規定可知報酬乃為董事、監察人及經理人等受委為公司他方處理事務之有償對價。

至於，何謂報酬，民法並無明文定義，故學者以為報酬之內容與支付時期並無限制，既可為金錢、有價證券，亦可為其他給付，既不必限於一次性之支付，因此如其為定期經常性之給付，自然亦為法律所許[10]。

公司法乃民法社團法人之特別法，雖對公司董事、監察人及經理人等設有報酬之規定(公 29 I, 196, 227 準用 196)，但對於報酬內容具體為何，卻亦如民法並無明文定義，故依法律之適用原則，既然公司法未見特別規定，則報酬之解釋，即應如民法普通法般，對其給付內容與方式自無限制可言。

而且，董監事報酬與酬勞是否如經濟部所言係屬二事，應有澄明之必要。因為，經濟部曾經函釋指出[11]，「按公司盈餘之分派，分為股息及紅利，而登記實務上，紅利又分為股東紅利、員工紅利、董監事酬勞。是以，董監事酬勞，屬盈餘分派之範疇。至董監事報酬，則指董事、監察人為公司服務應得之酬金，屬公司法第 196 條、第 227 條之範疇。是以，報酬與酬勞，係屬二事，先為敘明。所詢已解任監察人請求核發監察人酬勞一節，按個別監察人得否分派酬勞，允屬公司內部自治事項，如有爭議，宜循司法途徑解決。」

事實上，盈餘分派(Gewinnbeteiligung)實為紅利的一種，是公司經營順遂共享獲利的獎勵給付，是董監為公司處理事務有成之對價利得，所以，董監因盈餘分派之績效所得，即應歸屬董監之報酬[12]，切不可以文害義，以名害實，因一字之異，即視「酬勞」非是報酬，而忽略處理事務而「酬其勞者」之對價要件，如同糾結於「關說」「關心」異詞稱呼之政治算計權謀之中，並非是法律適用解釋應有之道。

---

[10] 史尚寬(以代詳舉)，《債法各論》，1986 年，頁 383。

[11] 經濟部 94 年 12 月 26 日商字第 09402199670 號。

[12] 持不同意見者，經濟部 93 年 1 月 20 日商字第 09302005550 號：「……『董監事酬勞』為盈餘分配項目，尚非公司法第 196 條規定之範圍。」劉連煜，《現代公司法》，增訂二版，臺北：新學林，2007 年 2 月，頁 339。

故而綜上所述，只要是董事、監察人及經理人為公司他方處理事務之有償對價者，即應歸屬報酬之內容，而且，其給付方式亦無所限，無論是一次性之支付，抑或是定期經常性之給付均可[13]。因此，經濟部所稱董事、監察人之報酬，除指稱報酬與酬勞「係屬二事」不當外，對於「應係指董事、監察人為公司服務應得之酬金而言」[14]，僅著重於金錢概念，而未及於其他給付之可能，例如實務上職務房舍之無償使用、交通用車之配置或提供職務保險給付(D&O)等，顯見其定義範圍，失諸於太過狹隘。

2. 車馬費、交際費或津貼各項獎金的法律定性問題

(1) 車馬費之法律定性

車馬費、交際費或津貼各項獎金是否屬董監報酬，向為法律爭議所在。主管機關經濟部曾經函釋[15]，「……。二、又所謂『董事之報酬』，係指董事為公司服務應得之酬金而言；所謂『車馬費』，顧名思義，則指董事前往公司或為公司與他人洽商業務所應支領之交通費用而言，自與董事之報酬有別，所詢薪資、車馬費、交際費、伙食津貼、各項獎金、退職金等，公司應據上揭說明依其性質分別認定之。至『董監事酬勞』為盈餘分配項目，尚非公司法第 196 條規定之範圍。」然而，如前(「二、(一)」)所述，董監報酬認定之核心要件，應在於是否為董監因其職務而獲取的對價利得而已，如此則經濟部上開函釋所舉給付內容，實有定性釋疑之必要。

「車馬費」顧名思義，「則指董事前往公司或為公司與他人洽商業務所應支領之交通費用而言，自與董事之報酬有別，」是主管機關經濟部行政解釋向來主張的論點[16]，此種見解亦為司法實務所採行，最高法院歷年判決即持

---

[13] 同此見解者如曾宛如，《公司管理與資本市場法制專論(一)》，臺北：元照，2002 年 10 月，頁 51。

[14] 經濟部 81 年 7 月 17 日經(81)商字第 217298 號，最高法院 69 年台上字第 4049 號判決同此見解。柯芳枝，《公司法論》，臺北：三民，1999 年 10 月，頁 304。

[15] 經濟部 93 年 1 月 20 日商字第 09302005550 號。

[16] 經濟部 63 年 8 月 5 日商字第 20211 號函，「至於車馬費係供實際需要之費用，由其代表人支領，尚無不當。」經濟部 81 年 6 月 11 日台商(五)發字第 214214 號函；經濟部 93 年 1 月 20 日商字第 09302005550 號。

同樣立場，如「所謂『車馬費』，顧名思義，則指董事前往公司或為公司與他人洽商業務所應支領之交通費用而言，自與董事之報酬有別，……。[17]」最高法院 71 年台上字第 415 號與 77 年台上字第 2158 號判決均同此見解。

綜觀上述經濟部行政解釋與最高法院判決之立場，似乎認為車馬費係「董事前往公司或為公司與他人洽商業務」，必須使用交通工具時，「所應支領之交通費用而言」，如此則此給付內容，應屬民法第 546 條第 1 項規定，委任人因受任人處理委任事務所支出之必要費用償還的性質，自非是董監為公司處理事務之對價利得，因此，於此種情況下，公司所應給付之範圍，乃限定於交通支出費用之等價(代墊款)償還外，並付自支出時起之利息而已。

但是，如果車馬費之數額，明顯高於必要交通支出之費用，並非可歸屬費用償還請求權之例者，或者是不以名害實，實際上性質屬於董監為公司處理事務之有償對價[18]，類如交通津貼之給付者，或者是如學者所言[19]，「現行實務上所稱『車馬費』已逸脫其原來之涵意，而變相為董事之另一類『報酬』，以規避公司法第 196 條之規定」者，甚或是為避稅而設名目者，則車馬費於此情況下都應以報酬視之。尤其是，依所得稅法第 14 條綜合所得總額之規定，其中各類所得項下之薪資所得，計含薪金、俸給、工資、津貼、歲費、獎金、紅利及各種補助費等，則為法律適用整體性之規範考量，將董監車馬費視為報酬，是董監因其職務而為公司處理事務所獲取的對價利得，始屬法律適用之正道。

(2)交際費之法律定性

所謂交際費，乃是指業務上直接支付之交際應酬費用(所得稅法第 37 條)，董監於為公司與他人洽商業務時，不免有所酬酢餽贈招待交際等項目支出，此類費用應屬公司業務經營之必要支出，其性質類如機關首長之特別費

---

[17] 最高法院 69 年台上字第 4049 號判決，問題是此判決中並不排除車馬費亦得為董事報酬的可能，其判文曰「縱認車馬費亦係董事報酬之一種，既經章程訂明，自無經股東會議定之必要。」

[18] 劉連煜，前揭書，頁 338。

[19] 王泰銓，《公司法爭議問題》，臺北：五南圖書，1999 年 2 月，頁 237。

[20]，科目歸屬於業務費，乃行政首長於公務交際上費用，故交際費就其性質而言，應非為董監之報酬[21]，自不待言。而且，因所得稅法對於公司業務支出之額度，設有一定比例之限制，應可避免公司巧借名目，而支給董監高額交際費，有效避免脫法行為之發生。

(3)津貼與各項獎金之法律定性

津貼及各項獎金，自應視為是董監報酬，原因在於，津貼通常視為是本薪外之職務附屬給付，而各項獎金如為董監因其職務為公司處理事務有功，所獲取的績效利得，業務付出與獎金激勵具有對價性，並非單純之贈與可比，即應歸屬董監之報酬，是董監可請求給付之標的，自不待言。臺中高分院 99 年度重上字第 174 號民事判決，原告既為被告A股份有限公司之總經理，故若其與公司間之經理契約設有業績獎金之約定，或者此種績效獎金名目已普遍於公司實務而為雙方所共識者，則依請求權之基礎以觀，公司即負有給付報酬之義務，此種基於委任為公司他方處理事務所獲取的對價權利，實與公司內部董事會是否通過「建設事業部總經理獎金辦法」無關[22]。

(4)退職金之法律定性

至於，退職酬勞金或退職金，依文義應可理解為「因離職之所得」，但現行法律上，名詞之使用未見一致，其內容所指為何，亦無統一的定義，如公務人員退休撫卹基金管理條例第 4 條規定，「本基金之用途，限於經各該主管機關依法核定支付第一條所定人員之退休金、退職酬勞金[23]、退伍金、退休俸、贍養金、撫卹金、撫慰金、資遣給與及中途離職者之退費。」所得稅法第 14 條則明指退職金屬於退職所得類之內容。而且，公司實務上雖不乏設有

---

[20] 應注意者，此乃有別於屬薪水人事費的主管職務加給，所謂的特支費(主管特支費)。

[21] 經濟部 81 年 6 月 11 日台商(五)發字第 214214 號函，「至於董事因執行公務所發生之差旅費、交際費等是否可列為公司費用，暨其認定標準如何乙節，非屬公司法第 196 條之範圍，併予敘明。」

[22] 最高法院 102 年度台上字第 360 號民事判決；最高法院 102 年度台上字第 494 號民事判決。

[23] 昔為政務人員退職酬勞金之給與所制定之政務人員退職酬勞金給與條例，同樣使用「退職酬勞金」一詞，該條例已於中華民國 92 年 12 月 31 日施行期滿當然廢止。

董監事退職酬勞金給予辦法之例，但最高法院裁判所採立場亦未見一致，所以，其法律定性確實是個問題。最高法院認為[24]，「董事退職酬勞金，顧名思義，通常係指對於退職董事給予金錢，以資酬庸，並非董事處理委任事務之對價，性質上似不在公司法第一百九十六條所定董事報酬之列，原審就系爭退職酬勞金是否為公司法第一百九十六條所定董事之報酬，並未調查審認，逕認同條所定董事報酬，兼指退職酬勞金在內，得由章程授權董事會決定，亦嫌率斷。」

問題是，最高法院在判決章程訂明授權董事會議定董事之報酬而未設一定限制者，則董事會議定之董事報酬，非經股東會追認，不生拘束公司之效力時，從判決文中卻是明顯視退職酬勞金為董事之報酬，「公司法第一百九十六條規定，董事之報酬，未經章程訂明授權董事會議定而未設一定限制者，則董事會議定之董事報酬，非經股東會追認，不生拘束公司之效力。被上訴人公司第八屆第十五次及第十八次董監事聯席會議，依公司章程第二十條規定通過之董監事退職酬勞金給予辦法，既經六十八年股東常會決議於法不合，不予追認，則上訴人依該退職酬勞金給予辦法溢領之退職酬勞金五十三萬四千七百二十元，自屬不當得利。[25]」

事實上，退職金之法律定性，應依委任契約之內容而定，如果董監事於任職之初，與公司間即有共識，未來於解任(退職)之時享有退職酬勞金之給付者，則此時即難否認其應為對價酬答之報酬，況且，依所得稅法第 14 條規定，可知退職金應歸屬綜合所得之退職所得類，即凡個人領取之退休金、資遣費、退職金、離職金、終身俸、非屬保險給付之養老金及依勞工退休金條例規定辦理年金保險之保險給付等所得，均屬之。

3. 證券交易法之特別規定

「薪資報酬」同時並列合稱者，始於 2010 年證券交易法第 14 條之 6 之

[24] 最高法院 77 年度台上字第 1 號判決。

[25] 最高法院 77 年度台上字 2158 號判決。

條文，但是即使如此，仍無礙於其應等同於民法和公司法報酬之概念，所不同者，乃是對其內容為何，除本條及薪酬委員會職權辦法例示指明更為具體外，更容許其他開放性概念之可能。依薪酬委員會職權辦法第 7 條第 3 項規定，所謂薪資報酬，包括現金報酬、認股權、分紅入股、退休福利或離職給付、各項津貼及其他具有實質獎勵之措施；其範疇應與公開發行公司年報應行記載事項準則中有關董事、監察人及經理人酬金一致。由此可知，依證券交易法之特別規定，前述車馬費、交際費或津貼各項獎金的法律定性問題，應可迎刃而解，而皆歸屬薪酬委員會職權之範圍。

(三) 德國股份法對薪酬的定義

德國民法第 662 條規定(§ 662 BGB)[26]，受任人因接受委任而負有為委任人無償處理委託事務之義務，據此可知德國立法例對於委任(Auftrag)之性質，乃以無償(unentgeltlich)為其構成要件，意即受任人就其行為所付出之時間、心力與勞力等並無請求報酬(Vergütung)之權利，委任並非是雙務契約[27]。但是，如果是因處理委任事務所支出之必要費用者，則依德國民法第 670 條之規定，受任人有向委任人請求費用償還之權(Anspruch auf Aufwendungsersatz)，這才是受任人基本上的相對權利(actio mandati contraria)[28]，是以，報酬請求權與費用償還請求權兩者間不應有所混淆[29]。由此可知，德國民法之委任，並不如臺灣民法可為有償或無償之規定，自然並無可供比較之報酬概念可為參考。

德國商法典(HGB)第 237 條規定，董事有參與盈餘分派(Gewinnbeteiligung)

---

[26] § 662 BGB, Durch die Annahme eines Auftrags verpflichtet sich der Beauftragte, ein ihm von dem Auftraggeber übertragenes Geschäft für diesen unentgeltlich zu besorgen.

[27] Brox/Walker, Besonderes Schuldrechts, 33. Auflage, 2008, S. 346.

[28] Erman/H. Ehmann, BGB, 12. Auftrag, 2008, § 670 Rz. 1.

[29] Karl Larenz, Lehrbuch des Schuldrechts, Band II, Halbband 1: Besondesrer Teil, 13. Auftrag, 1986, S. 411。委任無償性(Unentgeltlichkeit)的要件，有學者直指是歷史發展錯誤所創成的，Erman/H. Ehmann, BGB, 12. Auftrag, 2008, § 662 Rz. 1, Vor § 662 Rz. 6-12.

之權，而且本條規定屬強制性質，並非公司章程或任用契約(Anstellungsvertrag)得隨意變更[30]。1937 年，德國制定股份法(Aktiengesetz, AktG)時，此立法例為該法第 77 條所繼受[31]，1965 年股份法修正時改列為第 86 條，董事參與盈餘分派，依年度獲利(Jahresgewinn, Jahresüberschuß)計算之，但此條文規定，由於內容與同法第 87 條第 1 項已有重疊，且年度獲利之概念既過時且不明確，2001 年公司治理政府委員會(Regierungskommission Corporate Governance)即毫無保留地建議刪除[32]，故於 2002 年制定透明與公開法時[33]，即正式刪除。

對於董事之報酬整體規定者，除明確詳舉給付種類外，並揭櫫適當性原則(Angemessenheitsgebot)，避免過高不當之給付，對無所節制的契約自由劃定界限，藉以保護公司、公司債權人、股東及勞工之權益[34]，乃始於 1937 年股份法第 78 條規定，董事之報酬，由監事會確定之[35]，在這之前的商法典

[30] Meyer-Landrut in Großkomm. AktG, 1973, Berlin: De Gruyter, Einleitung zu § 86.

[31] 此並非指德國法律直至 1937 年始對股份有限公司(Aktiengesellschaft)設有規定，事實上如依目前通說所言，股份有限公司源起於 17 世紀荷蘭東印度公司(die Holländisch-Ostindische Compagnie von 1602)，此等企業於 17, 18 兩世紀間仍受國家特許管制(Octroi-System)，而以私法形式作為法制規範者，首先出現於 1807 年法國商法典(Code de Commerce)，該法同樣適用於當時歸屬萊茵聯盟(Rheinbund)的德國區域，隨後普魯士(Preußen)於 1843 年制定股份法(Aktiengesetz)，1861 年德國一般商法典(ADHGB)基本上確立以商法為股份有限公司規範之制，對股份有限公司相關規定更見周詳，而後再經 1897 年制定商法典(HGB)，法制格局仍然維持不變，直至 1937 年股份法始從商法典獨立出來為止。請參 Raiser/Veil, Recht der Kapitalgellschaften, 5. Auflage, 2010, S. 3.

[32] Theodor Baums (Hrsg.), Bericht der Regierungskommission Corporate Governance: Unternehmensführung, Unternehmenskontrolle, Modernisierung des Aktienrechts, Köln 2001, Rz. 41. S. 84.

[33] Transparenz- und Publizitätgesetz vom 19. 7. 2002 (BGBl I S 2681).

[34] 此為通說，LG Düsseldorf, NJW 2004, 3275 (3277); Mertens in Kölner Kommentar zum AktG, 2. Auflage, 1989, Rn. 2 zu § 87; Hefermehl/Spindler in Münchener Kommentar zum Aktiengesetz, Band 3, 2. Auflage, 2004, Rn. 3 zu § 87; Uwe Hüffer, Aktiengesetz, 10. Auflage, 2012, Rn. 1 zu § 87.

[35] 不同於臺灣由股東會分別選任董事會及監察人，兩者平等並立，分掌業務經營與經營監督之職能，德國監事會則是由股東代表及因產業民主勞工共同決定法(Mitbestimmungsgesetz)所定勞工代表所共同組成，為合議機關設計，主要職權在選解任董事及監督董事會執行業務，其組成型態複雜，但不管其監事人數多少，都必須能為 3 所整除。Drygala in K. Schmidt/Lutter (Hrsg.), AktG, 2008, § 96 Rz. 4。中文請參楊君仁，〈公司治理與企業社會責任──德國法的觀點〉，《台灣法學雜誌》，第 109 期，2008 年 8 月，頁 68-96。

(HGB)則無類似之規定[36]。1965 年股份法修正時，將舊法監事會持續負有董事報酬適當性之義務，改為用語較為精準的「於確定」(Festsetzung)報酬之時點，並改成現行法第 87 條，於該條第 1 項明文，監事會於確定個別董事包括諸如薪資(Gehalt)、盈餘分派(Gewinnbeteiligungen)、職務津貼(Aufwandsentschädigungen)、保險費(Versicherungsentgelte)、佣金(Provisionen)、與其他任何附屬給付(Nebenleistungen jeder Art)之整體收入(Gesamtbezüge)時，應考量其必須吻合董事所負任務與公司狀況之適當關係(in einem angemessenen Verhältnis)。此規定同樣地適用於退休金(Ruhegehalt)、死亡撫恤金(Hinterbliebenenbezüge)與相類似的給付(Leistungen verwandter Art)。此種例示報酬種類者，並不排除其他給付之可能，譬如職務宿舍與車輛之提供，或其他實物給與等屬是。而且，條文雖將收入概分為常態收入(Aktivbezüge)與照護安養(Versorgungsbezüge)兩大類，但是對董事而言，其實並無差別，因為同樣都是屬於公司所允諾的報酬[37]。

至於，監事之報酬，根據股份法第 113 條規定，得依章程訂明或由股東會同意給予之，同樣地，其給付之多寡，亦必須吻合監事所負任務與公司狀況之適當關係。而且，如果章程所訂之報酬，股東會認為過高者，則依變更章程之例，由股東會簡單多數之決議，減降監事之報酬。再者，監事之報酬，雖未如董事規定例示載明種類，但仍無礙其得為任何(beliebig)種類之可能[38]，只是，如其有參與盈餘分派者，則其分配比例，乃依決算盈餘(Bilanzgewinn)計算之，是不同於董事盈餘分派之規定。另應注意者，本條規定並非是監事報酬請求權之基礎，而是存在於職務關係(Amtsverhältnis)或監事與公司間因選任所生之債權契約[39]。

---

[36] Meyer-Landrut in Großkomm. AktG, 1973, Berlin: De Gruyter, Einleitung zu § 87.

[37] Meyer-Landrut in Großkomm. AktG, 1973, Berlin: De Gruyter, Anmerkung 1 zu § 87.

[38] Meyer-Landrut in Großkomm. AktG, 1973, Berlin: De Gruyter, Anmerkung 9 zu § 113.

[39] Uwe Hüffer (statt aller), Aktiengesetz, 10. Auflage, 2012, Rn. 2 zu § 113.

(四) 小結

綜合比較上述臺德法制可知，雖然臺灣公司法對於董監報酬規定簡陋，但經證券交易法之修法規定後，對於報酬之給付種類，相較於德國股份法之規定，實際上已無不同，薪資、盈餘分派、職務津貼、保險費、佣金、職務宿舍、配車、退職金、實物加給與撫恤金等等，均應屬董監之報酬，而這也是現行公司實務運作給付薪酬之常態，因此，過去僅因董事不支(月、年)薪，即謂董事無報酬，而忘了其尚得參與盈餘分紅之權利，造成董事無償經營公司業務之假象，應已無可能。而且，董監之盈餘分派，德國法已有明確規定其依據，但臺灣仍僅只「其受配比例或金額，則屬公司內部自治事項[40]」，致使其自治結果可能報酬給付過高，有損公司、公司債權人、股東及勞工之權益，而變得毫無節制。

但是，對於董監報酬之給與是否適當的問題，臺灣公司法並無規定，基本上還是依循契約自由原則，只要依循公司法所定程序，「董監之報酬，未經章程訂明者，應由股東會議定」(公 196、227)，雖然證券交易法與薪酬委員會設置辦法有特別規定，於提出董監報酬之建議時，應考量董監績效及參考同業通常水準支給情形，並考量與個人表現、公司經營績效及未來風險之關連合理性，但仍不如德國股份法設有董監報酬應與所負任務與公司狀況適當性之法律義務，並以為司法管制之可能，應是臺灣董監報酬法制應可改進之處。

三、薪酬委員會與薪酬議決程序

(一) 薪酬委員會之法制

臺灣公司法與德國股份法，均無設置薪酬委員會之規定。有設薪酬委員

[40] 經濟部 94 年 8 月 17 日經商字第 09400586770 號函。

會之強制規定者，臺灣始於證券交易法增訂第 14 條之 6 條之時，但仍僅適用於股票已在證券交易所上市或於證券商營業處所買賣之公司而已，並未全面適用於所有股份有限公司。依薪酬委員會職權辦法第 4 條第 1 項規定，薪酬委員會成員由董事會決議委任之，其人數不得少於三人，其中至少一人為獨立董事並任召集人及會議主席。成員必須取得商務、法務、財務、會計或公司業務所需相關科系之公私立大專院校講師以上，或法官、檢察官、律師、會計師或其他與公司業務所需之國家考試及格領有證書之專門職業及技術人員，或商務、法務、財務、會計或公司業務所需之工作經驗之專業資格條件，並且具備五年以上之工作經驗者，而且，不得有公司法第 30 條各款情事之一，及違反本薪酬委員會職權辦法所定薪資報酬委員會成員之資格，始得為薪酬委員會之成員。(薪酬委員會職權辦法 5)

至於，德國立法例，雖於德國公司治理準則(Deutscher Corporate Governance Kodex, DCGK)[41]，第 4.2.2 條規定監事會設委員會(Ausschuss)專門處理董事契約者，自得對其報酬提出建議(Vorschläge)。本條文雖於過去舊版曾經採應當(soll)之規定，但現行準則已改採自由任意性質，並不具有強制性，所以，其董監報酬之規範法制，主要還是依據股份法之規定。

(二) 薪酬之議決程序

1. 臺灣之薪酬議決程序

臺灣薪酬之議決程序，端視公司是否為證券交易所上市或於證券商營業處所買賣之公司，而有所不同。當公司為上市上櫃公司者，則依特別法證券

---

[41] 德國公司治理準則從公布至今已歷經多次修訂，最新者為 2013 年 5 月 13 日公布之版本，該準則全文可參閱網站：http://www.corporate-governance-code.de, (last visited: 2013/9/3)。至於，德國公司治理準則條文半數約重複現行法規定，40%屬企業應當注意典範(Best Practice)之行為建議(Verhaltens-Empfehlungen)，10%歸屬鼓勵之行(Anregungen)，有關其制定背景與內容，Markus Lutter, Deutscher Corporate Governance Kodex, in Hommelhoff/ Hopt/ v. Werder (Hrsg.), Handbuch Corporate Governance, 2003, Verlag Dr. Otto Schmidt, S. 737ff.；中文請參楊君仁，前揭文，頁 68 (73)。

交易法、薪酬委員會職權辦法、上市上櫃公司治理實務守則[42]，所規定之薪酬委員會之制處理，原則上並不適用普通法公司法之規定，除非是非屬上市上櫃之股份有限公司，始仍依公司法之議決程序處理。

(1)無薪酬委員會之議決程序

依臺灣公司法第196、227條之規定，董監事之報酬，未經章程訂明者，應由股東會議定」，是以，董監事之報酬，未經章程訂明者，應由股東會議定之，其決議採簡單多數決，應有代表已發行股份總數過半數股東之出席，以出席股東表決權過半數之同意行之即可。(公174) 惟應注意者，董監事對於股東會決定其報酬之決議，有自身利害關係致有害於公司利益之虞時，不得加入表決，並不得代理他股東行使其表決權。(公178) 至於，董監事之報酬，倘未經章程訂明或股東會議定，而由董事會議決者，自為法所不許，且章程亦不得訂定董事之報酬授權董事會或董事長決之，違反者，其決議自屬無效，蓋考其立法意旨，應在於壓抑董事利用其經營者之地位，對公司恣意索取高額報酬，有害公司利益[43]。對此立場本文相當肯定，畢竟董事為自己報酬敲下定槌，總是不合機關分權制衡理念，而且，公司最高意思機關因此形同自我繳械，更是無法保障公司、公司債權人、股東及勞工之權益。

再者，董事之報酬未經章程訂明，應由股東會議定者，因股東會係以決議為其意思表示，並於決議通過時始生效力，自無事後追認之情事[44]，因此，最高法院於判決中所言[45]，「如章程中訂明授權董事會議定，而未設一定之限

---

[42] 民國102年03月11日修正，http://www.twse.com.tw/ch/listed/governance/cg_02.php，最後瀏覽日期：2013/09/09。

[43] 柯芳枝，前揭書，頁305；王泰銓，前揭書，頁237；劉連煜，前揭書，頁339；經濟部93年1月20日商字第09302005550號函參照；最高法院77年度台上字第1號判決；最高法院93年度台上字第1224號民事判決。

[44] 經濟部93年1月20日商字第09302005550號函。

[45] 最高法院77年度台上字第1號判決。最高法院77年度台上字2158號判決，「公司法第一百九十六條規定，董事之報酬，未經章程訂明授權董事會議定而未設一定限制者，則董事會議定之董事報酬，非經股東會追認，不生拘束公司之效力。」判決立場同樣曖昧不明。

制者，則董事決議定董事之報酬，非經股東會追認，不生拘束公司之效力，是為當然解釋。」除對能否授權董事會議定董事報酬之立場並不明確，「未設一定之限制者」，是指其假若設有報酬最高額限制，則為法所許，斯不免有逸脫條文解釋之嫌，而於何謂股東會追認之意，亦有所誤解，因為，股東會依法原則上由董事會載明事由召集之(公 171)，故董事之報酬，如為隨後召開之股東會召集事由議定者，乃股東會之決議事項，其實是為會議正常程序，無需特意以追認視之。

至於，是否可以僅章程訂明或股東會決議董監事全體報酬總額，而後再由(授權)董事會決議各別董監事之報酬，意見仍相當分歧。主管機關經濟部認為[46]，「公司章程經股東會決議，訂明全體董事及監察人之報酬，授權董事會議依同業通常水準支給議定，於法尚無不可，至其支給是否超乎同業標準，係屬具體個案認定，如有爭議，宜循司法途徑解決。」最高法院立場則是，「公司股東會固不得以決議將報酬額之決定委諸董事會定之，惟若僅將各個董事分配之報酬額委由董事會決之，並經公司股東會事後追認者，即非法所不許。[47]」而學者間見解亦不一致，有認為公司章程或股東會既已決定董監報酬總額，即合乎公司法第 196 條之規定，至於酬勞如何分配，非股東會之專屬決議事項，應屬董事會之職權(公 202)，自無需再提交股東會追認[48]。相反地，亦有認為應經公司最高意思機關即股東會決議追認同意，始符合公司法第 196 條之規定[49]。

對於上述爭議，本文認為應經公司最高意思機關股東會決議，始具合法性，其理由在於：一、基於公司法定機關之分權制衡原則，最高意思機關股東會之功能，不應被忽視或轉移；二、利益迴避原則應貫徹，不僅董監事之

---

46 經濟部 93 年 3 月 8 日商字第 09302030870 號函。

47 最高法院 93 年度台上字第 1224 號民事判決。

48 王文宇，〈董監事酬勞之種類與分配〉，《月旦法學教室》，第 33 期，2005 年 7 月，頁 28。

49 梁宇賢，〈公司股東會委由董事會決定各個董事分配之報酬是否有效── 評最高法院 93 年度台上字第 1224 號判決〉，《月旦法學雜誌》，第 121 期，2005 年 5 月，頁 225。

報酬，應經章程訂明或由股東會決議之，不得授權董事會或董事長為之，亦不得先由章程或股東會議定董監報酬總額，再授權董事會決議各別董監事之報酬；三、董監事之報酬，原應依其所負職責任務，而有不同之高低給付[50]，但若由董事會依報酬總額決議各別董監之報酬時，原則上即應依民法第 271 條規定，數人有同一債權，而其給付可分者，除法律另有規定或契約另有訂定外，應各平均分受之，但如此反而使公司實務採不同高低之報酬給付者，恐有違法之疑慮；四、決議各別董監事之報酬，應非屬董事會公司業務之執行，且其表決權數採簡單多數決，是否具合法正當性，其實亦不無疑問，而且，董監如有對決議有所爭議，或於召集程序或於內容瑕疵，則徒增其訴訟當事人適格與訴訟耗費等問題，實不若章程訂明或股東會決議來得明確；五、依公司治理公開揭露之理念，明確記載各別董監報酬內容，則其報酬多寡，究之於所負職責與公司體質營運績效，是否合理適當，應可供客觀公評，自宜由股東會決議行之。

(2)應設薪酬委員會之議決程序

薪酬委員會之設，應屬臺灣推動公司治理之環節[51]，法源是證券交易法第 14 條之 6 條，規定股票已在證券交易所上市或於證券商營業處所買賣之公司，應設薪酬委員會，至於詳細之規範，則見於薪酬委員會職權辦法及上市上櫃公司治理實務守則。依證券交易法第 2 條規定，「有價證券之募集、發行、買賣，其管理、監督依本法之規定；本法未規定者，適用公司法及其他有關法律之規定。」學者通說亦以證券交易法是公司法之特別法[52]，故依特別法優於普通法之法律適用原則，如公司屬上市上櫃公司者，其董監之薪酬，自

[50] 劉連煜，前揭書，頁 338。

[51] 民國 92 年 11 月 12 日，行政院於第 2865 次院會通過，改革公司治理專案小組所提之強化公司治理政策綱領暨行動方案(http://www.twse.com.tw/ch/listed/governance/cg_02.php, last visited: 2013/09/03)，除政府啟動相關立法工程外，臺灣證券交易所股份有限公司及財團法人中華民國證券櫃檯買賣中心亦制定「上市上櫃公司治理實務守則」，以為證券交易市場之規範，並於民國九十九年一月八日增訂第 28-1 條條文，明訂上市上櫃公司應設置薪資報酬委員會。

[52] 賴英照(以代詳舉)，《最新證券交易法解析》，臺北：元照，2009 年 10 月，頁 29。

應依薪酬委員會之制處理[53]。

薪酬委員會，依薪酬委員會職權辦法第 8 ~ 11 條規定，應設薪酬委員會組織規程，並依召集規定每年至少召開會議二次，原則上由獨立董事擔任召集人及會議主席，但無獨立董事者，則由全體成員互推一人擔任之。會議時，應由召集人訂定議程，並事先提供予委員會成員，當然，其他成員亦得提供議案供委員會討論，亦得請董事、公司相關部門經理人員、內部稽核人員、會計師、法律顧問或其他人員列席會議並提供相關必要之資訊。會議應設簽名簿，供出席成員簽到以供查考，屬議事錄之一部分。成員應親自出席委員會，如不能親自出席，得出具委託書，且列舉召集事由之授權範圍，委託其他成員代理出席，但以受一人之委託為限；如以視訊參與會議者，視為親自出席。

薪酬委員會行使職權時，得經決議由公司負擔費用，委任律師、會計師或其他專業人員，就行使職權有關之事項為必要之查核或提供諮詢。薪酬委員會為決議時，應有全體成員二分之一以上同意。表決時如經委員會主席徵詢無異議者，視為通過，其效力與投票表決同。表決之結果，應當場報告，並作成紀錄。薪酬委員會每次議事時，均應作成議事錄，詳實記載相關規定事項，尤其是，各議案之決議方法與結果、委員會成員之反對或保留意見，對此反對或保留意見且有紀錄或書面聲明者，除應於議事錄載明外，並應於事實發生之即日起算二日內於主管機關指定之資訊申報網站辦理公告申報。議事錄須由會議主席及記錄人員簽名或蓋章，於會後二十日內分送委員會成員，並應呈報董事會及列入公司重要檔案，且應保存五年。保存期限未屆滿

---

[53] 事實上，證券交易法為公司法之特別法者，應僅限於價證券之募集、發行、買賣，其管理與監督方面，至於其他如涉組織法(Organisationsrecht)者，如獨立董監事、審計委員會、薪酬委員會等組織職掌，應回歸公司法規範較為妥當，俾益法域整體性之發展。而且，證券交易法的法域思維，亦應有所調整，宜從新以整個資本市場取向(marktbezogen)、法形式與制度取向(rechtsform- und institutionenbezogen)規範視野待之，如德國發展成形的資本市場法(Kapitalmarktrecht)，可供參考，(statt aller) Heinz-Dieter Assmann in Assmann/Uwe H. Schneider (Hrsg.), WpHG, 6. Auflage, 2012, Köln: Verlag Dr. Otto Schmidt, Einleitung Rz. 1ff.

前，發生關於薪酬委員會相關事項之訴訟時，則應保存至訴訟終止為止。

惟應注意者，依薪酬委員會職權辦法第 7 條規定，薪酬委員會應以善良管理人之注意，忠實履行職權，應訂定並定期檢討董事、監察人及經理人績效評估與薪資報酬之政策、制度、標準與結構，以及定期評估並訂定董事、監察人及經理人之薪資報酬，並將董監薪酬建議，提交董事會討論。但有關監察人薪資報酬建議提交董事會討論，以監察人薪資報酬經公司章程訂明或股東會決議授權董事會辦理者為限。據此可知，薪酬委員會之定位，應屬董事會之功能委員會，本身僅具董監薪酬之建議權而已，並無董監薪酬之最終決定權。

而董事會於討論薪酬委員會所提交之董監薪酬建議時，是否擁有最終決定之權，而得以排除公司法第 196 條之適用，仍應視公司章程或股東會決議有無授權董事會為斷，如公司章程或股東會決議已有授權董事會為之者，董監薪酬建議案經過半數董事之出席，出席董事過半數同意之決議(公 206I)，即具合法性；反之，則仍應依公司法第 196 條規定辦理。

但是，如果董事會不採納或修正薪酬委員會之建議，則應由全體董事三分之二以上出席，及出席董事過半數之同意行之，並於決議中依薪資報酬數額、支付方式及公司未來風險等事項綜合考量，及具體說明通過之薪資報酬有無優於薪酬委員會之建議。董事會通過之薪資報酬如優於薪酬委員會之建議，除應就差異情形及原因於董事會議事錄載明外，並應於董事會通過之即日起算二日內於主管機關指定之資訊申報網站辦理公告申報。而子公司之董事及經理人薪資報酬事項如依子公司分層負責決行事項須經母公司董事會核定者，應先請母公司之薪資報酬委員會提出建議後，始得再提交董事會討論。(薪酬委員會職權辦法 7IV~VII)

2. 德國之薪酬議決程序

如前所述，薪酬委員會(Vergütungsausschuss, Compensation Committee)並非屬德國強制法制，尤其是，經比較董事會(Board)單軌制與德董監事會(Vorstand, Aufsichtsrat)雙軌制優劣後，學界其實對以英美法制為典模

(Vorbild)，相當存疑[54]，故現行董監薪酬之規範法制，還是依據股份法之規定為之。而且，董監之薪酬多寡，都必須合乎各個董監所負任務與公司狀況之適當關係，始無違法之疑，只是其具體數額多少，董事依股份法第 87 條由監事會確定之，而監事則依股份法第 113 條規定，由章程訂明或經股東會決議同意為之，而且，此為強制(zwingend)規定，董事會或監事會在任何情況下，絕無可能具有同意之權[55]。

(三) 小結

綜上所述，從兩國法制之比較可知，臺灣薪酬委員會屬公司董事會之功能委員會性質，乃在綜合相關因素而建議董監薪酬多寡之前置作業而已，本身並無最後決定權，如此，就組織功能而言，從屬委員會在上司(董事會)委請的情況下，能否發揮獨立的職權功能，其實不無疑問，何況，薪酬委員會成員之薪酬，原則上亦由董事會所決定，如此拿人者手軟，卻欲寄望其秉公處理，提出斤斤計較的合理報酬提案，而無視其間之利益糾葛，實非理性之法律規範設計。而且，比較薪酬委員會立法前後法制之差別，除薪酬委員會成員明言應具專門資格及排除相關關係人資格外，其董監薪酬建議權，與過去董事會由公司內部所擬定之薪酬提案，實際差別不大，但新制卻可能因此造成授權董事會變為常態，董事會成董監薪酬決定機關，從而架空股東與聞決議之權，於組織之職權分工制衡設計，所得與所失之間，其差距直不可以道里計。反觀，德國法制，薪酬委員會僅為監事會之委員會功能，雖得對其董事報酬提出建議，但無損於股份法原本規定之最終決定權，並未破壞公司

[54] 事實上，就採董事會制(Board)之企業而言，委員會是其自我制衡的重要成分，據調查美國幾乎所有股份有限公司(99%)設審計委員會(Audit Committee)，95%設薪酬委員會(Compensation Committee)，約 60%設提名委員會(Nomiration Committee, Bestellungsausschuss)，(statt aller) Wolfgang Bernhardt/ Peter Witt, Die Beurteilung der Aufsichtsräte und ihrer Arbeit in Hommelhoff/ Hopt/ v. Werder (Hrsg.), Handbuch Corporate Governance, 2003, Verlag Dr. Otto Schmidt, S. 323 (330)。

[55] Semler in Münchener Kommentar zum Aktiengesetz, Band 3, 2. Auflage, 2004, Rn. 7 zu § 113.

組織之分工制衡理念，法制上實有供臺灣借鏡之處。

下圖所示為兩國董監薪酬議決機關之架構圖(作者自繪)，目的希望藉對比引發思考，或有助於呈現其不同法制優劣，以為法政策上調整改善之進路。因為，從圖中可以明顯看出，臺灣法制於設置薪酬委員會後，不免質變組織機關之權責結構，董事會無形中成為董監薪酬之最高權力機關，而反觀德國法制，即使設置薪酬委員會，其組織法上之機關權責仍未受影響。

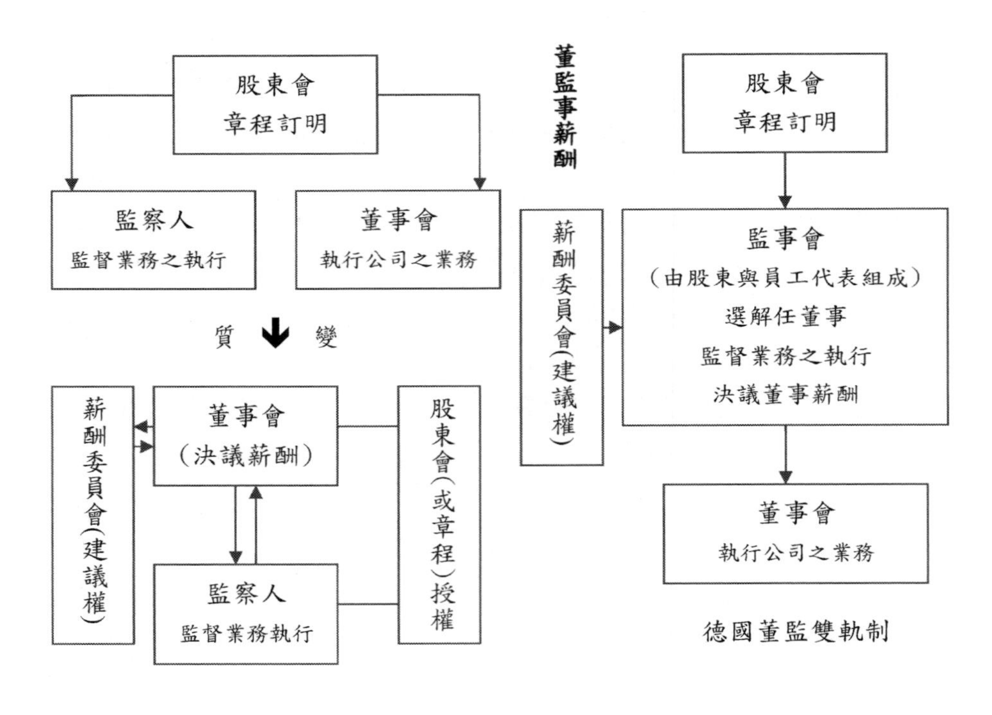

四、薪酬適當性原則與司法管制

(一) 適當性原則

董監報酬之適當性原則(Angemessenheitsgebot)，是德國1937年股份法立法的重大成就，明確揭櫫董監薪酬之多寡，都應合乎各個董監所負任務與公司狀況之適當關係，設此法律義務(Rechtspflicht)之立法目的，在於避免過高不當之給付，對原本無所節制而任由契約自由決定的報酬機制，劃定法律的界限，藉以保護公司、公司債權人、股東及勞工之權益，因此，適當性原則之適用時機，乃在設定董監報酬高度之限制，而非提供報酬下限之保障[56]。1965年股份法修正時，條次及內容雖有變更，但基本上適當性原則並無任何刪減，反而是補強不足，更顯適當性原則之重要性(詳下「(二)」)。

臺灣公司法對於董監報酬之規定，可謂相當簡略。過去舊法原本規定，董事與監察人之報酬，未經章程訂明者，應由股東會議定(公196, 227舊文)，只著重於董監報酬之議決程序而已，並未考量報酬是否適當的法律實質問題。至於，現行法雖較舊法有所改進[57]，但亦僅增修改為董事與監察人之報酬，未經章程訂明者，應由股東會議定，不得事後追認，並準用第二十九條第二項之規定，對於參與政府專案紓困方案之公司，得限制其發給經理人報酬或為其他必要之處置或限制，雖已有限制報酬之規定，但仍然並未對於公司董監報酬之適當性問題，建立整體規範的法制，仍是依循公司自治的方式辦理。

---

[56] OLG Stuttgart, AG 2003, 211 (213); Mertens in Kölner Kommentar zum AktG, 2. Auflage, 1989, Rn. 3 zu § 87; Wiesner in Münchener Handbuch des Gesellschaftsrechts, Band 4: Aktiengesellschaft, 2. Auflage, 1999, Rn. 29 zu § 21.

[57] 中華民國九十八年一月二十一日總統華總一義字第09800015691號令修正公布。

例如，過去公司法實務上，「公司章程經股東會決議，訂明全體董事及監察人之報酬，授權董事會議依同業通常水準支給議定，於法尚無不可，至其支給是否超乎同業標準，係屬具體個案認定，如有爭議，宜循司法途徑解決。」[58]雖然，主管機關已有認識董監報酬適當性的問題，並提出「宜循司法途徑解決」的建議，但問題是，授權由董事會議決之董監報酬，乃屬決議內容之瑕疵，但我公司法目前仍無董事會決議瑕疵之規定，所以，爭訟時究竟其公司法之請求權基礎何在，是依公司法第 191 條決議無效規定？但明顯法無明文準用；或是經法官造法類推適用公司法第 191 條規定？但截至目前亦仍未見法院有此成例可依。何況，經合法多數決通過之董監報酬，是否其「支給是否超乎同業標準」，即為決議內容違反法令或章程而無效，究之於解釋函令當時之法律實務，其實不無疑問。至於，如果以董事忠實義務相繩，更是牛頭不對馬嘴，而嘗試以民法違反公序良俗(民 72)或暴利行為(民 74)為據，以為法官造法發展法制者，亦是歷來法院對於公司法問題求諸民法未見之例[59]。而且，訴訟之提起，其間訴訟當事人適格與否，及少數股東訴權之難為，在在都使「宜循司法途徑解決」，頓成畫餅充饑而已。

1. 臺灣適當性原則之規定

對董監薪酬明文設適當性原則，首度提出適當性法制化規範者，臺灣始於行政院金融監督管理委員會據證券交易法第 14 條之 6 條之授權規定，訂定薪酬委員會職權辦法。薪酬委員會在提出董監薪酬之建議權時，應綜合考量薪資報酬之數額、支付方式及公司未來風險等事項，並依下列原則為之：一、

---

[58] 經濟部 93 年 3 月 8 日商字第 09302030870 號函。

[59] 最高法院年台上第號判例，「第 189 條規定訴請法院撤銷股東會之決議之股東，仍應受民法第 56 條第 1 項之限制，其出席會議並無異議者，無撤銷訴權。」非屬作者真意所舉之例，而是例如我公司法對有限公司之退股與除名，仍乏明文或準用規定時，則法院於面對類此爭訟時，究竟應依民法社員退社自由原則，或依人合(無限)公司規定，或據繼續性法律關係可分解性法理，或據股東忠實義務，經法官造法以為法制發展之機，以建法律續造(Rechtsfortbildung)之功，楊君仁，《有限公司股東之退股與除名》，臺北：神州，2000 年 12 月，頁 80 以下。

董事、監察人及經理人之績效評估及薪資報酬應參考同業通常水準支給情形，並考量與個人表現、公司經營績效及未來風險之關連合理性。二、不應引導董事及經理人為追求薪資報酬而從事逾越公司風險胃納之行為。三、針對董事及高階經理人短期績效發放紅利之比例及部分變動薪資報酬支付時間應考量行業特性及公司業務性質予以決定。(薪酬委員會職權辦法 7)

另外，配合政府推行公司治理制度，臺灣證券交易所股份有限公司及財團法人中華民國證券櫃檯買賣中心亦共同制定「上市上櫃公司治理實務守則」，以為上市上櫃公司遵循之準則，其中第 26 條規定，「上市上櫃公司應於章程或依股東會決議明訂董事之酬金，董事之酬金應充分反映個人表現及公司長期經營績效，並應綜合考量公司經營風險。對於獨立董事得酌訂與一般董事不同之合理酬金。」

據上可知，我現行法制已清楚揭示，董監薪酬既可因其個人表現而有不同之高低給付，且其給付亦應顧及公司經營績效及未來風險之關連合理性。這其中，薪酬應參考同業通常水準，僅指明同業之參考因素，似乎過於單調，而應同時參酌公司規模與地區異同，否則同業水準可取樣國外，難免有脫法的可能。再者，董監薪酬之決定因素，主要考量個人表現、公司長期經營績效與公司(未來)經營風險，而忽視與公司現有狀況間之合理性，除「長期」應為幾年的時間評量，宜有至少 2 年共識外[60]，致使原就不確定的「長期經營績效」與「公司經營風險」成為「高估」與「低視」的操作可能，反而使不適當的高薪酬給付具有正當性。

當然，標明「長期經營績效」的目的，或許在預防董事追求短期績效，而忘卻長期獲利能力的經營規劃，惟為達成此目的，或許應可仿國外立法例，讓部分薪酬採動態之制，譬如股票選擇權，並藉由行使年限之規定，如德國股份法將舊法 2 年即得行使之新股認購權，修改為至少必須 4 年(§ 193 II Nr. 4

[60] 理由在於現行法規定，董監任期不得逾三年(公 195 I, 217 I)，如此則一年太短，三年則可能董監不再連任，期間因素之考量已不具意義，至於，任期中離職董監之薪酬，則為其他法律問題。

AktG)，以引導董事薪酬以長期經營績效為前提，斯使長期經營績效發揮實質規範效力。

2. 德國股份法之適當性原則規定

如前所述，適當性原則是德國 1937 年股份法的立法成就，1965 年股份法修正時，雖相關條次改為第 87 條及第 113 條，但董監薪酬應受適當性原則之拘束，實際並無改變，只是條文內容略有增補，如 1999 年起第 87 條增訂第 3 項，規定公司之資產於宣告破產程序後，破產管理人終止董事任用契約者，董事僅得請求自服務契約終止後二年因此所生之損害賠償。這其間比較根本的修訂，則是歷經金融風暴所學的教訓，記取過去錯在短期取向(如依股票價格及成交量等)的薪酬制度所引發的行為偏差，操縱短線而陷入不負責任的風險中，以致企業失去其長期持續發展的視野，遂於 2009 年制定董事適當報酬法[61]，目的在促使董事薪酬結構能夠增加企業永續與長期經營的走向，加深監事會對決定董事報酬的具體責任，與對股東及大眾而言，董事報酬能更為公開，藉透明以降低確定適當性的困難，及改進投資人的保障[62]。

董事適當報酬法雖僅 6 條條文，扣除第 6 條施行日規定外，其餘 5 條分別修正股份法及其施行法、商法及其施行法、有限公司法等 5 部法典，共計 27 條文。德國此種藉由一次性立法工程，同時修正相關法律的作法，可以避免法律因不同主管部會間提案修法之時程落差，可能造成法律相互間的規範衝突，或者是掛一漏萬，增加法律施行不必要的挑戰，其立法修法所採行的技巧與廣度，實有值得臺灣學習者。

---

[61] Das Gesetz zur Angemessenheit der Vorstandsvergütung (VorstAG) vom 31. 7. 2009 (BGBl I S 2509).

[62] 草案立法目的，Entwurf eines Gesetzes zur Angemessenheit der Vorstandsvergütung (VorstAG) vom 17. 3. 2009, BT-Drucksache 16/12278.事實上，2005 年德國即依歐盟建議(Ziff 5 2004/913/EG)訂定董事薪酬公開法(Das Gesetz über die Offenlegung von Vorstandsvergütungen (VorstOG) vom 3. 8. 2005 (BGBl I S 2267)，擴大公開內容義務(關係企業報告)，規定上市公司董事薪酬應個別公開(Nr. 4.2.3~4 DCGK 同)，但法政策上學者對個別公開制之觀點分歧，Uwe Hüffer, Aktiengesetz, 10. Auflage, 2012, Rn. 14 zu § 87。

依現行股份法第 87 條第 1 項規定[63]，除原例示報酬種類外，增訂激勵取向的新股認購權及其他任何附屬給付的保障權利，而過去報酬僅表明董事所負任務與公司情況兩者間應呈適當關係，亦改為董事任務、個別績效、公司情況三者間必須適當，而且，除非具有特別理由，否則不得超越一般給付標準。而新法增訂考量個別董事之績效，乃配合德國公司治理準則(Nr. 4.2.2 DCGK)之建議所定，而在評量個別董事績效時，雖依法無須同時考慮整體董事會之績效，但無疑地，董事之合作團隊工作能力，應視為是決定報酬給付的參考要項[64]。至於，一般給付標準，乃給付上限及適當與否之參考，自得依企業之產業別，公司大小與地區不同而有差異[65]。

而且，為了避免董事為追求自身利益，而僅著眼於短期可見之經營績效，特別增訂上市公司的薪酬結構，必須以追求企業永續(nachhaltige)發展為取向(§ 87 I 2 AktG)，而不能僅就一時燒旺稻草(Strohfeuer)之功即以為據。對此，上市公司股東會得就董事薪酬制行使同意權，但其決議並不生任何權利與義務，特別是對股份法第 87 條監事會之義務無關，且決議亦不得依法(§ 243 AktG)撤銷(§ 120 IV AktG)。本項規定增訂於 2009 年，乃依董事適當報酬法(Art 1 Nr 6b VorstAG)及歐盟執委建議而來[66]，據此使股東會手上握有控制現行薪酬制的工具，此乃仿自英國上市公司股東會對董事薪酬之建議表決(Say on Pay, sec. 439 CA 2006)法制。

報酬中如有採動態方式計算者，應以多年之評量基礎為定(§ 87 I 3 AktG)，但於公司收購、販售企業部門、提高公積等特殊情況下，自有訂定限制之可能。問題是，幾年時間較為適當，立法者並未明文，而委由監事會自行決定，

---

[63] 奧地利股份法第 77, 78 條內容，類如德股份法(§ 87 AktG)本條之規定，請參 Kalss in Münchener Kommentar zum Aktiengesetz, Band 3, 2. Auflage, 2004, Rn. 72 ~ 86 zu § 87 之介紹。

[64] Holger Fleischer, Das Gesetz zur Angemessenheit der Vorstandsvergütung (VorstAG), NZG 2009, 801 (802).

[65] BT-Drucksache 16/13433, S. 15.

[66] Empfehlung der Europäischen Kommission vom 14. 12. 2004(2004/91/EG, ABl EG Nr L 385 S 55); vom 30. 4.2009(2009/385/EG, ABl EG Nr L 120 S 28).

故有據董事於有條件增資時之新股認購權規定(§ 193 II Nr. 4 AktG)，而主張應有 4 年之期，或是依董事任期(§ 84 I 1 AktG)，持最低 3 年最高 5 年之議者，但至少都必須有 2 年之期[67]。惟須注意者，動態報酬並非強制規定，何況，績效取向之薪酬制(leistungsorientierte Vergütung, Pay for Performance)，近來已備受批評，而且研究亦顯示，此制具有排擠效應(crowding-out-effect)，極易影響董監自利動機，有害其經營與監督效能[68]，故如監事會僅採固定薪酬給付者，並不違法。

至於，監事之報酬，德國公司實務向來水準偏低，如根據 1997/98 年的實證研究顯示，製造業監事的年平均薪酬約為 18,000 馬克[69]，好在近來伴隨國際上高薪董事潮流已有走昂趨勢，有利人才的延攬。根據股份法第 113 條規定[70]，監事得依章程或由股東會同意，記明薪酬額度給予之，故如章程或股東會並無決議者，既無默示(stillschweigend)之例，亦不適用依情況應給與之規定(§ 612 BGB)，監事無償執行職務並非不可能[71]。而且，同樣亦如董事薪酬，其給付多寡必須吻合監事所負任務與公司狀況之適當關係，適當性原則自有其適用，以防止過當之給付，侵害公司與股東等之權益。因此，如果章程所訂之報酬，股東會認為過高者，則依變更章程之例，由股東會經簡單多數之決議，減降監事之報酬。

而監事報酬，條文中雖未如董事詳列種類，原則上種類不限，任何(beliebig)皆可，如股票選擇權(stock options)，可轉換債券(Wandelanleihen)，

---

67 Uwe Hüffer, Aktiengesetz, 10. Auflage, 2012, Rn. 4d zu § 87; Holger Fleischer, Das Gesetz zur Angemessenheit der Vorstandsvergütung (VorstAG), NZG 2009, 801 (803).

68 Holger Fleischer, Das Gesetz zur Angemessenheit der Vorstandsvergütung (VorstAG), NZG 2009, 801 (803).

69 Semler in Münchener Kommentar zum Aktiengesetz, Band 3, 2. Auflage, 2004, Rn. 16 zu § 113.

70 奧地利股份法第 98 條內容，類如德股份法(§ 113 AktG)本條之規定，請參 Kalss in Münchener Kommentar zum Aktiengesetz, Band 3, 2. Auflage, 2004, Rn. 180 ~ 199 zu § 113 之介紹。

71 Uwe Hüffer, Aktiengesetz, 10. Auflage, 2012, Rn. 2 zu § 113; Semler in Münchener Kommentar zum Aktiengesetz, Band 3, 2. Auflage, 2004, Rn. 1 zu § 113.

至於盈餘分派乃依會計盈餘計算之，但職務保險(D&O)由公司付費者，仍應經章程或股東會決議始可。再者，監事薪酬必須於章程訂明或由股東會決議，始得依監事之任務或職位功能不同而有差別待遇[72]，無需每位監事報酬齊一，否則，即應受平等對待原則(Gleichbehandlungsgrundsatz)之拘束，監事自得請求同樣等份之報酬。

(二) 司法救濟管道

1. 臺灣適當性之司法管制？

薪酬委員會新制、適當性原則未設之前，董監報酬完全依契約自由處理，依章程或依股東會決議通過，即具合法性，所以，即使報酬給付過高，不當損及公司、股東、債權人甚或勞工之權益，卻因程序即合法[73]，致使尋求司法救濟管道時，誠如前(「四、（一）」)所述，鮮少有成例可考。問題是，在薪酬委員會新制、適當性原則已定之後，對於董監薪酬過高，並未吻合法律所訂之適當要件者，是否即有司法管制之可能，其實不無疑問。

首先，薪酬委員會決議董監報酬，僅具建議權而已，所以，即使其所提出之薪酬建議極不適當，但仍非最終決定之董監報酬，而且，薪酬委員會職權辦法對此不適當之薪酬建議，並無任何法律責任之規定。若有者，亦僅委員會成員有獨立董事者，可能因公司法第 8 I, 23 I 之規定，而負損害賠償責任，但問題是，董監報酬之建議，實乃出於委員會之決議，何況假若獨立董事正是議事過程中，最力主降低薪酬始為適當者，如何單就獨立董事究責，斯未必與現行法制相符。

董事會如經公司章程訂明或股東會決議授權辦理董監報酬者，雖亦有適

---

[72] “Aufgaben- bzw. funktionsbezogene Differenzierungen”, Semler in Münchener Kommentar zum Aktiengesetz, Band 3, 2. Auflage, 2004, Rn. 85ff zu § 113.

[73] 此乃借用德國著名法律社會學家 Niklas Luhmann 經典著作《程序即合法》(*Legitimation durch Verfahren*)之意，Neuwied-Berlin, 1969, 6. Auflage, 2001；或其 Rechtssoziologie, 4. Auflage, 2008, S. 259ff.

當性原則之適用，但依薪酬委員會職權辦法(§ 7V VI)，僅在於不採納或修正薪資報酬委員會之建議，應由全體董事三分之二以上出席，及出席董事過半數之同意行之，並於決議中依薪酬之數額、支付方式及公司未來風險等事項綜合考量及具體說明通過之薪資報酬有無優於薪資報酬委員會之建議；如優於薪資報酬委員會之建議，除應就差異情形及原因於董事會議事錄載明外，並應於董事會通過之即日起算二日內於主管機關指定之資訊申報網站辦理公告申報。所以，其實際所受限制，只在於不要優(高)於薪酬委員會所建議之薪酬額度，如此即有可能，先用力於薪酬委員會，而後董事會之最終決議之薪酬額度，只要等於或低於委員會所決議者，即有可能脫法以規避相關規定。

至於，董監報酬未授權董事會辦理，而由公司章程訂明或股東會決議者，其運作方式則如舊制所行，原則上依公司自治與契約自由為主導，而司法管制之可能，依現行新制僅在於認其所決議之報酬，因過高不適當而違反薪酬委員會職權辦法之規定，故依公司法第 191 之規定而無效。此無效之效力[74]，係指自始、當然、確定不生效力，公司與股東自始即不受其拘束，並非待法院確定判決為定，而且，任何利害關係人得於任何時候提出無效之主張，並不以提出訴訟為必要，但於爭議時，自得以公司為被告而提起確認之訴。問題是，純就爭訟技術面談，如無馬上提出確認決議無效之訴[75]，何能寄望其落實董監薪酬適當性之理念。

2. 德國適當性之司法管制

首先，是監事會確定董事適當報酬之司法管制，當監事會於確定董事報酬並不適當者，乃違反其法律義務，學者將之視為是具特定領域性質之通常

---

[74] 王泰銓，《公司法新論》，三民，1998 年 1 月，頁 323。

[75] 德國目前通說認為，不只撤銷之訴(Anfechtungsklage)，即使是無效之訴(Nichtigkeitsklage)，皆屬形成之訴 (Gestaltungsklage)，無效之訴具有形成效果 (Gestaltungswirkung), Jan Wilhelm, Kapitalgesellschaftsrecht, 3. Auflage, 2009, Rn. 901。其實此種立論早有其脈絡可循，請參 Theodor Kipp「法之雙重效果」經典論文, Über Doppelwirkungen im Recht, insbesondere über die Konkurrenz von Nichtigkeit und Anfechtbarkeit, Festschrift für Martitz, 1911, S. 211-233。

組織注意義務[76]，自應依股份法第 116, 93 II 條違反注意義務(Sorgfaltspflicht)之規定，負損害賠償之責任[77]。雖然，第 116 條第 3 句「監事於確定報酬(§ 87 I)不當者，應負賠償之責」，於 2009 年董事適當報酬法增訂，但通說認為並非為獨立責任要件，而是僅具宣示意義，立意在強調其責任意識而已[78]。當然，在特殊情況下，董監雙方的合意報酬，可被視為違反善良風俗而無效(§ 138 I BGB)，監事對此故意行為，即有可能科以刑事背信(Untreue, § 266 StGB)之罪責[79]。

監事負損害賠償責任時，則公司之損害與監事違反注意義務之行為間，必須具有相當因果關係(relevante Kausalität)，而且，除非公司得以證明特別損害，否則監事賠償之範圍，應僅限於實際給付與所謂適當報酬間之差額而已，自不待言。但是，對於何謂適當報酬，誠屬困難問題，應由公司負舉證責任，提出事實例證以供法院評斷[80]。

監事會所定董事之報酬，即使不適當，並不生決議無效之效力，影響董事請求報酬之權利，而是，監事應依違反義務而負損害賠償責任。但是，如果董事報酬已經確為適當，但如其後公司營運變壞，而有繼續給付顯不公平(unbillig)之情況者，法院應依監事會之聲請或依職權(§ 85 III AktG)，將薪酬調降為適當者(§ 87 II AktG)。然而，報酬中屬照護安養(Versorgungsbezüge)者，則僅得於董事離職後前三年，(如上之例)依聲請或依職權調降之。而且，薪酬調降並無損於任用契約之效力，但董事如認為續留職位有礙，自得於下

[76] 「Eine bereichsspezifische Ausprägung der allgemeinen organschaftlichen Sorgfaltspflicht」, Holger Fleischer, Zur Angemessenheit der Vorstandsvergütung im Aktienrecht, DStR 2005, 1279.

[77] Wiesner in Münchener Handbuch des Gesellschaftsrechts, Band 4: Aktiengesellschaft, 2. Auflage, 1999, Rn. 29 zu § 21.

[78] Uwe Hüffer, Aktiengesetz, 10. Auflage, 2012, Rn. 10 zu § 116.

[79] Hefermehl/Spindler in Münchener Kommentar zum Aktiengesetz, Band 3, 2. Auflage, 2004, Rn. 24 - 25 zu § 87.

[80] Uwe Hüffer, Aktiengesetz, 10. Auflage, 2012, Rn. 10 zu § 116.

季來臨前 6 週終止契約，此為特別終止權[81]，所以董事無須為其提早離職而對公司負有責任。再者，如公司因資產而宣告破產程序者，破產管理人終止董事任用契約時，董事僅得請求自服務契約終止後二年因此所生之損害賠償(§ 87 III AktG)。

至於，監事之報酬，如違反適當性者，並不因此即生章程所訂條款或股東會決議無效之效力，自亦無礙於監事請求報酬之權利[82]。但如章程所訂過高而不適當者，股東會自應經簡單多數(1/2)之決議，減降監事之報酬(Herabsetzung, § 113 I 4 AktG)。此為強制規定，且屬變更章程之例，但並不適用一般變更章程嚴格多數(3/4)之規定(§ 179 II AktG)，而且，減降報酬之決議，經商業登記後始生效力，但應注意者，新生效之報酬減降決議，並無溯及既往之效力，而是僅對當前營業年度有所影響[83]。

監事之報酬，如經股東會之決議而不適當者，則依股份法第 243 I 條之規定，「股東會之決議，違反法令或章程者，得經訴訟(durch Klage)撤銷之」，故如董事會認為股東會對監事之報酬之決議，有違適當性原則者，應有權提起撤銷之訴(Anfechtungsklage)，但適當與否，應有客觀評斷的數證資料為據，切不可僅以主觀懷疑為定[84]。

(三) 小結

綜上所述，報酬適當性原則法制化工程，德國早於 1937 年股份法立法之時，而臺灣起始於 2010 年證券交易法第 14 條之 6 條授權制定薪酬委員會職權辦法，兩者間雖有相當時日差距，但無礙於同樣對報酬適當性的重視，而

---

[81] Uwe Hüffer, Aktiengesetz, 10. Auflage, 2012, Rn. 11 zu § 87.

[82] Meyer-Landrut in Großkomm. AktG, 1973, Berlin: De Gruyter, Anmerkung 3 zu § 113.

[83] 此為主流看法(herrschende Meinung, hM)，但學者亦有認為宜有所限制或視情況分別處理者，請參 Uwe Hüffer, Aktiengesetz, 10. Auflage, 2012, Rn. 6 zu § 113.

[84] LG Mannheim Die AG 1967, 83＝DB 1967, 592; Meyer-Landrut in Großkomm. AktG, 1973, Berlin: De Gruyter, Anmerkung 3 zu § 113.

且考量適當與否的衡量參數，內容其實差異亦不大，均將董監所負任務、個人績效表現、公司營運狀況及風險因素等納入合理性考量。所不同者，德國法並不強制公司應設薪酬委員會，法律依據仍是公司之組織法—股份法(AktG)，而臺灣雖規定上市上櫃公司必備薪酬委員會，負責提出董監適當報酬的建議權，以為董事會最後決議，但其規定已有溢出公司法者。何況，報酬適當性與有無薪酬委員會之設，其實並無必然關係，即使是非屬上市上櫃之公司，仍應受報酬適當性之拘束，始符合法制整體規範，斯得以避免偏高不當之報酬給付，獨厚董監而有損公司、股東、公司債權人及勞工之權益。

而且，報酬適當性之期待，如無對應之救濟管制，那即使規定考量因素再多，結果亦不免只為道德勸說而已，所以，考量標準與救濟管制，實為報酬適當性之雙翼，缺一不可。

在臺灣，薪酬委員會所提之董監報酬，僅具建議權而已，尚必須董事會先經公司章程訂明或股東會決議授權後，再由董事會討論決議董監報酬，但因薪酬委員會職權辦法規定，除非董事會決議之薪酬，優於薪酬委員會之建議，始須就差異情形及原因於董事會議事錄載明外，並於主管機關指定之資訊申報網站辦理公告申報。否則，其不適當情形，即無載明公告之義務，實難發揮制衡之壓力。更何況，只要董監事先用力於薪酬委員會，而後董事會只要等於或低於委員會所決議者，即有脫法(umgehen)規避相關規定的可能。至於，董監報酬未依薪酬委員會之制並授權董事會辦理，而由公司章程訂明或股東會決議者，必須有準用或類推適用薪酬委員會職權辦法時，始有可能依公司法第 191 之規定，董監報酬之決議無效，而且，亦必須馬上提出確認決議無效之訴，才有落實董監薪酬適當性之可能。

反觀德國法制，董事報酬不適當者，責在監事會，監事必須因其違反法律義務，而負損害賠償責任，責任機制規定明確。尤其是，在公司營運不佳時，賦予法院的調節功能，或者是公司宣告破產的相關規定，都為臺灣所未見，應值得參考。至於，監事報酬不適當者，於章程訂明時，則由股東會經簡單多數決以減降之，但如因股東會決議者，除非經撤銷之訴，始形成無效之效力，是不同於臺灣無效之制，就法律安定性(Rechtssichheit)而言，自有其意義。

五、結論

董監報酬應具合理適當性，蓋法律設此義務之目的，在於節制過去任由公司自治與契約自由所決定的董監報酬，定其法律的界限，以避免偏高不當之報酬給付，獨厚董監而有損公司、股東、公司債權人及勞工之權益，體現公司治理之效能。因此，合理適當性之限制，在於定其報酬上限(Obergrenze)，而非保障董監之請求下限，董監自無依主觀認定而請求多少給付始為適當之權。所以，攸關整體薪酬法制規範實效，如報酬定義、合理適當之評量標準及對應之救濟管制等重要環節，都應規定明確，相互間環環相扣，缺一不可，斯能期待落實董監薪酬適當性之可能。

對於報酬，我民法與公司法雖無明文定義，但仍應就其是否為董監因服務公司而獲取之對價利得為斷，斯與純單方利得之贈與(Schenkung)有所區別，因此，酬答對價之給付(Gegenleistung)，乃是判定報酬的關鍵要件，無論名稱報酬、酬金、酬勞或薪酬，都僅只是同義異詞而已，而且，不可以文害義，因一字之異，即如經濟部所言，報酬與酬勞係屬二事，視酬勞非報酬，更不可以名害實，謂車馬費即非報酬，而是應就其給付內容與範圍為定，是屬交通費用之償還性質，抑或是董監之報酬對價。至於，交際費就其性質言，應非董監報酬，而是必要費用之償還性質，且所得稅法對於公司交際費設有一定比例之限制，應可避免公司巧借名目，支給董監高額交際費，發生脫法的行為。

所以，只要性質合法，報酬之給付內容與方式應無限制可言，目前臺灣證券交易法、薪酬委員會職權辦法與德國股份法之規定，即採此種規範立場，舉凡現金報酬、盈餘分派、認股權、分紅入股、職務宿舍、配車、職務保險

(D&O)、退休福利或離職給付、各項津貼及其他具有實質獎勵之措施等，均應納入報酬合理適當性的考量。

對於，董監報酬合理適當之依據，臺灣與德國之評量內容，如個人表現績效、公司經營情況、同業支給水準、永續發展理念等，其實差異有限。而且，臺灣為此特設薪酬委員會，作為董事會之功能委員會，專司董監報酬之建議，但僅適用於上市上櫃之股份有限公司，無疑地，於董監適當報酬之整體法制而言，仍有絕大多數公司依然不受報酬適當性拘束，可惜並未克竟全功。而反觀德國，雖然德國公司治理準則建議監事會設薪酬委員會，惟因建議屬軟法性質，不具強制性，而且亦未取代監事會之職權，故其董監報酬仍依股份法之規定辦理，董監適當報酬之法制，並無如臺灣僅針對特定公司之適用規定。

至於，為了避免董監適當報酬之要求，淪為道德勸說或者虛應了事，必須有賴明確之救濟管制，據此，則考量標準與救濟管制，實為報酬適當性之雙翼，缺一不可。臺灣現行薪酬委員會職權辦法，於授權董事會決議董監報酬時，明顯有脫法規避相關規定的可能。至於，董監報酬仍依公司章程訂明或股東會決議者，必須有準用或類推適用薪酬委員會職權辦法時，始有可能依公司法第 191 之規定，董監報酬之決議無效，而且，公司實務亦須隨即提出確認決議無效之訴，才能發揮規範效力，在在都亟待法制儘速予以修補。

而德國立法例，於董事報酬不適當者，責在監事會，監事必須因其違反法律義務，而負損害賠償責任，責任機制規定明確。尤其是，在公司營運不佳時，賦予法院的調節功能，或者是公司宣告破產的相關規定，都為臺灣所未見，應值得參考。至於，監事報酬不適當者，於章程訂明時，則由股東會經簡單多數決以減降之，但如因股東會決議者，除非經撤銷之訴，始形成無效之效力，是不同於臺灣無效之制，尤其是，考量確定之訴的形成效果，如此則就法律安定性以觀，確實有其值得取法之處。

*本文發表於《月旦法學雜誌》，第 233 期（2014.10）

有限公司不執行業務股東兼任經理人者之監察權

——以請求權基礎評析法院判決

關鍵字：請求權基礎、質詢權、查閱權、股東資訊權、三段論法、法律漏洞、類推適用、資訊拒絕權、德有限公司法

一、問題之提出

「法院之判決實乃法律實踐之所在，法說(Rechtsprechung)[1]比諸多說法更必須接受檢驗，究竟裁判立論是否合於釋義論(Dogmatik)與學說理論，案例研究可謂是最直接而且非常有效之學習方式。[2]」而且，法院判決評釋向來亦為學者研究之重點，也是推動臺灣法學持續發展重要的環節，例如學者評析臺北地院九十三年度重訴字第一四四號民事判決[3]，除指出法院無視注意義務與忠實義務之嚴格區分，謬誤地將董事行為是否違反所謂「忠實義務」、「忠

[1] 法說為德文 Rechtsprechung 之中文直譯，乃指法院裁判而言，其相對於學說(Rechtslehre)「盍各言爾志」容許各言其是，誠為實證法具體實踐法律生命之真正所在。

[2] 本文論述乃以公司法為對象，其間所論與引例均局限公司法域，法制則專指「公司法制」，而且誠如文章「以請求權基礎」標題所示，局限私權爭議而已。請參閱楊君仁，國立中央大學法律與政府研究所課程，「公司法案例研究」專題研究教學目標，https://course.ncu.edu.tw/Course/faculty/stdQueryInfo/courseInfo (最後瀏覽日：2013/12/25)。

[3] 劉連煜(2007)，〈董事責任與經營判斷法則〉，《月旦民商法》，第 17 期，頁 178-196。

誠義務」、「善良管理人注意義務」等不強加區分而逕概括稱之「fiduciary duty」的見解外，對於法院有所誤解經營判斷法則(business judgment rule)之法律效果，更是比較美國法上經營判斷法則之歷史起源與理論基礎，提出經營判斷法則引進之分析與建議，不僅於法制之健全深化，或者法理之澄明解疑，都有極其重要的貢獻。

只是，目前評析法院判決常見的行文模式，其文章結構大都以簡介案例事實、法院裁判要旨及作者析論爭議之法制法理與結論作收[4]，從而可見學者評釋判決的論述方式，乃在約略陳述案例事實後，即直接切入法院裁判之爭議見解，而從法制法理甚或比較外國立法例，申論我現行法制應為或建議可為之道。此種直接切入法院裁判理由，直指爭議核心論述的結果，對於法條法理之究明，臺灣公司法制之完善，貢獻不可謂不大。

問題是，此種行文模式，通常與系爭案例事實脫勾，甚或不論請求告訴之適法裁判究應如何，不免未能適時教正法院正確用法之立論理由，並使讀者得藉系爭案例進修法律，以明(法)條義，以見法制，以識法理，例如前述臺北地院九十三年度重訴字第一四四號判決，除案情未必與經營判斷法則有關，而原告雖負有義務舉證被告行為何者違反忠實義務？何者違反注意義務？但終歸亦僅在意能否據此事實而依公司法 23 I 請求損害賠償而已，對於判決理由援引所謂「異質論」與「同質論」之學說爭議，應無興趣。

因此，如果改以請求權基礎(Anspruchsgrundlage)評析法院判決，既可深切掌握現行法(de lege lata)之適用，亦無礙其綜觀學說之要，因應未來法制新

---

[4] 舉例如廖大穎(2003)，〈論股東行使表決權迴避之法理──兼評台北地院九十一年度訴字第三五二一號民事判決〉，《月旦法學雜誌》，第 99 期，頁 236-253；曾宛如(2008)，〈少數股東之保護與公司法第二三條第二項──兼評台南高分院八十七年度重上更(一)字第二二號判決及九十六年度台上字第一八六號判決〉，《月旦法學雜誌》，第 159 期，頁 264-273；陳俊仁(2011)，〈論董事會召集程序與決議方法瑕疵之效力──評最高法院 99 年度台上字 1401 號民事判決〉，《中正財經法學》，第 3 期，頁 1-37；林國彬(2011)，〈以有瑕疵之董事會為基礎所召集之股東會決議具有無效或得撤銷之事由──最高法院九十九年台上字第一六五〇號判決〉，《月旦裁判時報》，第 8 期，頁 48-54；廖大穎(2010)，〈公司負責人之注意義務與商業判斷原則的適用──台北地院 93 年度重訴字第 144 號民事判決〉，《月旦裁判時報》，創刊號，頁 111-118。

局(de lege ferenda)之研究，應可呈現不同的閱讀思考面貌，另有一番不同的學習研究興味。蓋如此除了切合法院依法裁判之訴訟本旨，避免法院於判決理由中不必要之援引申論，有時亦可見法界於整體法律適用時的問題，例如因訴訟當事人中國探針股份有限公司董事長介入所起之多筆款額是否構成消費借貸之法律關係[5]，高等法院 101 年度重上更(三)字第 50 號民事判決理由卻指出，「按公司法第 108 條第 1 項規定，董事長對外代表公司，又同條第 4 項準用同法第 57 條規定，關於公司營業上一切事務，董事長有辦理之權。經查，黃崇喜為被上訴人之董事長，其代表被上訴人，與上訴人間互為消費借貸之意思表示合致，縱然黃崇喜未事先取得董事會之可決，該借貸法律行為之效力仍及於被上訴人，兩造間即成立消費借貸契約關係。」造成有限公司與股份有限公司不分，未依公司法第 208 條第 3 項及同條第 5 項準用同法第 57 條規定，明顯錯用法條依據。

或者是訴訟上常見以先位聲明與備位聲明請求裁判者[6]，如能藉用請求權基礎以觀者，即可明顯看出其錯用之例與法律思維之矛盾，例如臺北地院 94 年度訴字第 165 號民事判決，事涉股東臨時會所為辦理私募現金增資之決議，因其召集事由中未說明私募事項而有違證券交易法第 43-6 條第 6、7 項之規定，原告即難基於此同一事實的情況下，先位聲明依公司法第 191 條主張股東會決議無效，並備位聲明依公司法第 189 條請求撤銷股東會之決議[7]，因為沒有任何法律行為是既可為無效又得為撤銷者，明顯忽視其所引據兩法條完全不同請求權基礎之構成要件[8]。

---

[5] 本案歷經：板橋地院 95 年度重訴字第 99 號民事判決、高等法院 96 年度重上字第 519 號民事判決、最高法院 97 年度台上字第 1354 號民事判決、高等法院 97 年度重上更(一)字第 126 號民事判決、最高法院 98 年度台上字第 2050 號民事判決、高等法院 98 年度重上更(二)字第 159 號民事判決、最高法院 101 年度台上字第 696 號民事判決、高等法院 101 年度重上更(三)字第 50 號民事判決。

[6] 以先位聲明與備位聲明請求裁判者，乃是基於訴訟經濟原則常見的實務作法，但仍有持不同見解者，請參吳明軒(1985)，《中國民事訴訟法》(上冊)，修訂三版，臺北：三民，頁 337。

[7] 臺北地院 94 年度訴字第 165 號民事判決之原告主張。

[8] 雖然本案不無依據濫用表決權多數而訴求決議無效之可能，其實也是臺灣公司法制素所輕忽而亟待研究發展的方向。因為，傳統公司法向來本於股份有限公司「一股一表決權(one share, one vote)」

臺灣高等法院 98 年度上字第 1198 號民事判決[9]，主要問題涉及何謂有限公司不執行業務股東？及其行使監察權是否受競業禁止之拘束？還有質詢公司營業情形與查閱財產文件、帳簿、表冊時，其所能查閱之範圍，是否及於資產負債表、損益表、財產目錄表、現金流量表、進銷存表之憑證、發票、全部往來銀行存摺等，學者對此早有精闢評釋[10]，殊值得閱讀參考，實在無庸再附驥尾，徒然增惹耗費資源之嫌。只是，如果改以請求權基礎思考系爭案例之解決，作為評析法院判決之另類方式，綜論原被告、法院、學者甚或外國立法例之見解，既可見現行法解釋適用之可能及其法制不足處，亦得藉法理論說而寄望法官造法，以啟益法律續造(Rechtsfortbildung)之功，或者期待立法者適時增修法律以補法制之缺失。

二、請求權基礎之法律思維

專業法律人(Jurist)之養成，乃在使其理解掌握現行法制之體系、精神與各種權利義務關係及救濟程序，並藉用法律思維能力以解決法律爭訟[11]。因此，法學作為追求實現正義之學，其研習方式應不在於熟記乾巴巴(knochentrocken)法條，絕非是背誦一堆死材料(toten Materie)[12]的教育，而是

原則，持股(資本參與)多數所表彰的表決權多數(無表決權之特別股、利益迴避之股權除外)，本身即具正當性，因此，股東合法行使之表決權(股東權)，「多數決即為合法」，而不再負有任何義務，但是，基於保護少數(Minderheitenschutz)之法倫理(rechtsethisch)考量，德國公司法通說早已肯認表決權行使亦應具有內在界限(inhaltliche Grenzen)，有其股東忠實義務(Treuepflicht)之拘束，請參閱 1963 年 Wolfgang Zöllner 經典著作「私法上人合組織股東表決權能之限制」(Die Schranken mitgliedschaftlicher Stimmrechtsmacht bei den privatrechtlichen Personenverbänden)。

[9] 經查閱司法院法學資料檢索（http://jirs.judicial.gov.tw/Index.htm（最後瀏覽日：2015/04/17），並未見有任何上訴最高法院資料，故本案應屬確定判決。

[10] 陳彥良(2012)，〈有限公司不執行業務股東監察權相關認定問題——評臺灣高等法院九十八年度上字第一一九八號民事判決〉，《月旦法學雜誌》，第 204 期，頁 205-220。

[11] 王澤鑑(2000)，《請求權基礎理論體系》，臺北：三民，頁 1 及頁 60 以下。

[12] Jürgen Plate, Das gesamte examensrelevante Zivilrecht, 4. Auflage, 2008, Berlin: Springer, S. 1.

在對人世間不免發生的衝突爭訟，如何依據現時客觀法律規範(das objektive Recht, Rechtsordnung, 包括實證法、習慣法或是法官造法等)，善用其法律思維以求得裁判正解，發揮定紛止爭的功能。

而據此客觀法秩序所生，賦予法律生活中的參與個體——即「人」亦稱權利「主體(Subjekt)」，所得享有不同形式的權利內容，如作為支配權(Herrschaftsrecht)，並得對抗一般不特定人的所有權(絕對權)，或是僅具相對性而存在於特定當事人間法律關係所生之債權債務與形成權等，法律概念上則歸諸於所謂的主觀權利(das subjective Recht)。此種依法律所賦予之力(Rechtsmacht)，向他人請求為一定行為，以享有特定利益之權利，即為請求權(Anspruch)[13]。至於，請求權基礎通常即為訴訟法上之訴訟標的，其法律思維過程，即在於探討根據客觀法規範(何種法律關係)，請求權提出者(Anspruchsteller)是否可以因此而向他人(請求權相對人, Anspruchsgegner)，請求特定作為或不作為(請求標的, Anspruchsgegenstand) (wer - was - von wem - woraus verlangen kann)[14]。

(一) 以請求權規範為依據

請求權基礎乃以請求權規範(Anspruchsnorm)為依據，亦即權利人得據以向他人請求作為或不作為之權利，其請求權可為債權，物權，親屬的或是繼承上的請求權[15]。例如所有人對於無權占有或侵奪其所有物者，得請求返還之。對於妨害其所有權者，得請求除去之。有妨害其所有權之虞者，得請求防止之(民 767 I)。或者是，基於買賣契約，買受人即得向出賣人請求交付標

---

[13] 請求權(Anspruch)作為實體法概念，首由德國法學家 Bernhard Winscheid (1871~1892)於 1856 年所著之"*Die actio des römischen Civilrechts vom Standpunkte des heutigen Rechts*"所建立，Uwe Diederichsen, Der Allgemeine Teil des Bürgerlichen Gesetzbuches für Studienanfänger, 5. Auflage, 1984, Rn. 113.

[14] 王澤鑑，同註 11，頁 60；Jürgen Plate, aaO., S. 5。

[15] Vgl. Erman / ***J. Schmidt-Räntsch***, BGB, 12. Auflage, 2008, § 194, Rz. 2.

的物並取得該物所有權之權利(民 348 I)；反之，出賣人有得向買受人請求交付價金及受領標的物之權利(民 367)。

(二)「來回注目流轉於大前提與生活事實間[16]」

法律的適用，通常藉助傳統法學三段論法(Syllogismus)，亦即將法律一般應為規定(Sollenssatz)設為大前提(praemissa maior)，而將具體案例事實作為小前提(praemissa minor)，並通過涵攝(subsumieren)以歸屬法律構成要件，從而導出該具體事實之法律效果的結論(conclusio)[17]。

因此，「請求那些權利？發生什麼事？」、「發生什麼事？請求那些權利？」是個事實與請求權環環相扣，必須同時反覆質問並確定的問題，尤其是，應清楚掌握確認事實與建構請求權的重點(das Erhebliche)，避免陷入枝節或者無關的爭議中[18]，切勿僅在意請求權者主觀的主張，卻反而忽略客觀事實未必謀合，例如最高法院 103 年度台上字第 1566 號民事判決[19]，法院雖以不得僅憑公司董事身分而逕認該董事即代表公司與他人洽商買賣事宜，而發回臺灣高等法院更審，然綜觀原告及歷審法院均在主張審理「當事人間請求損害賠償事件」，而忘卻本案事實所涉乃尚未給付之買賣價金（尾款）及利息之請求權（民 233I），當然，誰是買賣的價金債務人，正是當事人間所爭議，以及最

---

[16] 本句乃借用德國法學者 Karl Engisch 所稱 “Hin- und Herwandern des Blickes zwischen Obersatz und Lebenssachverhalt.”亦即目光來回流轉於所謂「規範構成要件與事實之間」(Tatbestand der Norm und Sachverhalt), Karl Engisch, Logische Studien zur Gesetzesanwendung, 2. Auflage, 1960, S. 15, zitiert nach Karl Larenz, Methodenlehre der Rechtswissenschaft, 6. Auflage, 1991, S. 281.

[17] (以代詳舉)黃茂榮(2011),《法學方法與現代民法》,增訂六版,臺北:植根法學,頁 269;Karl Engisch, Einführung in das juristische Denken, 8. Auflage, 1983, S. 49; Fritjof Haft, Juristische Rhetorik, 7. Auflage, 2007, S. 76; Ernst A. Kramer, Juristische Methodenlehre, 2. Auflage, 2005, S. 30; Karl Larenz, aaO., S. 271; Reinhold Zippelius, Juristische Methodenlehre, 10. Auflage, 2006, S. 96;

[18] Dieter Medicus, Grundwissen zum bürgerlichen Recht, Ein Basisbuch zu den Anspruchsgrundlagen, 8. Aufl., 2008, Rn. 10 zu § 1 II.

[19] 歷審法院:臺灣高等法院 101 年度重上字第 649 號民事判決、臺北地方法院 100 年度重訴字第 1069 號民事判決。

高法院發回更審欲待究明者，既然客觀事實如此，即絕非請求權者主觀所得主張的，乃因遲延而生之損害賠償責任（民231I）。

或者是，如果能夠確定案例客觀事實，則其法律爭議就已不成問題，例如原告主張之消費借貸返還請求權（民478），如能就原被告所舉事證，確認被告實有消費借貸之客觀事實，原告自有勝訴理由。換句話說，如果想根據什麼請求權基礎主張權利，就必須詳究案例事實是否如構成要件確定存在，始有請求權實現之法據；反之，如果具體案例是這樣或那樣發生的，那也就必須根據是這樣或那樣的請求權規範， 來探討其構成要件是否滿足， 確認事實（Sachverhaltsermittlung）與法律適用（Rechtsanwendung），通常是需要並列以觀，而不是嚴格區分各行其是[20]。

明乎此，即不難看出前述最高法院98年度台上字第2050號民事判決癥結所在，因為該案事涉返還消費借貸款額之爭訟，其請求權基礎為民法第478條，但在公司要求董事借款給公司之「貸借款專案」下，則原告身分明確並非為公司董事會成員，則其間消費借貸當事人究竟為何？是原告與公司？或原告與公司董事長(原告之父)？或是公司董事長(原告之父)與公司？雖然前後歷經八個不同審級法院之裁判[21]，卻仍未有明確的事實認定，明顯未盡「來回注目流轉於大前提與生活事實間」，無怪乎法院被媒體譏為「謎樣的法院」[22]，實非國家法治之福。

---

[20] Medicus, aaO. (Fn. 18), Rn. 8 zu § 1 II.

[21] 同註5。

[22] 王文玲，聯合筆記，《聯合報》(2014/1/22)，A15民意論壇。甚至有檢察官舉行記者會，公然痛批法院法官「扭曲事實，顛倒是非，100%亂判」，《聯合報》(2014/2/11)，A8社會。

三、以請求權基礎評析法院判決

(一) 案例事實[23]

X 有限公司，共有股東 A, B, C 三人，A 與 B 且為夫妻。A 為 X 有限公司登記唯一董事，是為執行業務股東，C 為不執行業務股東，並擔任服務部經理。C 為詢問 X 有限公司業務及營運盈虧狀況，主張依公司法第 109 條準用第 48 條之規定，質詢公司營業情形及查閱財產文件、帳簿、表冊，請求被告 A 與 X 有限公司應共同提出 X 有限公司 2003 至 2008 年各會計年度及 2009 年 7 月 1 日以前之資產負債表、損益表、財產目錄表、現金流量表、進銷存表，及依所得稅法第 66 條之 1 營利事業應編製之股東可扣抵稅額表，及形成上述財務報表之帳冊憑證供原告查閱[24]。

(二) 請求權基礎

請求權基礎，可謂是請求權規範的法律依據，即請求權者所欲實現的法律效果（Rechtsfolge），因此，就案例客觀事實檢討請求權規範時，必須基於目的性（Zweckmäßigkeit）的觀點，免失焦徒費心力，且力求完整（vollständig）、經濟（ökonomisch）與思路明確（gedanklich widerspruchsfrei）[25]。而且，請

---

[23] 案例事實之敘述，應以法律核心爭議為重，若能五十句可描繪出者，就不需用到整頁，能夠二十句描繪出者，就不需用到五十句，句子愈精簡，認事愈澄明，因為唯有如此始能直指事實爭訟核心，避免敘述糾纏於邊邊角角，反而有使判決評析失去軸線，同樣落入多方（原告、被告、歷審法院）意見紛擾中。至於，原被告雙方各自邊邊角角之主張，本就是訴之聲明，請求權基礎論證過程中應當確定者，如此則三級審判事實審與法律審各自職司清楚，法律權威之功可期。

[24] 桃園地方法院 98 年度訴字第 1221 號民事判決、臺灣高等法院 98 年度上字第 1198 號民事判決。

[25] Medicus, aaO. (Fn. 18), Rn. 15 zu § 2; Dieter Medicus/Jens Petersen, Bürgerliches Recht, Eine nach Anspruchsgrundlagen geordnete Darstellung zur Examensvorbereitung, 22. Aufl., 2009, Rn. 2, 7 zu § 1.

求權基礎之鑑定形式（Gutachtenstil），通常以請求權人「得（否）依」提問，而經各種構成要件之確定後，始於最後結論請求權人「可」依某法第幾條規定請求何種權利，完全不同於判決文書起頭就先判定結果，而於其後之理由再為認事用法的格式[26]。

據上所述，如以本文所評析之法院判決為例，其請求權基礎之表示方式，應為「C 得（否）依公司法第 109 條準用第 48 條之規定，向 A 與 X 有限公司質詢公司營業情形及查閱財產文件、帳簿、表冊[27]。

1. 合法之請求權人

(1)C 為不執行業務股東

公司法第 109 條規定，「不執行業務之股東，均得行使監察權；其監察權之行使，準用第四十八條之規定。」據此則依現行有限公司因採「董事執行業務」單軌制(公 108 I)，故所謂「不執行業務之股東」，應指「非董事之股東」而言[28]。因此，只要股東不是公司選任之執行業務董事，即得隨時行使監察權，不因其出資額多寡而有所不同[29]。

事實上，如從法制變革以觀，應更能確定此見解無誤，概公司法於 1980 年修正前，有限公司之業務執行機關係採雙軌制，即其設執行業務股東者，

---

[26] Medicus, aaO. (Fn. 18), Rn. 2 zu § 1 I.

[27] 桃園地方法院 98 年度訴字第 1221 號民事判決之原告主張。

[28] 目前實務及學界通說。王文宇(2003)，《公司法論》，臺北：元照，頁 617；林國全(2003)，〈現行有限公司法制解析〉，《政大法學評論》，第 73 期，頁 97；柯芳枝(1999)，《公司法論》，臺北：三民，頁 649；施智謀(1991)，《公司法》，臺北：三民，頁 281；陳彥良，同註 10，頁 211；劉連煜(2007)，《現代公司法》，臺北：新學林，頁 495。經濟部 88 年 10 月 21 日經商字第 88222850 號函釋參照。

[29] 德國法通說向來認為「不論出資多寡」，請參閱 BayOLG BB 1988, 2405; Bartl/Henkes/Schlarb, Kommentar zum GmbH-Recht, 3. Auflage, 1990, 2 zu § 51a; Hachenburg/***Hüffer***, GmbHG, 8. Auflage, 1991, § 51a Rn. 12; Zöllner in Baumbach/Hueck, GmbHG, 16. Auflage, 1996, § 51a Rn. 5; Schmiegelt in Beck'sches Handbuch der GmbH, 2. Auflage, 1999, § 3 Rz. 65; Schiessl in Münchener Handbuch des Gesellschaftsrechts, Band 3, 2. Auflage, 2003, § 33 Rn. 6; Scholz/***K. Schmidt***, GmbHG, 10. Aufl., 2007, § 51a Rn. 12。

準用無限公司之有關規定，但若是選任董事執行業務者，則準用股份有限公司董事之規定(公 108, 1966)，同樣地，公司監察機關亦比照此執行業務機關雙軌制，得採「不執行業務股東」或「監察人」制，而分別各自準用無限公司或股份有限公司有關規定(公 109, 1966)，此種準用之結果，使兩者在法律上地位不同，造成有限公司組織型態之紛歧。於是，1980 年公司法修正時，為簡化有限公司之組織，並強化其執行機關之功能，爰將「執行業務股東」及「董監事」雙軌制予以廢除，改採單軌制，以「董事」取代「執行業務股東」，並準用無限公司之有關規定，則「非董事之股東」用語，自然更屬明確適宜。

本案中 X 有限公司之唯一執行業務董事為 A，並非 C，所以，C 為不執行業務股東，依法具有請求權之權能。對此，法院亦無疑義，桃園地方法院 98 年度訴字第 1221 號判決認為，「本件被告 X 公司登記之惟一董事為被告 A，其為執行業務之股東甚明；又原告為被告 X 公司之股東，已如前述，且登記為一般股東，屬於不執行業務股東之身分，此有原告提出之公司變更登記表在卷可稽，且為兩造所不爭執，是依上揭規定所示，原告自得依法向被告 A 質詢公司營業情形及查閱被告 X 公司之財產文件、帳簿、表冊之權利。」而高等法院亦同此見解，「查 X 公司登記之惟一董事為 A，其為執行業務之股東，另 C 登記為 X 公司之股東，為兩造所不爭執，已如前述。又公司法所謂不執行業務之股東，係指非董事之股東，有經濟部 88 年 10 月 21 日經商字第 88222850 號函釋可參，是以有限公司執行業務股東乃負責綜理公司一切營業、行政、財務事務，及決定公司內部業務處理者，經查，……，應認上訴人為不執行業務股東，揆諸前開規定，自得依公司法第 109 條準用第 48 條之規定行使股東監察權。」

(2)股東之監察權是否因兼經理人而受影響

①法無明文禁止兼任經理職員

如前所述，公司法於 1980 年修正時，廢除雙軌制，有限公司改採董事單軌制，並準用無限公司之有關規定，而為配合修法新制，公司法第 109 條自宜刪除舊文第二項「公司股東選有監察人者，準用股份有限公司監察人之規定。」據此，現行公司法於有限公司，既無明文禁止兼任規定，亦無類似第222條之明文或準用之規定，監察人自得兼任公司經理人或其他職員[30]，因股東身兼經理人，即排除其監察權之行使。

②公司法第222條並無類推適用之必要

公司法第222條明文「監察人不得兼任公司董事、經理人或其他職員」，僅適用於股份有限公司，其立法目的在使監察人超然立場行使職權，避免自己既執行業務又自為監督，發生利害衝突之矛盾[31]，法條規定實映合其組織機關上業務執行與監督分工職司之理念，自不待言。

但是，鑒於有限公司於1980年修正前，曾採「執行業務股東」及「董監事」雙軌制，任由公司自由選擇，故當公司選任董事執行業務者，則準用股份有限公司董監有關之規定(公108, 109舊文)，因此，不免令人有所想像，雖然現行公司法已經改採單軌制，以「董事」取代「執行業務股東」，但對於「不執行業務股東(非董事之股東)」，如其兼任公司之經理人時，是否仍有類推適用第222條之可能，從而排除C監察權之行使，實應予以澄明[32]。

A、類推適用應具類似性之前提要件

類推適用應以法律無明文規定，且此法律漏洞並非屬立法者有意為之者，始得在具備類似性(Ähnlichkeit)的前提下，由法院對於法律所漏未為規定之事項，援引現行法規範性質類似事項之規定，本諸平等對待原則，類推適用於此法律所疏漏未為規定之事項[33]。質言之，法律漏洞「法律有違計畫之

---

[30] 同此見解者，林國全，同註28，頁97。

[31] 通說，(以代詳舉)請參閱王文宇，同註28，頁370；林咏榮(1985)，《商事法新詮》(上)，臺北：五南圖書，頁304；柯芳枝，同註28，頁370；施智謀，同註28，頁281。

[32] 原被告及法院於本案中，對此疑問均未有所觸及。

[33] 德國法學家Robert Fischer認為，法官造法的界限有四：一、是當問題已成政治公開討論議題；二、立法者對此已有特別決定者；三、法官對於決定法律續造的範圍，所需之必要資料並不存在；四、法官若以一定作法即可先行解決爭議，即不存在意圖再藉採行直接造法手段來解決問題。Die Weiterbildung des Rechts durch die Rechtsprechung, Karlsruhe 1971, S. 32.

不完整[34]」，誠屬成文法制才有的概念，而有藉法官造法類推適用以填補續造(Rechtsfortbildung)，至於以判例先決(stare decisis)為傳統之英美法制(common law)[35]，法官每於個案判決實都不免有類推適用之思維論證[36]。因此，故當有限公司既無明文「禁止監察人兼任公司董事、經理人或其他職員」或準用之規定，且此漏洞亦非立法者有意為之者，則能否類推適用公司法第 222 條，端視股份有限公司與有限公司兩者間，對是否應予規範事項具有類似性之前提要件始可。

至於，本案中高等法院所言，「兩造雖不爭執上訴人(C)於 98 年 1 月 1 日以前任 X 有限公司服務部經理之事實，然上訴人所執行之職務，仍需受執行業務股東之董事即被上訴人(A)之監督，參諸前揭說明，仍與執行業務股東之董事有間，應認上訴人為不執行業務股東，揆諸前開規定，自得依公司法第 109 條準用第 48 條之規定行使股東監察權。」似乎認為股東兼任經理人，因仍需受執行業務股東之董事監督，始與執行業務股東之董事有間，而得行使股東監察權[37]，但卻未從類推適用之前提要件，予以澄明股東兼任經理人能否行使監察權，徒然增惹「需不需受執行業務董事監督」贅語，殊為可惜。

B、有限公司之監察權運作實與股份有限公司不同

股份有限公司與有限公司此兩類公司，因採分離原則(Trennungsprinzip)，股東僅就其出資額(或所認股份)對公司負責，至於對公司債權人並無直接責任，故學理上稱為資合公司(Kapitalgesellschaft)，是其相同處。但是，如果比較深究兩者間之公司規模、法制源起、機關組織、股東結構、股權轉讓、表

---

[34] "Eine Gesetzeslücke ist eine planwidrige Unvollständigkeit des Gesetzes."最早出自 Hans Elze 所著《法之漏洞》(*Lücken im Gesetz*)一書, München und Leipzig, 1916, S. 3ff., zitiert nach Karl Larenz, aaO., S. 373, Fn. 17.

[35] Timothy L. Hall, The U. S. Legal System, Vol. 1, 2004, p. 156.

[36] 王文宇(2000)，〈論類推適用與法律解釋〉，《民商法理論與經濟分析》，臺北：元照，頁 277。

[37] 同此質問者，陳彥良，同註 10，頁 212，惟其乃從人合公司及比較德國立法例以論兼任經理人股東之監察權，不若本文以法既無明文禁止股東兼任經理職員，又無類推適用公司法第 222 條之前提要件，自無礙股東兼任經理人而行使監察權。

冊公示……等等層面，則明顯可見兩者間存有極大歧異，底下僅就本案所涉監察權部分，提出幾點以見兩種類公司之不同處，實不具備類推適用類似性之前提要件。

(a)從公司法制之創設理念觀察

從公司法制之發展以觀，股份有限公司乃自然生成於歷史經濟發展脈絡中，起源最早雖可上溯文藝復興時義大利銀行組織，但奠基現代股份有限公司模式者，應屬十七世紀時，隨著海疆殖民貿易而出現於英荷等國具獨立法人格的大型商業公司(Handelskompagnien)，如著名的荷蘭東印度公司即屬是，此等公司以股份(Actien, *actio*)向大眾募集公司資本，以面對海上(外)的無窮希望與風險，而股東即依其持股以分擔得失[38]。公司本質上屬大型開放的企業體，經營權與所有權分離，股東人數眾多且更易不斷。

至於，有限公司則為德國立法者的藝術創作(Kunstschöpfung)，純然出自目的性之立法產物，不像其他種類公司各有其漫長歲月發展，立意在比股份有限公司小但機動的公司形式，從而創造股東較少資本結構較小，公司具獨立法人格且股東不負直接無限責任的有限公司種類[39]。因此，有限公司雖以資合公司為本，但卻深具人合公司特質，股東間具有緊密信賴關係，故有稱之為「人合的資合公司(Die personalistische Kapitalgesellschaft)[40]」。

雖然，我公司法於引進有限公司之初，未必深體法制創設因緣，反以大資本大企業為對象[41]，但在實際落地生根後，即使有過存廢論的風暴[42]，歷經

38 (Statt aller) Hoffmann-Becking in Münchener Handbuch des Gesellschaftsrechts, Band 4: Aktiengesellschaft, 2. Auflage, 1999, Rn. 1 zu § 1.

39 有關有限公司之立法理念與制定過程，請參閱(Statt aller) Hans Erich Feine, Die Gesellschaft mit beschränkter Haftung, in: Handbuch des gesamten Handelsrechts, herausgegeben von Victor Ehrenberg, 3. Band, 3. Abteilung, O. R. Reisland, Leipzig 192,第一章引言(Einleitung), S. 1ff..

40 請參閱 Ulrich Immenga 同名經典著作, Die personalistische Kapitalgesellschaft. Eine rechtsvergleichende Untersuchung nach deutschem GmbH-Recht und dem Recht der corporations in den Vereinigten Staaten, Bad Homburg, 1970。

41 1946 年公司法增訂有限公司動機，請參閱草案起草人立法委員張肇元(1957)，《新公司法解釋》，臺北：中央文物供應社，頁 2。而對此立法技巧，梅仲協先生批評是「在舊立法院所制定之各種法

嚴厲的存亡考驗，卻能切合臺灣經濟活動特性，深受中小企業喜愛，長久以來都持續以臺灣最大公司族群之姿，占有 73%以上公司總家數的超魅力接受度[43]，全由公司實務以撥亂反正，具體展現有限公司本來理念。從而，股份有限公司以股份自由轉讓為原則(公 163I)，有限公司轉讓出資必須取得其他股東之同意(公 111I、Ⅲ)。有限公司之執行業務董事，須由股東中選任之(公108I)，而未被選為董事之股東則依法行使監察權。股份有限公司之業務執行機關董事會，其董事則由股東會就有行為能力之人選任之(公 192I)，無須具股東身分；而其監察權則由法定專責機關監察人所職司(公 216I)[44]，斯完全不同於有限公司法制。

(b)從閉鎖性公司特色觀察

有限公司素為我中小企業偏愛，深具閉鎖性公司(close corporation)特色，公司運作多半類似合夥經營型態，絕大部分股東均有參與業務經營之機會與意願，而且，學者亦明確指出，有限公司具人合公司色彩，不執行業務股東如不得兼任公司之經理人或其他職員，在公司董事最多不得超過三人的現行規定下，將難適應中小企業之需要[45]，況且，公司內部間之權利義務關係，由於股東人數少，並不易發生嚴重代理問題，在在使得有限公司之運作模式，實與大型股份有限公司背道而馳[46]。

典中，為最拙劣，此誠一大憾事也。」請參氏著(1956)，《商事法要義》(上冊)，臺北：三民，頁 7。

[42] 林國全(2002)，〈有限公司法制應修正方向之檢討〉，《月旦法學雜誌》，第 90 期，頁 198-204；楊君仁(2000)，《有限公司股東退股與除名》，臺北：神州，頁 13。

[43] 公司家數歷來發展變化，如 1986 年有限公司約占公司總家數之 86%，1999 年 73%，資料詳見楊君仁，同前註，頁 6；而據經濟部統計處 2013 年 3 月底登記資料，公司總家數為 608, 108 家，其中無限公司 22 家，兩合公司 12，有限公司 450,999 家，股份有限公司 153,096 家，有限公司約占 74%，請參 http://www.moea.gov.tw/Mns/dos/content/ContentLink.aspx?menu_id=6849，(最後瀏覽日：2013/04/29)。

[44] 本文乃有意忽略證券交易法審計委員會之特別規定，而純以公司法為論。

[45] 施智謀，同註 28，頁 282；陳彥良，同註 10，頁 213。

[46] 當然，公司實務不免出現「大」有限公司與「小」股份有限公司，存在閉鎖性股份有限公司，法規與現實落差的問題，有待公司法持續修正以補缺漏，參閱王文宇(以代詳舉)，同註 28，頁 62 以下。

(c)從公司機關不同規範觀察

股東會、董事會與監察人三者，是股份有限公司法定必備機關，董事與監察人都是經股東會選任程序，由公司委任分別職司公司業務執行與監督業務執行的機關。但反觀有限公司，則僅設兩法定機關，分別是作為公司意思機關之全體股東[47]，與業務執行機關之董事，除此之外，並無強制設置專責監察之法定機關，是以公司之監察功能，則由執行業務董事以外之股東行之，由此亦可見，有限公司與股份有限公司兩者間，對機關設置實有不同的規範理念。

而德國立法例，有限公司法雖不禁止公司得因章程條款(§ 52 I GmbHG)，而有設監事會(Aufsichtsrat)之可能，並因此而準用股份法(Aktiengesetz, AktG)第 105 條規定。該法第 105 條規定，乃基於董事會執行業務與監事會監督業務執行，兩者各自職司不同功能，互不相容的理念(Inkompatibilitätsgrundsatz)[48]，故依法監事會之成員，不得同時為董事會之成

---

[47] 臺灣通說，柯芳枝(以代詳舉)，同註 28，頁 638。但對法制創設國──德國而言，有限公司之意思機關，是「全體股東(Gesellschaftergesamtheit)」？抑或「股東集會(Gesellschafterversammlung)」？卻已經百多年之爭議，而仍難有一致之見解。持全體股東說者，如 Hans Erick Feine, aaO., S. 502ff.; Bayer in Lutter/Hommelhoff, GmbHG, 17. Auflage, 2009, § 45, Rn. 2; Eugen Klunzinger, Grundzüge des Gesellschaftsrechts, 15. Auflage, 2009, S. 284; Friedrich Kübler, Gesellschaftsrecht, 5. Auflage, 1999, 240ff.; Kraft/Kreutz, Gesellschaftsrecht, 11. Auflage, 2000, S. 377ff.; Roth/Altmeppen, GmbHG, 6. Auflage, 2009, § 45, Rn. 2; Schmiegelt (Fischer) in Beck'sches Handbuch der GmbH, 2. Auflage, 1999, § 3, Rz. 2 (§ 4, Rz. 1); Jan Wilhelm, Kapitalgesellschaftsrecht, 3. Auflage, 2009, Rn. 1203 (1236); Scholz/***K. Schmidt***, GmbHG,§ 45, Rn. 1; Wiedemann/Frey, Gesellschaftsrecht, 6. Auflage, 2002, S. 316; Wolff in Münchener Handbuch des Gesellschaftsrechts, Band 3: Gesellschaftt mit beschränkter Haftung , 2. Auflage, 2003, Rn. 1 zu § 36。持股東集會說最力者為 Uwe Hüffer,其刊載於有限公司法百年紀念文集之經典著作「股東集會──有限公司之機關或純粹決議程序？」(Die Gesellschafterversammlung – Organ der GmbH oder bloßes Beschlußverfahren?), Festschrift 100 Jahre GmbH-Gesetz, 1992, S. 521ff.; Hachenburg/Hüffer, GmbHG, 8. Auflage, 1991, § 45, Rn. 6, § 48, Rn. 3; Hoffmann/Liebs, Der GmbH-Geschäftsführer, Handbuch des Unternehmers und Managers, 2. Auflage, 2000, Rn. 402; Barbara Grunewald, Gesellschaftsrecht, 7. Auflage, 2008, S. 357 (371) ; Tillmann/Mohr, GmbH-Geschäftsführer, 9. Auflage, 2009, Rn. 49; Raiser/Veil, Recht der Kapitalgellschaften, 5. Aufl., 2010, S. 441.

[48] (Statt aller) Uwe Hüffer, Aktiengesetz, 10. Auflage, 2012, Rn. 1 zu § 105.

員、董事會成員之長期代理人、經理人或公司授權整體業務經營之代辦商。除非是事先限定最多一年的期間，監事會始得選任其個別成員，作為董事會缺席或不能行使職權成員之代理人。而且，監事於擔任董事會成員之代理人期間，不得執行監事會成員之職權，亦不適用競業禁止之規定。監事被選任為董事代理人，只要其任職期間總計未逾一年者，亦得再次連任或者延長其任期(§ 105 AktG)。至於，未設監事會者，則由各股東行使其控制權。

③質詢及查閱權為股東個別權

「不執行業務之股東，得隨時向執行業務之股東質詢公司營業情形，查閱財產文件、帳簿、表冊」，向來視為是股東個別權，乃本於股東身分所生，而非出於其他股東或公司所委任，故不是所謂的機關權(Organrecht)，因此，任何非董事之股東，均得行使監察權[49]。

問題是，可否追本溯源根據民法第 675 條之規定，未執行事務合夥人之檢查權，實際上乃係合夥事務執行權之替代，從而，自此一角度言，有限公司之股東應可區分為執行業務股東以及未執行業務股東兩者：前者有事務執行權；後者雖無事務執行權，卻有質詢及查閱權。並視擔任經理職之股東，雖非董事但卻應劃歸屬執行業務股東之範疇，而無質詢及查閱權[50]。

事實上，以人團組織（Personenvereinigungen）而言，執行業務權力與質詢查閱制衡理念貫通，不只於合夥契約之事務執行權與檢查權如此；於法人無限公司或有限公司之執行業務股東或董事，應受不執行業務股東質詢及查閱之監督；於股份有限公司董事會與監察人（審計委員會）法制，執行業務與監督業務各有職司的理念相通。因此，在公司法已有明白規定情況下，適用上逕依第 109 條準用第 48 條之規定即可，尚暫無援引民法之必要。而且，目前通說及法院見解均以質詢及查閱權為股東個別權，並不因股東兼任本公司經理職而有所限制。

---

[49] 臺灣通說，柯芳枝(以代詳舉)，同註 28，頁 649。

[50] 論文審查者提問意見，本文所持見解。

再者，尚需說明者，此處所謂監察權，實指對公司營業情形之「質詢權」，與對公司財產文件、帳簿、表冊之「查閱權」而已，斯不若股份有限公司監察人之權限來得廣泛[51]，而且，質詢權與查閱權得各自行使，亦無先後的規定，自不待言。

在德國，質詢權(Auskunftsrecht)與查閱權(Einsichtsrecht)，兩者合稱為資訊權(Informationsrecht)，於 1980 年有限公司法修正時，增訂第 51a、51b 正式成為明確法規定，定性為股東個別權(Individualrecht)，屬於股東自益權，並非少數股東權，亦不同於有限公司法第 46 條以全體股東為對象之集體資訊權(das kollektive Informationsrecht)[52]。事實上，1892 年德國有限公司法立法時，並非無此認識，而是其立法原意認為僅全體股東始具控制權(Kontrollrecht)之必要，個別股東不應具有此權能，因而未予以明確規範[53]。

但是，此種觀點顯然並未經學說與法說所認同，例如帝國法院在法無明文，且公司章程亦未訂明股東資訊權時，仍然於例外情況下，承認股東得行使質詢權與查閱權[54]，其後聯邦法院接續此傳承，認為當存在特殊情境，應賦予股東此種控制權能，顯然始公平合理者(gerechtfertigt)，股東自得行使質詢權與查閱權[55]。而法院實踐亦需學者立論推波助瀾，如視質詢權與查閱權為股東基本權，主張惟有充分的資訊，股東權的行使始具意義；攤開公司營業情形，是對抗無來由猜疑的最好工具，而正確資訊對獎掖股東合作關係，更甚於過度保密；因此，對組織而言，每位成員的資訊權，實為其負責任決策與管控的前提要件[56]。綜合言之，即便無 1980 年增訂第 51a、51b 兩條文，

---

[51] 有關監察人權限條列介紹，請參閱柯芳枝(以代詳舉)，同註 28，頁 372。

[52] (Statt aller) Lutter in Lutter/Hommelhoff, GmbHG, 17. Auflage, 2009, § 51a, Rn. 1.

[53] Hans Erick Feine, aaO., S. 507.

[54] RG JW 1898, 15; RGZ 49, 141 (149); RGZ 65, 432 (435); RG HRR 1940, 1359 Nr. 5; RG DR 1942, 279 Nr. 10. zitiert nach Hachenburg/***Hüffer***, GmbHG, 8. Auflage, 1991, § 51a Rn. 2.

[55] BGHZ 14, 53.

[56] (Statt aller) Herbert Wiedemann, Gesellschaftsrecht, Ein Lehrbuch des Unternehmens- und Verbandsrechts, Band I: Grundlagen, 1980, München: C. H. Beck, § 7 II 2, S. 373; Barbara Grunewald,

股東質詢及查閱的個別資訊權，實際已是德國有限公司法的法制度(Rechtsinstitut)。

本案中法院相繼於判決理由(Begründung)指出[57]，不執行業務之股東(C)，對公司全部業務之執行是否正常、妥適，影響其權益至鉅，是為保護其利益，自得許其隨時向執行業務之股東(董事 A)質詢營業情形，查閱財產文件、帳簿、表冊之權利，可謂明確闡揚股東質詢及查閱權──作為股東個別資訊權之法制理念，殊值贊同。

④小結：股東 C 行使質詢及查閱等監察權不因兼任經理人而受影響

C 既為不執行業務董事之股東，雖其兼任公司經理人，但現行公司法既無類似公司法第 222 條「監察人不得兼任公司董事、經理人或其他職員」之明文禁止或準用之規定，禁止有限公司股東兼任公司經理人或其他職員，且實務仍有需股東兼任公司經理人或其他職員的必要。而且，考量有限公司深具人合公司特質，其實有別於股份有限公司者，兩者間並不具備類推適用公司法第 222 條之前提要件，更何況，公司法第 48 條「不執行業務之股東，得隨時向執行業務之股東質詢公司營業情形，查閱財產文件、帳簿、表冊。」質詢及查閱權屬於股東個別權，股東得自由任意為之，其監察權之行使，不因股東身兼經理人即有所排除，所以，C 作為合法請求權人，毫無疑義。

至於，本案中被告董事及公司主張，「公司服務部與業務部財務係分別獨立(包括出資額)，互不統屬云云」，意圖作為排除不執行業務股東 C 監察權之行使，乃純屬誤解公司法制之謬論，在此無需再費贅詞，何況法院亦已清楚指明，公司內部之業務部及服務部，即使財務係獨立作業，仍屬公司內部事業單位之劃分斷非公司法所規定有限公司股東出資挹注之單位及對象，而各股東出資之金額，應總體作為公司之營運及各部門分配使用，斯與公司法就有限公司關於出資、股東責任等規定相符。

Einsichts- und Auskunftsrecht des GmbH-Gesellschafters nach neuem Recht, ZHR 146 (1982), S. 211; Karsten Schmidt, Gesellschaftsrecht, 2. Auflage, 1991, Köln: Carl Heymanns Verlag, § 21 III, S. 513.

[57] 桃園地方法院 98 年度訴字第 1221 號民事判決、臺灣高等法院 98 年度上字第 1198 號民事判決。

2. 公司應為請求權之債務人

本案原告 C 於地方法院起訴時，原僅以董事 A 為被告，後於審理時追加 X 有限公司為被告，請求 A 與 X 有限公司應共同提供相關表冊憑證以供原告查閱，就此之觀，顯然對於孰為請求權之相對義務人，是執行業務董事 A？抑或執行業務董事與公司共同為之？仍有其疑惑不確定者。而法院對此則認為，「其履行之義務人為執行業務股東個人，並非有限公司[58]」，似乎定論如此，但確乎如此嗎？何以從未考慮請求權之相對人，其實應為公司，故有探討究明之必要。

(1) 文義解釋有其法理適用盲點

主張履行之義務人，為執行業務股東個人，並非有限公司者，無非以公司法第 109 條「不執行業務之股東，均得行使監察權；其監察權之行使，準用第四十八條之規定。」而第 48 條規定，「不執行業務之股東，得隨時向執行業務之股東質詢公司營業情形，查閱財產文件、帳簿、表冊。」如此則「不執行業務股東」相對並列於「執行業務股東」，既然不執行業務股東為請求權人，則執行業務股東自為其義務人，文義解釋清楚分明，自有其理據。

問題是，執行業務股東僅為公司業務執行機關，直接以之作為債務人，忽視公司之法人主體身分[59]，訴訟主體是否適格妥當，其實不無疑問。除此之外，本案因恰巧股東人數有限，董事僅為一人，原被告一人對一人，或許因此不見法條文義解釋之盲點，但若公司依法設置董事三人，或以其中一人為董事長，或執行業務董事請假或因故不能行使職權時，指定股東一人代理之；未指定代理人者，由股東間互推一人代理之(公 108 I、II)，則此時究竟應以何人為請求權之相對人(Anspruchsgegner)，是董事三人個別？或董事三

[58] 桃園地方法院 98 年度訴字第 1221 號民事判決，而陳彥良亦持相同見解，前揭文，頁 211。

[59] 最高法院年台上字第號判例，「某私立高級中學，請臺灣臺北地方法院准予為財團法人之設立登記，並將聲請登記事項登記於法人登記簿，雖未領得登記證書，但該校已取得法人資格，上訴人依民法規定之合夥關係，請求為該校董事之被上訴人對於該校向上訴人所借款項負清償責任，於法無據。」可資參照。

人全體？是董事長單獨代表？抑或代理股東？如仍比照先前解釋方法，勢必陷於難以抉擇爭議，應非法制法理當然之道。

(2)德國立法例之比較參考

德國有限公司法第 51a 條第 1 項規定，業務執行人因個別股東之請求，應即答覆公司事務，及提供表冊與文件之查閱[60]。但因本條規定意義模糊、易被誤解(mißverständlich)，而被學者指為失敗(mißglück)的立法[61]。譬如從法條文義單純理解，不難持論業務執行人(Geschäftsführer)，即是答覆及提供查閱之義務人，然 而事實上，通說認為公司才是質詢及查閱請求權之相對人[62]，訴訟上應以公司為被告，而非業務執行人，業務執行人只是作為公司機關，實地履行(erfüllen)公司資訊義務(Informationspflicht)而已。

(3)小結：以公司為被告主體始為適格

如果將我公司法第 48 條規定，與德有限公司法第 51a 條第 1 項條文作比較，除了公司業務執行機關我稱董事，德國謂業務執行人，兩者用詞不同外，不得不驚異於兩者內容幾無二致[63]，而且，對於誰為答覆及提供查閱之義務人，同樣條文規定不明確，容易誤導為執行業務機關的董事或業務執行人，

---

[60] § 51a I GmbHG, „Die Geschäftsführer haben jedem Gesellschafter auf Verlangen unverzüglich Auskunft über die Angelegenheiten der Gesellschaft zu geben und die Einsicht der Bücher und Schriften zu gestatten."

[61] Friedrich Kübler, aaO., § 17 IV, S. 237; Hachenburg/***Hüffer***, GmbHG, § 51a Rn. 4; Schiessl in Münchener Handbuch des Gesellschaftsrechts, § 33 Rn. 2; Scholz/***K. Schmidt***, GmbHG, § 51a Rn. 7; Karsten Schmidt, aaO., § 35 I, S. 866; Zöllner in Baumbach/Hueck, GmbHG, § 51a Rn. 1; Klaus-Peter Martens, Grundlagen und Entwicklung des Minderheitensschutzes in der GmbH, Festschrift 100 Jahre GmbH-Gesetz, S. 607 (622).

[62] BGHZ 135, 48; BayObLG, GmbHR 2003, 717; BayObLG NZG 2006, 67; OLG Hamm, GmbHR 1986, 384; OLG Hamm, GmbHR 2002, 163; KG, GmbHR 1988, 221; OLG Saarbrücken, GmbHR 1994, 474; Scholz/***K. Schmidt***, GmbHG, § 51a Rn. 16; Lutter in Lutter/Hommelhoff, GmbHG, § 51a Rn. 5; Roth/Altmeppen, GmbHG, § 51a, Rn. 16; Hachenburg/***Hüffer***, GmbHG, § 51a Rn. 19; Zöllner in Baumbach/Hueck, GmbHG, § 51a Rn. 8; Rowedder-***Koppensteiner***, GmbHG, 2. Auflage, 1990, § 51a Rn. 5; Schiessl in Münchener Handbuch des Gesellschaftsrechts, § 33 Rn. 9.

[63] 初瞥印象如此，但如從民法合夥(BGB-Gesellschaft)、無限公司(OHG，非法人)、有限公司(GmbH)等人合團體法制以觀，其實脈絡分明，有其內在共通核心理念，正可謂本當如此而已。

而與公司法人法制相違。

本案中，法院即認為「以公司為被告而主張其交付前開文件供查閱，非法所許，應予駁回」、「其履行之義務人為執行業務股東個人，並非有限公司」[64]，顯然只以條文表面文字為度，深陷法條文字障而不自知，而未能從公司法制法理以確定公司法人，實為訴訟適格之主體，致無法適時導正法條疑義。因此，在公司法未及修法，明確規定「公司為訴訟主體」而根本改正前，至少亦應如德國法制，以公司為被告主體始為適格，執行業務董事只是作為公司機關，履行公司之資訊義務而已。

至於，如以公司為被告，是否會產生無履行資訊義務之人，究應為何人之疑慮呢？這應可從有限公司資訊法制之圖像以為釋疑，蓋不執行業務股東行使資訊權時，乃向公司主張，而由作為公司機關之執行業務董事現實履行，故當事情如此順利發展，則必無爭議訴訟。但是，假如執行業務董事拒絕履行，則不執行業務股東自得以公司為被告，提訴請求行使資訊權，而於經法院判決勝訴後，據此要求公司而由執行業務董事現實履行責任。

3. 質詢及查閱權之行使

不執行業務股東依法具有質詢及查閱權，惟其細節內容如何，公司法教科書向來都只是重複援引法條規定而已[65]，惜未進一步有所闡述，不免存在諸多解釋適用的問題，有待澄明，而且，雖然本案爭訟僅涉查閱權而已，但為求整體股東資訊權之認識，實有必要通盤說明。

(1)質詢權之行使

---

[64] 桃園地方法院98年度訴字第1221號民事判決。相對地，律師函以公司為對象，要求備妥相關文件以供股東查閱，實為適當範例，請參永然法律事務所(1998)，《公司合夥爭訟運籌要覽》，臺北：永然，頁44。

[65] 劉甲一(1971)，《公司法新論》，臺北：自刊，頁98；鄭玉波(1980)，《公司法》，臺北：三民，頁54；林咏榮，同註31，頁207；施智謀，同註28，頁61；梁宇賢(1986)，《公司法論》，臺北：三民，頁154；武憶舟(1992)，《公司法論》，臺北：三民，頁166；王泰銓(1998)，《公司法新論》，臺北：三民，頁229；柯芳枝，同註28，頁107；王文宇，同註28，頁635；劉連煜，同註28，頁495。

依公司法第 48 條規定，不執行業務之股東，得隨時向執行業務之股東質詢公司營業情形。而所謂「公司營業情形」意義為何，公司法雖未加以解釋，但應從「公司如何營業」以及「公司營業如何」的觀點理解。在公司如何營業方面，主要涉及公司業務執行層面，舉凡公司營運狀況、已簽合約或是預備的契約、公司領導業務執行、轉投資計畫、發展方針等等，時間上不只過去、現在，當然也包含未來在內；而公司營業如何主要涉及經濟層面，例如公司營運獲利能力及永續發展前瞻，因此舉凡有關公司盈虧狀況、財務結構、人事薪酬、借貸保證、賦稅規劃、股東分紅、退休保險等等，股東既可質詢過去、現在情況，當然也包含未來在內。由此可知，「公司營業情形」的概念，文義範圍相當廣泛，可說公司大大小小，甚至雞毛蒜皮的事，都還在「公司營業情形」的文義射程之內。

同樣地，德有限公司法第 51a 條第 1 項規定，股東資訊權所得質詢的標的，「公司事務(Angelegenheiten der Gesellschaft)」的概念，內涵同樣非常廣博，被學者指為失敗立法的主因之一，因此提出資訊必要性(Informationsbedürfnis)的前提要件[66]，想以此限縮質詢範圍，但此議並未獲絕大多數意見(überwiegende Meinung)所認同，因為如果增列此不成文前提要件後，將使法院對每個案例都應先確定資訊是否必要，不免徒增法院繁重負荷外，而且，公司與股東之間不應有何秘密[67]，所以舉凡跟公司執行業務有關、公司財產有關、盈利數據與使用有關、公司內部或對於第三人所有法律與經濟上的關係等等事實資訊[68]，任何股東均無需說明理由，自得隨時向業務執行人質詢，請求即時答覆。

至於，質詢回覆的方式，法律既無明文特定方式之規定，自得以口頭、書面，或是藉助電子設備方式為之，均無不可，但要皆清楚具體所問何事為

---

[66] Karsten Schmidt, aaO., § 35 I, S. 866。

[67] Lutter in Lutter/Hommelhoff, GmbHG, § 51a Rn. 7; Schmiegelt in Beck'sches Handbuch der GmbH, § 3 Rz. 73.

[68] (Statt aller) Scholz/***K. Schmidt***, GmbHG, § 51a Rn. 19.

尚。而且，整個詢答過程，應是有問有答，答為所問，不可答非所問，實問虛答，顧左右而言他，應總以股東質詢標的為務，由執行業務董事充分適當地答覆，於必要時尚得輔以有關文件說明，亦為法所許。

(2)查閱權之行使

公司法第 48 條規定，不執行業務之股東，得隨時向執行業務之股東查閱財產文件、帳簿、表冊。即所謂的股東查閱權，乃指執行業務董事應不執行業務股東之要求，而於公司所在處所提供公司自家所有財產文件、帳簿、表冊以供查閱之意，而且，查閱股東得作筆記，或者是自費影印所需資料，但如屬電子資料庫檔案者，或經印出或線上(online)螢幕顯示即可[69]。惟須注意者，相關資料如有受個資法保護者，自有先於查閱權之利益。

本案地方法院認為所謂股東得查閱之財產文件、帳簿、表冊，應指「公司資產負債表、損益表、財產目錄表、現金流量表、進銷存表、股東可扣抵稅額表，及形成上述財務報表之帳冊等，……(但對於)形成上述財務文件之原始會計憑證（含原始憑證、記帳憑證），並非上述公司法相關規定中不執行業務股東所得查閱之文件資料，原告訴請查閱，依法無據，為無理由」[70]。

但是，高等法院並不贊同此種見解，概依商業會計法對會計事項之發生，均應取得、給予或自行編製足以證明之會計憑證之相關規定，認為「可知公司之財務狀況、執行業務情形，當得以各項憑證、會計帳簿、財務報表看出端倪，為落實有限公司監察權，自應認包括各項憑證。是上訴人請求 A 提出 X(有限)公司有關形成資產負債表、損益表、財產目錄表、現金流量表、進銷存表之憑證、發票(屬原始憑證)，全部往來銀行存摺(屬財產文件)供上訴人查閱部分，核此等文件均堪認屬公司法第 48 條所規定與公司營業情形相關之『財產文件』、帳簿、表冊，上訴人此部分請求，應屬有據。被上訴人辯稱依照商業會計法就會計憑證、會計帳簿及財務報表分別專章加以規定以觀，上

[69] 德國法通說，可資參照，Lutter (以代詳舉) in Lutter/Hommelhoff, GmbHG, § 51a Rn. 19。

[70] 桃園地方法院 98 年度訴字第 1221 號民事判決。

訴人上訴請求查閱憑證、發票、全部往來銀行存摺等，依法無據云云，應不足採。[71]」

(3)隨時請求即時回應

公司法第48條明文「不執行業務之股東，得隨時向執行業務之股東質詢公司營業情形，查閱財產文件、帳簿、表冊。」不執行業務股東得隨時質詢與請求查閱，但對於公司應於何時回覆與提供查閱，卻未有所規定，雖然，法制度上對於不確定期限者，有得定相當期間催告之制，但都不免造成實務運作的困擾。因此，實有參照德國立法例，認為公司應針對具體個案"unverzüglich"(即時、不可耽擱)回覆與提供查閱，不僅不得有責的延遲(ohne schuldhaftes Zögern)，亦應在適當的期間內(innerhalb angemessener Frist)履行完成[72]。

而且，如上所述(「(1) (2)」)，質詢權及查閱權屬強制規定，不容章程自治，任由公司章程設有限制其權利行使之約款，但資訊權所涉標的之繁雜，不可勝數，公司在適時充分回覆與提供查閱時，勢必增添不少人事資源付出，甚或對公司經營產生滋擾，尤其是法律又規定，不執行業務之股東，得隨時質詢與請求查閱(公 48)，隨時請求既無需任何理由，質詢權及查閱權又可獨立或同時而為，則「隨時請求、即時回應」來往間，不免有好處全給不執行業務股東之質疑，因此，是否有另行增加權利請求之前提要件，即成為法制得以考量之議。

德國有限公司法在增訂類如我公司法第48條之第51a條第1項時，即面臨類似問題，學者更是直接點名「立法者在修法時，說得更清楚點，簡直是毫無理智[73]」，Karsten Schmidt 即主張增列股東應具資訊必要性之前提要件，

---

[71] 臺灣高等法院98年度上字第1198號民事判決。另外，陳彥良(同註9，頁217)援引德國通說，認為資訊請求權應受比例原則(Verhältnismäßigkeitsgrundsatz)拘束，本文亦持贊同立場。

[72] (Statt aller) Scholz/***K. Schmidt***, GmbHG, § 51a Rn. 22.

[73] Mertens, "Der Gesetzgeber war – um es ganz deutlich zu sagen – bei der GmbH-Novelle von allen guten Geistern verlassen." § 51a Abs. 1 GmbHG und kapitalistisch strukturierte GmbH, FS für Werner, 1984, 557, zitiert nach Martens, aaO., S. 622, Fn. 34.

但絕大多數意見認為此不成文要件，除徒增法院每案確定資訊是否必要的繁重負荷外，不如從資訊權履行層面制衡，藉禁止濫用權利條款(Verbot des Rechtsmissbrauchs, § 242 BGB)，股東應以最小心方式行使原則(Gebot der Ausübung in schonendster Form, Rücksichtspflicht, 注意義務)，與對公司之忠實義務(Treuepflicht gegenüber der Gesellschaft)[74]等機制，即足以防範因公司事務概念過於廣泛，而有資訊權受到濫用的可能[75]。

(4)公司能否有拒絕回覆與提供查閱之權

①我公司法並無拒絕權之規定

本案中，被告雖曾抗辯「原告顯有對公司為競業之行為，顯然欠缺公司股東之誠信，其行使帳冊查閱權之目的，應有損於被告公司，被告公司恐有營業秘密外洩之危險。」雖經法院以未提出事證陳明，殊難認有行使查閱權為有失誠信或造成被告公司營業秘密外洩之情形[76]，以及「惟即使上訴人違反競業禁止規定，上訴人仍居公司不執行業務股東之地位，其對公司內部業務運作仍有瞭解之必要，至上訴人如有藉此查閱文件帳冊之機會，作出有損公司利益之行為，亦僅屬公司就其損失得否向上訴人求償之另一問題，並不影響上訴人之監察權。[77]」從而判定公司(法院認定是公司董事，應為主體不適格之失(見前述「(二)」)，並無拒絕提供查閱之可能。問題是，假設確如被告所言，實有損於公司權益之事時，我公司法仍無拒絕回覆與提供查閱之規定，如此既不能事先禁堵損害之發生，已屬法制缺漏，而於有損公司利益

[74] 德國法向來認為股東負有一般忠實義務(eine allgemeine Treuepflicht)，應對公司忠誠行事，積極促成公司目的與使其遠離損失，而且，鑒於有限公司人合性特質，股東間的關係並非建立在物質交換，而是長期共同合作的基礎，有甚於誠信原則(Treu und Glauben)者，因此，股東對公司負有忠實義務，從來不受質疑。相對地，公司亦由業務執行人承擔，而對股東負忠實義務(BGHZ NJW 1992, 368)，至於，股東對股東相互間(gegenüber den Mitgesellschaftern)，聯邦法院在 1975 年 ITT 案判決(BGHZ 65, 15)後已為通說。Raiser/Veil, Recht der Kapitalgellschaften, S. 392.

[75] (Statt aller) Lutter in Lutter/Hommelhoff, GmbHG, § 51a Rn. 2; OLG Stuttgart OLGZ 1983, 184.

[76] 桃園地方法院 98 年度訴字第 1221 號民事判決。

[77] 臺灣高等法院 98 年度上字第 1198 號民事判決。

之行為後，卻僅言「亦僅屬公司就其損失得否向上訴人求償之另一問題」，亦非公平正義之理，因此，從健全資訊權法制度之觀點，實有探討研究之必要。

②德國立法例之比較參考

德國立法例，通說認為質詢權及查閱權同樣適用一般法律原則，故當質詢及查閱權屬出現濫用權利之舉，例如執意於瑣事，或者事實上已不可能另有新答案時仍持續質問，或是就依法已提出之表冊報告仍再為要求等，公司都有資訊拒絕之權(Informationsverweigerungsrecht)，或者是公司提供資訊，業務執行人即有受刑事追訴者，亦存在資訊拒絕之權[78]。

除此之外，有限公司法第 51a 條第 2 項設有特別規定，「股東為公司外目的行使質詢及查閱，並因此有致生公司或結合企業重大損害之虞者，業務執行人得拒絕之。拒絕應有股東之決議。[79]」據此，可知本條之適用，繫於二嚴格前提要件：拒絕理由與股東決議。先不論公司資訊拒絕權之實質要件(詳下段)，公司在內部程序上是否終能拒絕資訊回覆與提供查閱，完全取決於表決權之行使，應經全體股東過半數同意之決議始可，惟須注意者，請求質詢及查閱之股東，因有自身利害關係，實有利益迴避之必要，應不得加入表決，亦不得代理他股東行使其表決權，自不待言。

至於，拒絕權之實質要件有二：為公司外目的(Besorgnis gesellschaftsfremder Zwecken)與致生重大損害之慮(Besorgnis eines nicht unerheblichen zugefügten Nachteils)。此兩要件均以存在具體危險(eine konkrete Gefahr)為前提，必須根據具體事實，有客觀極大可能性(Wahrscheinlichkeit)證明者為限，如果只是單純假設或抽象危險可能，如作為其他企業之諮詢者，並不足以作為拒絕理由[80]。

---

[78] (Statt aller) Lutter in Lutter/Hommelhoff, GmbHG, § 51a Rn. 28; BGHZ 135, 48。

[79] § 51a II GmbHG, „Die Geschäftsführer dürfen die Auskunft und die Einsicht verweigern, wenn zu besorgen ist, dass der Gesellschafter sie zu gesellschaftsfremden Zwecken verwenden und dadurch der Gesellschaft oder einem verbundenen Unternehmen einen nicht unerheblichen Nachteil zufügen wird. Die Verweigerung bedarf eines Beschlusses der Gesellschafter."

[80] (Statt aller) Lutter in Lutter/Hommelhoff, GmbHG, § 51a Rn. 26.

通說認為所謂「為公司外目的」，乃指存在於規定的股東行為之外的使用目的而言[81]，蓋股東資訊權，乃在為公司內部目的始得行使，所以，如果股東所得資訊目的在為自己(或將來)所營之競爭公司所用，或僅為將資訊轉交於有意收購出資額者，則屬於公司目的外之行為，但如股東為求諮詢而將資訊提供給職務上有守密義務的專業會計師或律師者，則仍屬股東合規範的行為，因此，此要件亦視為是制定法上明示的守密義務(gesetzlicher Ausdruck der Verschwiegenheitspflicht)[82]。

而所謂致生重大損害者，乃泛指一般經濟上的損失而言，只要就公司或結合企業的立場客觀考量後，存在極大可能性有致生損害之疑慮，高於股東資訊利益者，即屬是，故即便如公司商譽智慧產權的損失亦應包括在內，而且，損害與公司目的外之行為間，應具有因果關係(Kausalität)。至於，如對此拒絕理由有所爭議時，則由公司負舉證之責任。而當公司拒絕回覆及查閱，並不具備合法理由，或公司未於適當期限內履行者，則股東得依同法第 51b 條規定，聲請法院依非訟程序處理，而非逕行提起給付之訴(Leistungsklage)[83]。

4. 小結：C 能向公司行使查閱權

綜上所論，C 既為合法請求權人，其股東監察權亦不受兼任經理人而有所影響，自得向公司請求行使查閱權，而且，現行公司法亦無公司得以拒絕資訊之權，公司自應即時提供 C 查閱公司所有有關形成資產負債表、損益表、財產目錄表、現金流量表、進銷存表之憑證、發票(屬原始憑證)，全部往來銀行存摺(屬財產文件)，應無疑義。

---

[81] “Die außerhalb ordnungsmäßigen mitgliedschaftlichen Verhaltens liegende Verwendungszwecke”, (Statt aller) Scholz/***K. Schmidt***, GmbHG, § 51a Rn. 39.

[82] Roth/Altmeppen, GmbHG, § 51a, Rn. 24.

[83] (Statt aller) Scholz/***K. Schmidt***, GmbHG, § 51a Rn. 40, 44, 46.

四、結論

法院判決之評析，對於法制之健全發展，實有助長獎掖之功。而目前評析法院判決常見模式，大都以簡介案例事實、法院裁判要旨及作者針對判決爭議點，直接釋論其法制法理與結論作收，行文中甚至不顧案例事實拘束，而法院判決倒有點只作個「引子」而已，致使通篇文章評釋法制法理時，有點類似抽象規範審查(abstralte Normenkontrolle)的作法，不免有「盍各言爾志」之寬廣無礙，對於系爭個案之解決，有時還是愛莫能助。

因此，本文即以請求權基礎評析法院判決，試圖提供不同的學習研究興味，直接將法院判決作為案例解題(Falllösung)的對象，「來回注目流轉於大前提與生活事實間」，緊繫著「請求那些權利？發生什麼事？」、「發生什麼事？請求那些權利？」環環相扣不斷的反覆應證，綜論原被告、法院、學者甚或外國立法例之見解，如此除了切合法院依法裁判之訴訟本旨，既可深切掌握現行法解釋適用之可能及其法制不足處，亦可藉法理論說而寄望法官造法，填補漏洞以啟益法律續造之功，或期待立法者適時增修法律以補法制之缺失。

而且，以請求權基礎評析法院判決，既可見法院裁判理由之缺失，亦提供相對應的擬判以供比較，應可發揮監督裁判書品質的效果，避免法院於判決理由中不必要(甚至溢出職權)的援引申論，或者是最高法院其實已涉事實審的見解，對司法的信賴與權威應有相當助益。

雖然，實例研習(Übung)、家庭作業(Hausarbeit)、試題解答、起訴書、裁判書等等，各有其不同的文書格式，但其面對具體個案爭議，依據現行法制從事法律思維論證，以便解決衝突的思辨方法並無二致，因此，如能藉由現實司法爭訟案例，直接引為學習研究之進路，以請求權基礎評析綜論，自有一番不同的閱讀思考風貌，願本文嘗試謹供方家點評。

*本文原以〈不執行業務股東兼任經理人者之監察權行使──以請求權基礎之方法探討〉，發表於《世新法學》，第8卷第2號（2015.06）

最低資本額及資本不足與債權人保護

——德國法的觀點

關鍵詞：最低資本額、資本不足、穿索責任、揭開公司面紗、債權人保護

一、前言

2009 年，臺灣公司法修正時，正式廢除公司最低資本總額之規定[1]，致使原本設立公司，公司登記必須驗證繳足的法定最低資本額，例如有限公司最少為新臺幣二十五萬元，股份有限公司為新臺幣五十萬元之規定，從此成為歷史文物而已。因此，隨之而至的，即是「一元公司來了」[2]，雖然報紙所下標題聳動，實際設立公司時的開銷花費就不止此數，但是，如果坊間真的充斥著資本額一元的公司，屆時「股東僅就其出資額(所認股份)對公司負責」，則如何確保公司債權人的權益，勢必影響社會大眾對公司制度的信賴。

可惜的是，此次廢除最低資本額制的修法理由，除主管機關所稱目前世界上有 79 個國家並無資本額規定外，亦過於強調方便公司設立者，使財力較弱民眾想設立公司，不必傷腦筋募集資金，或是弄假的存款證明[3]，確實有助

[1] 2009/4/29 華總一義字第 09800106771 號令修正公布第 100、156 條條文。

[2] 《聯合報》，B 財富版，2009/3/24。

[3] 此現象其實涉及嚴重的偽造文書問題，即連參與公司登記程序提供服務的專業人士都有相關民刑事責任，但坊間卻仍有所耳聞，似乎不以為忤，如此缺乏違法意識，乃有悖於法治社會之建立，法文化原因究竟為何，實值得我輩法律人研究並謀對策因應。

於一般小民設立公司及個人工作室[4]。但另方面卻對於公司債權人保護的問題，絲毫無所提及，確實並未顧及公司債權人與公司(股東)兩端權益的平衡。

德國 2008 年修正有限公司法(MoMiG)[5]時，對於是否廢除最低資本額，亦曾出現正反意見的分歧。但最後仍在確保公司債權人權益的前提下，一般有限公司依舊設有最低 25,000 歐元出身資本(Stammkapital)之規定(§ 5 Abs. 1 GmbHG)，另外增訂第五 a 條(§ 5a GmbHG)所謂的「企業公司」(Unternehmensgesellschaft)，使其無須受最低資本額之限制，故實際上已不難出現「一歐有限公司」(One-Euro-GmbH)之例。

臺灣與德國相距至少萬里之遙，但法制上卻幾乎同時面對類似變革，究竟最低資本額制法理何在，具有怎樣的規範功能？最低資本額與資本不足兩者關係如何？而公司果真僅為一元公司，資本與所營業務資金需求明顯不足，但股東卻僅就其出資額(所認股份)對公司負責，此時又應如何有效保障公司債權人之權益？在在都值得吾人探討。本文從法比較(Rechtsvergleichung)[6]的觀點，提供德國法制發展經驗以供參考。

---

[4] 同註 2。

[5] Gesetz zur Modernisierung des GmbH-Rechts und zur Bekämpfung von Missbräuchen (MoMiG) vom 23. 10. 2008 (BGBl. I S. 2026)。本法於二○○八年十一月一日起正式施行。

[6] 「法比較」屬法學研究方法(Methode)，而非如民法刑法等為特定學科法域，是以不從一般「比較法」用語，避免誤解。而且，即使將「比較法」之「比較」視為動詞，亦與中文用語習性不符，故此處援用德語原意使用「法比較」一詞。最後，因寫本文時人在國外，中文資料不全，恐行文有誤，故本篇先以法比較首要功能──認識(Erkenntnis)為務，至於就兩國法制之功能性法比較，則待未來再專文論述。請參德國法比較經典著作 Konrad Zweigert/Hein Kötz, Einführung in die Rechtsvergleichung auf dem Gebiete des Privatrechts, 3. Auflage, 1996, Tübingen : Mohr Siebeck, S. 12ff.

二、最低資本額的意義與功能

(一) 最低資本額面臨變革壓力

二○○八年，德國修正其有限公司法，動機除了該法自一八九二年制定以來，其間雖然有過三十九次的修正[7]，但都並未觸及法制規範核心，或者適時將學說(Rechtslehre)與法說(Rechtsprechung)的發展成就，制定為成文法典以供適用，故即使已歷經百餘年歲月，大體上法典卻仍維持著舊制原有架構。

又，此次修法的背景動機，在外則是受歐盟法制同化(Rechtsangleichung)的壓力。尤其是，歐洲法院基於歐體條約(EG)第四十三、四十八條所言遷徙自由(Niederlassungsfreiheit)，在「獎藝案」判決中明言，歐洲共同體會員國必須如對待本國公司般，承認所有設立在其他會員國內的公司[8]。這使得德國公司法素來緊守的住所理論(Sitztheorie)，面臨無以為繼的末路，而歐洲法院所揭示的實際營業住所(Verwaltungssitz)原則，卻深深影響原本即對德國有限公司設立程序冗長，耗費財力有所不滿的企業，紛紛改在英國設立有限公司(private company limited by shares, Ldt.)[9]，然後再將公司營業處遷至德國，形成所謂的「郵政信箱公司」 (Briefkastengesellschaften)。根據估計，自「獎藝

---

[7] Matthias Gündel/ Björn Katzorke, GmbH-Reform 2008 (MoMiG), 2008, Weil im Schönbuch: HDS-Verlag, S. 1。至於有限公司法自制定實施百年以來，不同時代的修法變革，請參閱 Holger Fleischer, 100 Jahre GmbH-Reform und 100 Jahre GmbH-Rundschau, GmbHR 2009, S. 1 ~ 13。本文中如德國作者首次出現在引注時，為使讀者查考方便，因此詳列其相關資料，但其後則簡潔表明出處而已。

[8] "Inspire Art" – EuGH, Urteil vom 30. 9. 2003 – Rs. C-167/01, NJW 2003, S. 3331。此判決其實是緣自之前系列判決的自然結果，相關判決如"Daily Mail" – EuGH, Urteil vom 27. 9. 1988 – Rs. 81/87, NJW 1989, S. 2186; "Centros" – EuGH, Urteil vom 9. 3. 1999 – Rs. C-212/97, NJW 1999, S. 2027; "Überseering" – EuGH, Urteil vom 5. 11. 2002 – Rs. C-208/00, NJW 2002, S. 3614。

[9] 有時亦簡稱為 englische Limited 或 private company。

案」判決公布後2004年起到2008年底止，德國境內即有逾四萬家以上的英國有限公司，主要集中在商業、服務業與運輸業[10]，使得德國向來自傲的法制出口品[11]，面臨嚴峻的競爭挑戰。

至於，內在原因除為有效防範公司濫用破產案件[12]，就是為了順應法制改革的呼聲，例如英國有限公司因為無需設立資本及快速的設立程序，已經大舉入侵德國；而且如德國般向來服膺最低資本額制的西班牙、法國等都改弦易轍，西班牙"Sociedad Limitada Nueva Empressa"最低資本額降為3,012歐元，法國甚至廢除最低資本規定(Art. L. 223-2 Code de commerce, loi n 2003-721 de 1.8.2003)，「一歐元公司」、「閃電公司」(Blitz-GmbH)早已滿天飛，德國有限公司(GmbH)法制不得不修法以對[13]，簡化及加速(Vereinfachung und Beschleunigung)公司的設立流程，就成為此次修法的重點。

(二) 最低資本額的意義

首先，在探討最低資本額的意義時，應先了解各國公司法制規範不盡相同，其實都深具個別傳統特色。例如公司治理究竟採行董監雙軌制，抑或董事單軌制，其實並非取決於公司股東結構，而只可說是傳承自德美兩國各自之歷史發展而已，實難斷定孰優孰劣。或者就公司內部規範而論，美國公司法所謂的代理說(Agent-Principle)，比較著重規範股東與管理者(Manager)的衝突，而德國法(甚或歐陸法制)則特別立意在少數股東之保護

[10] Gündel/Katzorke, aaO. (Fn. 7), S. 12。

[11] "Die beliebteste Gesellschaftsform und unser erfolgreichste Exportartikel auf dem Gebiete des Rechts" *Lutter* in Lutter/Hommelhoff, GmbHG, 17. Auflage, 2009, Köln: Verlag Dr. Otto Schmidt, Einleitung Rn. 52.

[12] 實務上常見將公司所在地遷移他處(Sitzverlegung)，或是變更公司(umfirmiert)，或者是放下(niederlegen)公司負責人(Geschäftsführer)職務，任由公司荒廢的破產案件，嚴重損害公司債權人之權益，因此，即使提起破產程序，法院管轄權的爭議，不免就已耗費一番勁，如此再利用無資產人頭戶幾經轉換，債權人之權益如何，不問可知。而這股將公司「悄悄埋葬(stille Bestattung)」的風潮，甚至蔚為服務產業(Dienstleistungsbranche)。請參 Gündel/Katzorke, aaO. (Fn. 10), S. 80.

[13] Roth/Altmeppen, Kommentar zum GmbHG, 2009, München: C. H. Beck, Einleitung Rn. 10.

(Minderheitenschutz)，以對抗多數股東(Mehrheit)或母公司(Muttergesellschaft)[14]。另外，在外部關係上，德國公司法向來課以公司(股東)嚴格要求，以保護公司債權人為務，這可從法典相關登記、公開透明規定，及強制貫徹資本充實與資本維持原則可見一般，因此，其公司法不僅是組織法(Organisationsrecht)，更是債權人保護法(Gräubigerschutzrecht)[15]，對此法制傳承有所理解，應有助於了解其何以堅守最低資本額制。

公司為法人(juristische Person)[16]，自為權利義務主體，故必設有與其股東獨立有別之特有財產(Sondervermögen)，而由其機關支配應用，以成全法人所設立之目的。因此，設置此法人特有財產之目的，首先在使其權利義務，最後都有明確歸處，而且，這筆財產乃是獨立存在於股東及其他第三人之外，任何財產的轉移，都必須經合法程序始可；再者，因這特有財產，故而建立了權利義務的完整體，因其僅為法人之債權人所保留，亦僅只為以法人名義所為債務負責而已；最後，則是據此作為自我管理及設置代理機關，且此論點並非是法人設定的前提，而是法律賦予法人身分的當然結果[17]。

因此，公司依法設立時，章程規定必須寫明資本總額，而由股東各依出資額匯聚而成，此種法律明文確定資本法制(Rechtsinstitut des festen Kapitals)，即為最低資本額之規定。至於，此數額是直接明定於法律條文，抑或授權由主管機關命令訂之，皆無不可，但總要在最低資本數以上(含)始可。唯須注意者，廢除最低資本額規定後，任由公司自行決定多少資本總額，

---

[14] Klaus J. Hopt, Aktienrecht unter amerikanischem Einfluss, FS für Canaris, 2007, S. 105 (110f.).

[15] Gündel/Katzorke, aaO. (Fn. 7), S. 56.

[16] 根據德國公司法學者 Herbert Wiedemann 研究，法人(juristische Person)此德文專有名詞，最先出自 1798 年 Gustav Hugo 所著《自然法教科書作為一實證法哲學》(*Lehrbuch des Naturrechts als einer Philosophie des positiven Rechts*, S. 45)書中，但無疑的為這社會組織(Sozialgebilde)賦與權利能力的理念，應該更早發展於此，請參氏著經典之作，Gesellschaftsrecht, Ein Lehrbuch des Unternehmens- und Verbandsrechts, Band I: Grundlagen, 1980, München: C. H. Beck, § 4 I 1, S. 191.

[17] Wiedemann, aaO. (Fn. 16), S. 196ff; Thomas Raiser, Die Haftungsbeschränkung ist kein Wesensmerkmal der juristischen Person, FS für Marcus Lutter, 2000, S. 637 (639).

並於章程中訂明者，雖然此數額亦相當確定，但並非此處所指之確定資本或是最低資本額。

最低資本額的功能，在於公司非經合法程序，決議增資或減資者，此資本總額即不得任意或隨時變更，因此，配合後續資本繳足(充實)(Kapitalaufbringung)與資本維持(Kapitalerhaltung)原則，並落實於法律明文規定(§§ 57, 62 AktG; §§ 30, 31 GmbHG)，既保障投資人與少數股東之權益，又提供公司債權人之保護[18]。無怪乎 Wiedemann 就將這基於「保證資本」(Garantiekapital)所建構債權人保障的法制，視為是第一流的文化成就(Kulturleistung ersten Ranges)，因為它既免除投資股東的個人責任，又對企業維持信用品操，以非常理想的方式作出連結[19]。

(三) 最低資本額的功能

1. 確保債權的功能

就德國資本法制而言，正如前段所述，由法定最低資本額，所謂的「保證資本」起家，此數額乃分別由股東就所認購部分匯整而成，在有限公司稱為出資額(Stammkapital)，在股份有限公司則謂所認股份(Grundkapital)，而以「認購資本」(gezeichnetes Kapital)為其上位概念，德國商法(HGB)第二百七十二條第一項第一款即明文，此「認購資本」乃是公司股東對公司債權人，就資合公司債務所負責任限度的資本。因此，整個「認購資本」作為所謂的保證資本，以為資本繳足(充實)(Kapitalaufbringung)與資本維持(Kapitalerhaltung)規範的基礎，規定在公司存續期間，公司都必須維持此資產

---

[18] Walter Bayer, Grundkapital, Kapitalaufbringung, Kapitalerhaltung, in Bayer/Habersack (Hrsg.): Aktienrecht im Wandel, Band II: Grundsatzfragen des Aktienrechts, Tübingen: Mohr Siebeck S. 708 (711).

[19] Eine "Kulturleistung ersten Ranges, weil es die persönliche Entlastung der Anlagegesellschafter mit der Sicherung der Kreditwürdigkeit der Unternehmen in idealer Weise verbindet." Wiedemann, aaO. (Fn. 16), § 10 IV 1 b, S. 558.

數，不得低於法定最低資本額，確保公司債權人之權益(Gläubigerschutz)[20]。

但是，此種確保債權的功能，卻已不免受到質疑，因為，不論是臺灣過去所規定的，有限公司至少須有新臺幣二十五萬元，股份有限公司新臺幣五十萬元始得設立，抑或是德國現行法仍明文，股份有限公司 50,000 歐元(§ 7 AktG)，有限公司 25,000 歐元(§ 5 I GmbHG)，此等數額都僅只是個「抽象的保證資本」[21]而已。而且，此最低資本總額，乃是公司開始的起家資本，根本亦與企業持續經營時，隨時必須視現實需求，增加挹注資金的常態並不吻合；而且如果公司處於虧損狀態，吃掉了最低資本總額所稱的保證基金，那債權人又如何能獲得保障。更何況，最後對債權人負責的，應該是公司整體資產，絕不可能僅限於此最低資本數額而已。

再者，實際最低資本額所具的意義，僅在公司設立與增資時，必須提及而已，故如將最低資本額制，認定具有債權確保功能，反而容易致生誤導，甚至純然只是個幻想而已[22]。因為事實明確顯示，最低資本額根本與公司負債數額不成比例，例如以德國 2008 年破產案件為例，根據聯邦統計局調查資料(Statistische Bundesamt)，公司平均的負債額為二百八十幾萬歐元[23]，但最低資本額卻僅二萬五千歐元，因此，如何保障亦僅只杯水車薪(nur ein Tropfen auf den heißen Stein)，聊作窗花好看而已。而且，在 Winter 委員會所提報告中[24]，亦質疑最低資本額制功用有限，認為它並非是保護債權人權益的有效

---

[20] Jan Wilhelm, Kapitalgesellschaftsrecht, 3. Auflage, 2009, Berlin: De Gruyter Recht, Rz. 404.

[21] “Abstraktes Garantiekapital”, Schmidt, Karsten, Gesellschaftsrecht, 4. Auflage, Köln: Carl Heymanns Verlag, § 9 IV 4a.

[22] Uwe Blaurock, Mindeskapital und Haftung bei der GmbH, FS für Thomas Raiser, 2005, S. 3 (9, 10).

[23] Statistische Jahrbuch für die Bundesrepublik 2009, https://www-ec.destatis.de/csp/shop/sfg/bpm.html.cms.cBroker.cls?CSPCHD=00b0000100004duaniGc000000vST3zffh6_7ZGFmT636sLg--&cmspath=struktur,vollanzeige.csp&ID=1024340，最後瀏覽日：2009/09/12。

[24] 這由荷籍教授 Jaap WINTER (Chairman, The Netherlands)為主席，所領導的所謂「公司法專家高級小組」(the High-Level Group of Company Law Experts)，成員尚包括 José Maria GARRIDO GARCIA (Spain), Klaus HOPT (Germany), Jonathan RICKFORD (United Kingdom), Guido ROSSI (Italy), Jan SCHANS CHRISTENSEN (Denmark), Joëlle SIMON (France)等國專家學者，受執委會(Commission)

工具。

2. 嚴肅慎重的功能

一八九二年，德國有限公司法制定時，規定最低資本額為 20,000 金馬克(Goldmark)，立法理由謂「為了防止公司無任何可見資產即能設立，藉以確保投資者相當程度的嚴肅性」[25]，此種為了避免出現「不紮實公司」(unsoliden Gesellschaften)[26]，所賦予最低資本額「慎重門檻」(Seriositätsschwelle)的功能，深深影響德國法制的發展。無怪乎，當最低資本額面臨存廢時，就有學者為此叫屈，並舉例如以當時一元金馬克所含純金量 0.358423 克為計，換算目前(Jan. 2007)金價每克價格 15.195508 歐元，則每一元金馬克等於 5.446420 歐元，二萬金馬克就是 108, 928.39 歐元，足足比現行法定 25,000 歐元最低資本額，都還要高出數倍，難道最低資本額制，就真的一文不值呢[27]。

當然，最低資本額制，是否依然具有嚴肅慎重(Seriositätsfunktion)的功能，細觀實在不無疑問。因為，當時立法之初，訂定如此高額最低資本數，除了充足的公司財務，可以確保債權人權益外，其實另有防堵限制結社自由的政治動機[28]。當然，現今應該已無庸再考慮政治層面，而可以純就經濟層

之託，就歐洲公司法與公司治理的現代規範架構(a modern regulatory framework for company law in Europe, including corporate governance)，所提出的研究報告，一般簡稱為 Winter 報告。請參閱：http://ec.europa.eu/internal_market/company/modern/index_en.htm。

[25] “Um zu hütten, daß die Gesellschaften ohne jedes greifbare Vermögen ins Leben treten und um eine gewisse Garantie für die Ernstlichkeit der Betheiligung zu schaffen.” Zitiert bei Grunewald/Noack, Zur Zukunft des Kapitalsystems der GmbH – Die Ein-Euro-GmbH in Deutschland, GmbHR 2005, S. 189.

[26] Entwurf 1892, S. 40. Zitiert bei Blaurock, aaO. (Fn. 22), S. 3 (12).另外，根據學者研究，其實以當時幣值來說，兩萬金馬克真的不是筆小數目，而是已經足夠為自己買棟高貴別墅了(eine relative noble Villa), Hans-Joachim Priester, Kapitalaufbringung, in Lutter/Ulmer/Zöllner (Hrsg.): Festschrift 100 Jahre GmbH-Gesetz, 1992, Köln: Verlag Dr. Otto Schmidt, S. 159 (161)。

[27] Ulrich Hübner, Mindestkapital und alternativer Gläubigerschutz – rechtsvergleichende Anmerkungen zur Entwicklung des GmbH-Rechts, FS für Canaris, 2007, Band II, S. 129.

[28] Fritz Fabricius, Das Stammkapital der GmbH – Zur Frage seiner Rechtfertigung und der Rechtfertigung seiner Höhe – Gedanken zum Referentenentwurf auf eines GmbH-Gesetzes 1969, GmbHR 1970, S. 137 (138).

面來說，但即使如此，目前法定最低資本額的規定，仍然缺欠足夠說服力，可以證明該筆數額即能嚇阻任性的投資人，而建立嚴肅慎重以對的功能[29]。何況，公司章程中所定資本總額，常與企業經營實際所需資金出入甚大，因此，如果單純認為規定最低資本額後，即可使企業設立公司時更為慎重，看法恐亦不切實際。反而是，德國設立公司時必要的公證程序(§ 2 Abs. 1 Satz 1 GmbHG; § 23 Abs. 1 Satz 1 AktG)，其實更足以提供警示與諮詢的功能，防止隨性任意的設立公司[30]。

但是，仍有學者從法政策(rechtspolitisch)的角度，堅持不同的觀點，認為就是因為降低最低資本額，即見公司設立家數的增加，顯見兩者間依然有所關聯影響，因此，現在廢除最低資本額制，正足以給債權人更為痛心的印象(ein eher betrübliches Bild)，因此，作法上不是降低最低資本額，而是就企業規模營業大小所需，提高到夠慎重的數額[31]。

3. 秩序政策的功能

根據歐陸傳統公司法制，最低資本額其實是為了平衡折衷資合公司股東責任限制所設[32]，因為，任何人只要想享有股東責任限制的利基，就必然應該同時承負法定最低出資責任的義務，故就此而言，最低資本額可謂肩負著秩序政策功能(eine ordnungspolitische Funktion)[33]。所以，當公司經營不善，而將其風險轉移至第三者債權人身上時，此時唯有充實或者提高最低資本

---

[29] 所謂的「驚嚇潛能」(Abschreckungspotential)。質疑最低資本額具此功能者，如 Friedrich Kübler, Fragen und Wünsche des Gesellschafts- und Kapitalmarktrechts an das Recht der Recherungslegung, ZGR 2000, S. 550; Wolfgang Schön, Wer schützt den Kapitalschutz? ZHR 166, S. 1; Hanno Merkt, Der Kapitalschutz in Europa – ein rocher de bronze, ZGR 2004, S. 305; Blaurock, aaO. (Fn. 22), S. 3 (13)更加指出，現行法對公司負責人所設限制(§ 6 Abs. 2 Satz 3 und 4 GmbHG)，及營業規則之公示義務(§ 14 Gewerbeordnung)等規定，其實效果已夠讓人嚴肅慎重面對的。

[30] Blaurock, aaO. (Fn. 22), S. 3 (13).

[31] Hübner, aaO. (Fn. 27), S. 129 (137).

[32] Hübner, aaO. (Fn. 27), S. 129 (135).

[33] Die Stellungnahme von Raiser, BT-Drucks. 8/3908, S. 68. Zitiert bei Blaurock, aaO. (Fn. 22), S. 3 (11).

額，始能使股東責任限制的規定，具有正當性，此時最低資本額，無疑的就是其進場價(Eintrittspreis)，因此，基於這樣的認知理念，最低資本額實亦具有「教育功能」(eine erzieherische Funktion)[34]。

除此之外，Wolfgang Schön 則更從公司設立者與大眾間團體契約(Kollektivvertrag)的觀點，提出股東對所答應的出資責任，其實具有團體契約的效果，因為，股東能明確應允財務上自我投資的數額，也就是對於公司未來經營成敗風險的預估與承諾[35]。

問題是，最低資本額所意圖的秩序政策功能，是否就運行無疑。因為，法律所規定的最低資本額，僅只是法政策決定的數額而已，根本與是否強制賦予責任限制無關；而股東是否法制上負有限或無限責任，更絕非繫於其能提供多少出資額給公司使用，而是在於其選擇那種公司種類。況且，法律應該訂定多少最低資本額，數額始為適當，能夠切合公司所需，更是一大難題。尤其是，公司實務亦證實，公司破產案件的發生，比較和經濟發展有關，和最低資本額制度其實關係有限，所以，最低資本額的秩序政策功能，應該並非事實[36]。

4. 損失緩衝的功能

公司具有適足的自有資本結構，可以充當公司股東與債權人間損失緩衝的功能(Verlustpufferfunktion)[37]，但所謂適足的自有資本，應該不是即以最低資本額為定量標準，而是由公司就其所營事業及規模大小，甚至經濟局勢及全球競爭等整體因素考量判斷。而且，即便如此可以估計出資本所需，但由於經濟商業活動本質上即非靜態，而是動態處處充滿風險變化，因此，在這樣的情況下，怎麼能事前(ex ante)肯定所定數額即為適足，其實不無疑問。再

---

[34] Blaurock, aaO. (Fn. 22), S. 3 (11).

[35] Schön, aaO. (Fn. 29), S. 1 (3).

[36] Blaurock, aaO. (Fn. 22), S. 3 (11).

[37] Blaurock, aaO. (Fn. 22), S. 3 (8, 19).

者，既然法律只明文規定，有限公司 25,000 歐元(§ 5 I GmbHG)，根據德國過去的調查研究，超過七成以上的公司，章程所訂資本總額就以法定最低資本額為數，不多也不少，而且這其中尚包括一家製造飛機的有限公司呢[38]，可見最低資本額並非當然即具損失緩衝的功能。

5. 維持生存的功能

維持生存的功能(Lebenserhaltungsfunktion)，用意在設定警戒線，以防止公司過於負債而未適時反應，藉以保障其生存能力，可謂同時兼顧股東投資者、公司債權人、公司本身等三方面的權益。至於，如何達成此維生功能，主要是就警示與破產聲請的規定來看，因為當公司虧損(Unterbilanz)已達最低資本額半數時，依法公司負責人即必須通知與召集股東會(§§ 49 Abs. 3, 5a Absatz 4 GmbHG; § 92 Abs. 1 AktG)[39]，集會議決公司應對之策，例如解散公司，或者減資，或者增資[40]。故據此而言，要非有最低資本額的規定，即無從促成此功能，使公司在完全虧空之前，尚有謹慎思考處理面對的可能。

6. 小結

雖然，據上分析所述可知，法定最低資本額，並非真的具有確保公司債權人的功能，亦如過去法制所設想的，能夠在股東有限責任與公司債權人之間，取得最好的平衡。而且，除此之外，最低資本額所能提供的功能，實際上依其他法律相關規定，都足以達到相當的效果，並非最低資本額所獨具，更遑論其真如學者所言，股東自認購出資額後，即組成所謂的風險共同體(Risikogemeinschaft)，因此，最低資本法制尚具有保障投資人與少數股東的

---

[38] 請參閱楊君仁，《有限公司股東退股與除名》，第二章肆III之介紹，臺北：神州，2000 年。

[39] 我公司法於第二百一十一條對股份有限公司有類似規定，但於有限公司則無，未來於修法上實宜考慮增訂之。

[40] Wilhelm, aaO. (Fn. 20), Rz. 423; Alexander Bruns, Haftungsbeschränkung und Mindesthaftung, 2003, Tübingen : Mohr Siebeck, § 7 V 4c, S. 202.

功能[41]。

而且，德國資本保護法制的複雜性，自家人也不是沒有批評[42]。尤其是，當初立法者創設有限公司的目的，就是希望在資合性的股份有限公司，與人合性的無限公司之間，創造中間新型的公司種類，使股東類如股份有限公司般，只承負有限的間接責任，但組織設立方面，則不若股份有限公司繁複，比較簡單而且資本不大，以便利中小企業的經營，當然更無須受多少法律專業的困擾，但後來事實的發展，卻是其規定法理或判決立論深奧，例如設立中公司(Vor-GmbH)責任的問題、隱藏的現物出資(verdeckte Sacheinlage)、股東替代自有資本借貸(Eigenkapitalersetzende Gesellschafterdarlehen)等等，有時連專業法律人都未必輕易理解[43]。

然而，即便學者呼聲如此，歐盟會員國紛紛改制，而且修法草案都已有廢除最低資本額之議，但何以最後結果仍是舊制依然，其原因或者是傳統難斷，或者是如學者所言，僅將確定資本(最低資本額——筆者加註)法制，視為是純然或者意在優先保護債權人，此種視野未免過於狹隘，因為，相對於設立者及多數股東而言，資本繳足(充實)與資本維持具有保護股東(包括未來股東)的功能，況且，除此之外，還有資本市場保障投資大眾的功能，並無必要現在就將其廢除[44]。

---

41 Bruns, aaO., (Fn. 40), S. 202.

42 Grunewald/Noack, aaO. (Fn. 25), S. 189 (190).

43 Walter Bayer, Unwirksame Leistungen auf die Stammeinlage und nachträgliche Erfüllung – Zugleich Besprechung der Entscheidung des BGH v. 2.12.2002, II ZR 101/02, GmbHR 2004, S. 445; Harald Kallmeyer, Bereinigung der Finanzverfassung der GmbH – Vorschlag für eine GmbH-Reform, GmbHR 2004, S. 377; 2008 年修法後，最新發展請參.Roth/Altmeppen, aaO. (Fn. 13), § 19 Rn. 40ff; §§ 32a, b aF.

44 Bayer, aaO. (Fn. 18), S. 708 (761ff.).

三、資本不足與穿索責任

最低資本額與資本不足，兩者同屬公司資本規範的問題，但在概念上與所涉問題並不相等。最低資本額制，立論在要求公司設立者，必須繳足與維持法定最低資本數額，以為公司債權人之保證基金；而資本不足(**Unterkapitalisierung**)，則在於考量公司經營需要多少資本始為適當，如公司資本高於此數，則為適足，但是若低於此數額者，則稱之資本不足，故由此可知，資本不足本質上是個動態概念，應視公司種類與規模大小，而有不同的之認定數額，並非每家公司都如最低資本額般數額相同，因此，不像最低資本額是個靜態概念，兩者實際上並非同一。而且，亦應注意者，資本不足的問題，實與最低資本額存廢完全無關。

所以，最低資本額可謂是立法政策上的意定數目，只要立法者考量各項因素後，決定採行某個適當數目即可，例如德國有限公司修正草案[45]，即考量經濟發展的變遷，大多數或新設的有限公司已不再經營製造業，而是超過百分之八十五以上的公司都歸屬服務業，這類公司開始起家時通常並不需要太多資本，故有意將公司資本額由原本二萬五千歐元降低為一萬歐元。

相反地，公司必須具足多少資本，始為適當，卻是個不容易回答的問題，或者甚至是個無法確定的問題。因此，任何意圖定義資本不足構成要件的嘗試，未有不功虧一簣者[46]，因為它所涉及的因素過於複雜，不止與經營行業種類及規模大小有關，而且亦受公司內外國際經濟情勢整體局勢影響。但是，話雖如此，因為公司資本，向來有依來自股東出資所匯聚之自有資本

---

[45] BT-Drucksache 16/6140, Begründung zu Nummer 5, S. 29.

[46] 一般性介紹請參閱 Wilhelm, aaO. (Fn. 20), Rn. 454ff.;專論如 Christian Möller, Die materiell unterkapitalisierte GmbH, München, 2005; Jakob Soroko, Die materiell unterkapitalisierte GmbH in Deutschland und Polen, 2009, Frankfurt/Main: Peter Lang 及書中所引資料。

(Eigenkapital)，與經由對外信貸所引進之外來資本(Fremdkapital)之分，公司即有可能將其所需適足資本，不循股東出資管道，而藉對外貸款方式取得，或者甚至是任令公司資本不足，使損失風險轉移給公司債權人，明顯有失公平正義理念，故亦不得不謀求對策以因應之。

(一) 名義資本不足

學說上通常分為名義上號稱資本不足(die nominelle Unterkapitalisierung)及「實質資本不足」(die materielle Unterkapitalisierung)兩個不同概念[47]。名義上的資本不足，乃是指股東對於公司所需資本，並不是以自有資本出資額的方式，而是以外來資本借貸的管道提供，公司資本「實質」(materiell)並無不足，只是股東取巧以債權人身分減輕其投資風險，如此，當然造成純然只是公司債權人不公平的現象。因此，從帝國最高法院(Reichsgericht)時代起，就經由法院法律續造(Rechsforbildung)，以及學說認同的方式，回歸到資本法制的相關規定處理，例如禁止分配(Auszahlungsverbot)、股款發還責任(Rückzahlungshaftung)、無力清償責任(Ausfallhaftung)及損害賠償(Schadensersatzhaftung)等原則處理[48]。

直至一九八〇年，有限公司法修正時，增訂第三十二a及三十二b (§§ 32a, 32b GmbHG)兩條規定，始以成文法律「替代自有資本借貸法制」[49]，正式規範名義上的資本不足，而將其視為自有資本。因此，該筆借貸如經返還或是發還股東者，即違反舊法第三十條第一項「為維持公司出身資本所需之必要財產，不得付與股東」之規定。

但在 2008 年有限公司法修正的時候，因為替代自有資本借貸

---

[47] Schmidt, aaO. (Fn. 21), § 9 IV 4；Wilhelm, aaO. (Fn. 20), Rn. 454;中文介紹請參閱楊君仁，前揭書(Fn. 38)，第二章肆以下之介紹。

[48] RG JW 1938, 862 (864); RG JW 1939, 229 (231); RG JW 1939, 354 (356); RG JW 1931, 1080 (1082).

[49] Gottfried Löwisch, Eigenkapitalersatzrecht, Kommentierung zu §§ 32a, b GmbHG, 2007, München: C. H. Beck.

(eigenkapitalersetzende Gesellschafterdarlehen)[50]規定過於複雜，故現行有限公司法已廢除前述兩條規定，此類借貸已不再視為自有資本，而將其視為是次順位(nachrangig)且得撤銷之清償債權，轉由破產法規範處理(§ 39 Abs. 1 Nr. 5, Abs. 4 und 5; §§ 44a, 135, 143 Abs. 1 und 3 Insolvenzordnung, InsO)[51]。唯須注意者，目前司法實務對於 2008 年 11 月 1 日以前所宣告的破產「舊案」(Altfälle)，聯邦最高法院依然採行舊法替代自有資本借貸之規定處理[52]。

(二) 實質資本不足與穿索責任

實質資本不足，早已為德國法學界視為是穿索責任(Durchgriffshaftung)[53]

---

[50] 德國聯邦最高法院在 Beton- und Monierbau (BuM)判決(BGHZ 90, 381)中明言，股份有限公司原則上亦適用替代自有資本借貸，但又不免考量公司公開大眾化的特質，並非適用於任何股東，而必須論述那類股東始具此資格。問題如此環環相扣，焉能不複雜。因此，在內閣最後定版的草案(Regierungsentwurf, BT-Drucksache 16/6140, Begründung zu Nummer 22, S. 42)即將其廢棄，但學界對此仍有提出異議者，如 Hommelhoff, in: Gesellschaftsrechtliche Vereinigung (Hrsg.), Die GmbH-Reform in der Diskussion, 2006, S. 115ff.; Altmeppen, in: Gesellschaftsrechtliche Vereinigung (Hrsg.), Die GmbH-Reform in der Diskussion, 2006, 2007, S.93, 100ff.

[51] *Kleindiek* in Lutter/Hommelhoff, aaO. (Fn. 11), Anhang zu § 64 Rn. 93;所謂「得撤銷」乃指在破產宣告一年前所有返還或發還股東之借貸，破產管理人得撤銷之。Vgl. Falk Mylich, Probleme und Wertungswidersprüche beim Verständnis von § 135 Abs. 1 Alt. 2 Nr. 2 InsO n.F., ZGR 2009, S. 474ff.

[52] “Früheres Eigenkapitalersatzrecht auch nach Inkrafttreten des MoMiG in Altfällen weiterhin anwendbar.” “Gut Buschow” BGH vom 26.1.2009 – II ZR 260/07 = DB 2009, S. 670; Roth/Altmeppen, aaO. (Fn. 13), § 32a aF Rn. 1.

[53] “Durchgriffshaftung”即是否認公司人格之責任法制，等同美制之揭開公司面紗(Piercing the Corporate Veil)，中文譯名有稱「直索責任」，如劉渝生，《公司法制之再造── 與德國公司法之比較研究》，頁 219-248，2005 年 6 月；洪秀芬、朱德芳，〈關係企業債權人保護之發展趨勢：以揭穿公司面紗為核心〉，《臺大法學論叢》，第 43 卷第 3 期，2014 年 9 月，頁 664；有譯為「穿透責任」如最高法院 101 年度台上字第 187 號民事判決。上述兩種翻譯應可足供吾人使用，實無再增添名詞必要，但如從「信、達、雅」翻譯標竿以觀，兩者可惜都未盡德文原意，乃因 Durchgriffshaftung，來自 Durchgriff 和 Haftung(責任)兩個字的組成，Durchgriff 是 durchgreifen 動詞的名詞，durch 是「穿透」，greifen 是「捉索」，是故據此可知，「直索責任」未能盡 durch(穿)之意，而「穿透責任」則缺少 greifen(捉索)動作，都不若合為「穿索責任」更能切合德文語意。學說上對於穿索責任，通常認為適用於濫用法制度(Missbrauch der Rechtsform)、財務不分(Vermögensvermischung)與界線不分(Sphärenvermischung)等類型案件。

適用的對象，乃指股東對公司所營事業所需資本及其所存風險，並未給予適當資本充實，而僅以極微之自有資本充數而已，甚至亦不願藉由借貸外來資金補強，而任令其現實處於資本不足之謂。對於此種濫用公司法制的行為，在為保障公司債權人權益的考量下，通說認為即可不顧公司身為法人，享有債權債務獨立主體之身分，而追究藏身背後的公司股東，科以穿索責任，但其理論建構與適用前提等構成要件，卻向來困擾著德國法學界與司法實務，而被視為是最具爭議的問題[54]。

原因在於，有限公司與股份有限公司，學理上通常稱為「資合公司」，因為股東僅就其出資額(所認股份)對公司負責，至於，公司則以獨立法人格，就其資本總額對債權人負責。故就法制規定而論，公司與股東各自擁有獨立的法人格，股東享有法制上責任限制(Haftungsbeschränkung)的利基。問題是，兩者實際上並非從此就「橋歸橋、路歸路」，各行其是而絕無交匯，相反的，在經濟活動上卻經常一體難分，故有時無論是基於誠信原則，或是防止法制度遭受濫用，事實都有必要穿越分離原則，而使隱身在公司人格後面的股東，直接承負法律責任[55]。亦即就責任分離的關係來說，在責任限制與責任穿越(Haftungsdurchgriff)之間，其實存在著「原則-例外」(Regel-Ausnahme-Prinzip)的關係[56]，因此，吾人反而可以斷言的是，公司法制上「責任限制並非是法人的本質特性[57]」。

股東因實質資本不足，而負穿索責任的法理基礎，德國法學界向來有「濫權說」(Missbrauchslehre)與「規範目的理論」(Normzwecktheorie)的說法。前者理論最先創自 Rolf Serick[58]，認為公司與在後面的股東有意濫用有限責任法

---

[54] Thomas Raiser, aaO. (Fn. 17), S. 637 (647).

[55] Kraft/Kreutz, Gesellschaftsrecht, 11. Auflage, 2000, S. 60ff..

[56] Blaurock, aaO. (Fn. 22), S. 3 (6).

[57] Thomas Raiser 同名論文"Die Haftungsbeschränkung ist kein Wesensmerkmal der juristischen Person" FS für Marcus Lutter, 2000, S. 637.

[58] Serick, Rechtsform und Realität juristischer Personen, 1955, 2. unveränderte Auflage 1980; Durchgriffsprobleme bei Vertragsstörungen, Karlsruhe, 1959.

制，但是，此說由於必須確定責任限制，乃屬法人本質特性的前提，但此論點卻明顯有違目前學界通說，以及實務上常陷於舉證股東主觀意圖的困難，所以聯邦最高法院從未採用於判決上[59]。

至於，「規範目的理論」則揚棄法人濫權說，不再因資本不足而困擾於股東的意圖與責任，而是直接將追究穿索責任與否，完全置諸於法定資本繳足(充實)與資本維持之意義與目的(Sinn und Zweck)[60]，特別是考量保護公司債權人利益的落實。因此，如果客觀上公司所需資本，與實際股東所出資本間明顯失衡者，則此時應不適用有限公司法第十三條第二項「公司僅就公司資產對其債權人負責」之規定，而追究穿索責任，可謂為「結構責任」(Strukturhaftung)。但亦有從債信不能(Kreditunfähigkeit)觀點，認為當存在資本不足者，此時股東乃有意對資本需求無意負責，則屬行為責任(Verhaltenshaftung)，故而，股東就其出資對公司而言，已可歸諸為違反義務之行為(haftungsbegründend)，故其行為上必須具有過失始可(verschuldensabhängig)[61]。

然而，「規範目的理論」仍有其理論上的盲點，例如必須事前(ex ante)抽象確定，孰為自有資本與外來資本的正確關係，而後始能斷言所出資本明顯不足，但這在實際上卻是不可能為之者。所以，最多只能就企業結構規模來判定，如果公司確實需要較高資本，始可經營，此時股東既未增額出資，更未挹注外來資本，卻仍僅以低微資本設立者，即應認為具有適用穿索責任之餘地[62]。

但是，德國聯邦最高法院在其司法實務上，並不僅因公司財務結構不良，

---

[59] BGHZ 20, S. 4 (13); 31, S. 258 (271); BSG, ZIP 1984, S. 1217 (1222).

[60] Schmidt, Karsten, aaO. (Fn. 21), § 9 II 1 b, S. 230ff.; *Lutter* in Lutter/Hommelhoff, aaO. (Fn. 11), § 13 Rn. 11ff..

[61] Blaurock, aaO. (Fn. 22), S. 3 (20).

[62] Blaurock, aaO. (Fn. 22), S. 3 (20).

即以「實質資本不足」為理由，科以公司股東之穿索責任[63]。唯一的例外，乃是在 Siedler[64]一案中，對被告的協會以其毫無財產，故認定為實質資本不足，而課以穿索責任，然而過後不久，同一民事庭(VII. Zivilsenat)卻隨即在後續的判決[65]中，馬上否決有適用穿索責任的可能。究其原因[66]，蓋因法律對資本總額之規定，如股份有限公司 50,000 歐元(§ 7 AktG)，有限公司 25,000 歐元(§ 5 I GmbHG)，都僅屬抽象定量數額而已，更何況，新近增設的企業公司(Unternehmensgesellschaft)，甚至連最低資本額都沒有規定(§ 5a I GmbHG)，故就法言法，並不能採認企業管理觀點，任意依公司行業規模等特性，即可斷言公司資本適足與否。

四、資本不足與債權人之保護

法學理論若不待法說(Rechtsprechung)司法實務採用，並引以為判決理據，則終不免仍屬學說而已。雖說如此，未必減輕其學術功業，甚至亦能提供其他國家豐碩的法比較價值，但對學者自身法學成就而言，可能總沒有理論與實務能夠交匯，取得具體的實踐結果，來得更令人激賞。實質資本不足與穿索責任，雖經學者分從不同的學術觀點，提出諸多解決問題的理論建構，可惜都缺乏法實務青睞採用，因此，必須轉而對聯邦最高法院，處理實質資本不足的立場有所了解，深入其法律責任理念，與現行相關法制度可行性(Kompatibilität)之論辯，未嘗不是件更為重要的事[67]。

---

[63] BGHZ 68, 312 “Typenhaus”; BGH NJW 1977, S. 1449; BGHZ 90, 381 (390) = NJW 1984, S. 1893; BGH ZIP 1991, S. 1140 (1145); BAG NJW 1999, S. 740; NJW 1999, S. 2298 = ZIP 1999, S. 878; OLG Oldenburg NZG 2000, S. 555; BGHZ 176, 204 = NJW 2008, S. 2437 = ZIP 2008, S. 1232.

[64] BGHZ 54, 222.

[65] BGHZ 68, 312 “Typenhaus”; BGH WM 1995, S. 396 (398).

[66] Wilhelm, aaO. (Fn. 20), Rn. 499.

[67] 因受文章規模所限，本文對此僅取梗概發展論述，故未對於司法判決系列發展，以及各家學說予以詳細討論，乃屬有意的忽略，尚請讀者諒察。

(一) 準用契約性關係企業之規定

在「起重機」(Autokran)[68]案中，事涉被告經營汽車報廢場，為此事業設有七家有限公司，除此之外，並為統籌這些公司的會計、財務及融資契約等，另行再成立專司管理的有限公司一家。而且，被告不論是獨資或是經由家庭成員信託，在這些公司都屬控制股東的身分。至於，原告則是經營起重機租賃業務，與七家有限公司簽定總數三十九具的起重機交付使用，然而，事實發現，這些起重機毫無管制地在這些七家公司間流轉，甚至是為被告家庭建築房子所私用。後來因起重機疏於維護毀壞，原告乃與這七家有限公司終止契約，並請求相關給付，問題是，公司名下根本沒有任何資產，所以原告乃依據被告為七家公司之股東身分，卻任令公司資本不足，故而向其請求穿索責任。

聯邦最高法院在「起重機」案判決中，塑造出「具資格事實關係企業」(Begriff des qualifizierten faktischen Konzerns)的概念，認為具控制力的企業，當存在類如關係企業的關係時，即應該視同是與從屬有限公司間具有控制契約，而必須為其債務負責，故準用股份法第三○二、三○三(§§ 303, 303 AktG)契約性關係企業之規定，課以該有廣泛影響力的股東，必須承負關係企業法上的穿索責任，採行由股東直接向公司債權人負責的外部責任(Außenhaftung)賠償機制，判決中非常清楚明確地，並非是以實質資本不足為據。

但是，聯邦最高法院的判決論據，乃基於「持續及廣泛的行使指導權力[69]」的認定，因此，那些情況合乎此構成要件，卻是空泛而不明確，不免備受學界批評[70]，故而在後續判決中，乃立圖修正將獨資或多數股東或者公司負責

---

[68] BGHZ 95, 330.後續採同見解判決者，如 BGHZ 107, 7 (15ff); 115, 187 (“Video”); 122, 123ff. (“TBB”).

[69] “Dauernde und umfassende Ausübung der Leitungsmacht”, BGHZ 95, 330 (334).

[70] 例如 Hans-Joachim Mertens 甚至批評像在學變魔術(Zauberlehrling), Anmerkung zum Urteil des BGH vom 23. 9. 1991 – II ZR 135/90, AG 1991, S. 434; Werner Flume, Das Video-Urteil und das GmbH-Recht, DB 1992, S. 25ff.

人執行其他企業行為，應可認定具事實關係企業者，始即負關係企業責任。然而，如此作法卻形同將契約性關係企業(Vertragskonzern)，與從屬有限公司可能致生損害的「密度情況」(Verdichtungslage)[71]等同並列，亦可能使有限公司法第十三條第二項「公司僅就公司資產對其債權人負責」之規定，實際上形同具文，而為學說(Rechtslehre)所不取。

尤其是，聯邦最高法院隨後在 Video[72]案中，基於事實關係企業並未如契約性關係企業般，具有指示權(Weisungsrecht)，甚至是合法有權損其利益的指示權能，因此嘗試建立舉證可能的合法性，而非僅只準用契約性關係企業之規定而已。根據其看法，責任之追究與否，不再證明其是否合乎正常業務執行之常例，而繫於損害之發生與否，乃根據事實判斷其有無行使指導權力為定。如此判決立場，因相當容易將公司損害，歸因於控制企業執行業務所致，而使其實際承負無限責任，所以，任何人只要當公司負責人，就具有為公司債務負無限責任的風險，衝擊中小企業常見的業務執行特色，可謂直擊其經營文化的核心命脈。因此，不難想像其所受批評之火熱，甚至提起憲法爭訟[73]，雖然，最後結果釋憲並未成功，但亦由此可見，準用契約性關係企業規定之爭議。

(二) 因毀滅生存所生責任

由於股份法契約性關係企業，與從屬有限公司結構上的差異，聯邦最高法院承認「事實關係企業」的法律概念未必合理(unsachmäßig)，因此在隨後的“Bremer Vulkan[74]”判決中，甚至在還沒有切進案情，即直接表明法院向來採用的關係企業責任觀點，不經不再適用，並在本案判決中使用「滅生責任」，所謂「因毀滅生存所生責任」(Haftung aus Existenzvernichtung,

[71] Wilhelm, aaO. (Fn. 20), Rn. 510.

[72] “Video” 115, 187 (193).

[73] BVerfG NJW 1993, S. 2600.

[74] BGHZ 149, 10 = NJW 2001, S. 3266 = ZIP 2001, S. 1874; BGHZ 151, 181 “KBV”.

Existenzvernichtungshaftung)，採行「(生)存在保護」(Bestandsschutz)的觀點，由公司依侵權責任法理，採內部責任(Innenhaftung)而向股東請求賠償。依據聯邦最高法院的看法，為公司自身利益計，股東應該給予適當的注意，以維持出身資本與確保公司存在[75]，因此，如果股東掏空公司，而損害公司債權人，例如將被宰公司資產完全轉移至他家公司繼續經營，而完全不再去煩心被宰公司的債務困擾者，即是毀滅其生存(Existenzvernichtung)[76]。由此可知，其立論基礎在於，公司財產本來即具專門性與目的性，乃為優先滿足公司債權人所設，因此，股東如有違反義務，而完全無視從屬公司的利益，維持公司資產以保公司債權人權益，對於所致生的損害，即必須負責。所以，在這層面上，它可說是非屬過失責任(Verschuldenshaftung)，而是繫於特定行為的結果責任(Erfolgshaftung)論[77]。

聯邦最高法院在新近的兩則判決"TriHotel[78]"與"Gamma[79]"中，再次明確重申其維護法人獨立性的觀點，亦即「滅生責任」作為股東對公司負內部責任的法理，實由於其故意違反善良風俗，而加損害於公司財產，有違民法第八百二十六條(§ 826 BGB)之規定。準此，公司依民法第八百二十六條(§ 826 BGB)，得向股東請求損害賠償之構成要件，必須具有(Ⅰ)原告身分必須為公司，尤其是破產管理人始為適格，至於公司債權人欲準用股份法規定(§§ 93V, 309 IV 2, 310 IV, 317 IV, 318 IV AktG)代位行使，雖為學說所贊同，但聯邦最高法院則拒絕適用；(Ⅱ)被告則為剝奪公司財產之股東，包括雖非直接行為人，但同意其所為之股東在內；(Ⅲ)侵權行為如剝奪公司機會，對象不僅是現時存在者，也包括未來的公司機會在內；如剝奪公司財產，但其財產並非

---

[75] "Eine angemessene Rücksichtnahme", BGHZ 149, 10 Leitsatz.

[76] "Ausplünderung einer Gesellschaft zum Nachteil der Gesellschaftsgläubiger", Wilhelm, aaO. (Fn. 20), Rz. 502.

[77] Soroko, aaO. (Fn. 46), S. 83.

[78] "TriHotel" BGH v. 16.7.2007 = BGHZ 173, 246 = DB 2007, 1802 = ZIP 2007, 1552.

[79] "Gamma" BGH v. 28.4.2008 = BGHZ 176, 204.

僅以會計數額為度，而是擴及所有公司在破產時可歸諸為任何有損債權的財產在內；如無對價免除股東債務者；(Ⅳ)對公司財產所具保障債權人之目的，並未給予應有之注意，但此仍須注意者，單純的決策失誤，不應該歸屬此所謂藐視行為在內；(Ⅴ)侵權行為損及公司清償債務之能力，致使公司因而破產或負債累累者；(Ⅵ)不存在其他優先請求權者；(Ⅶ)公司所受損害，實出於此侵權行為者[80]。

聯邦最高法院從 2001 年 9 月在"Bremer Vulkan"案起，以滅生責任建構股東違反資本充實與資本維持的賠償路徑，由股東依據民法第八百二十六條「故意違反善良風俗加損害於他人(公司)者」之規定，就公司之損害，向公司負賠償責任者，至今已歷經五個判決[81]。此種科以股東直接責任(Direkthaftung)[82]，或者所謂的「內部責任」(Innenhaftung)[83]，實與過去準用契約性關係企業之規定，由股東直接對公司債權人負責之法理不同(外部責任, Außenhaftung)。前後兩者歸責法理的不同處，即在於採行「內部責任」，完全無須先行確定被告股東與原告公司間，確實存在關係企業之前提，以及證明危害狀況之發生，乃出於指示從屬公司所致，與其造成公司破產之因果關係[84]，整體而言，可謂有其回歸法律明文規定，侵權行為法制堅實的理論基礎為據，應為其優勢所在。

---

[80] 構成要件之整理，悉依 Wilhelm, aaO. (Fn. 20), Rn. 516 及請參考自 Rn. 514a 以下與附註所引之豐富參考文獻。

[81] "Bremer Vulkan" BGH v. 17.9.2001 = BGHZ 149, 10 = NJW 2001, 3266 = ZIP 2001, 1874; BGH v. 25.2.2002 = BGHZ 150, 61 = DB 2002, 995 = NJW 2002, 1803; "KBV" BGH v. 24.6.2002 = BGHZ 151, 181; "TriHotel" BGH v. 16.7.2007 = BGHZ 173, 246 = DB 2007, 1802 = ZIP 2007, 1552; "Gamma" BGH v. 28.4.2008 = BGHZ 176, 204.

[82] BGH NJW-RR 1988, S. 1181; ZIP 1992, S. 694; BAG ZIP 1999, S. 878 (880).

[83] *Lutter* in Lutter/Hommelhoff, aaO. (Fn. 11), § 13 Rn. 28.

[84] Wilhelm, aaO. (Fn. 20), Rn. 517.

五、結論

從德國的法學發展可見，聯邦最高法院對實質資本不足，即課以股東穿索責任，向來興味有限，而且在司法判例上，也已從過去就關係企業穿索責任的觀點，由公司債權人直接向股東請求的外部責任賠償機制，轉而改由公司依侵權責任法理，採內部責任而向股東請求賠償，確保資本充實與資本維持，以為保障債權人權益之法制。

至於，最低資本額的未來，更是難以抵擋可能遭遇廢棄的潮流，一方面源於法制所設想的功能，實際並未發揮多少效果；而另一方面，尤其是在歐盟法制同化和諧的列車進程中，當愈來愈多的會員國揚棄確定資本法制時，德國傳統的最低資本額，能再撐多少，已經不是個重要的問題。更何況，2008年有限公司法修正增訂企業公司，完全不規定最低資本額，更是明白宣示這傳統法制確已鬆動。

因此，整體而言，最低資本額及實質資本不足所引發的學說爭議，雖然耗費多少學者心力，累積無數的學術資產，但對德國而言，終不免屬於進行中的過去式了[85]。反觀臺灣過去對於最低資本額，學說論述本就不多，大都亦僅著意「有限公司及股份有限公司最低資本額標準」法令變動而已，而如今早已修法正式廢除公司最低資本總額，更加促使學界與政府無庸再耗費心力於此。至於，對於公司實質資本不足的法律問題，向來關注亦屬有限，因此，改進之道應該如何？是以德國為例，學習德國學說法制，以為我們進行中的未來式呢？還是應以德國為鏡，避免重蹈其覆轍，直接跨越過去，置資本不足問題於不論，如此則對公司股東與債權人而言，是幸耶？抑或不幸耶？

*本文發表於《法學新論》，第 20 期（2010. 03）

---

[85] “Eine bewegte Vergangenheit”Soroko, aaO. (Fn. 46), S. 204.

公司治理與企業社會責任

——德國法的觀點

關鍵字：企業社會責任、公司治理、共同福祉條款、企業利益、勞工共同決定權、經營判斷法則、審計委員會、歐盟綠皮書、公司治理報告

一、前言

公司治理(Corporate Governance, CG)、企業社會責任(Corporate Social Responsibility, CSR[1])是臺灣持續關注的熱門議題，不僅學術上分別有從哲學[2]、企管[3]、經濟[4]、法律[5]等專業領域多所探究，論述上更是兼顧臺灣與國際的發展概況，而學界之外亦為產官界大力倡導，因此，影響所及，兩個原本歸屬專業的概念語詞，如今處處散見於報章媒體之間[6]，已為日常口語使用的字眼。

---

[1] 譯為「公司社會責任」應較正確，但本文從通俗及廣義，都使用「企業社會責任」一詞。

[2] 葉保強，《企業倫理》，臺北：五南，2005 年。

[3] 葉銀華/李存修/柯承恩，《公司治理與評等系統》，臺北：商智文化，2002 年。

[4] 孫震，《經濟發展的倫理基礎》，臺北：商務，2006 年。

[5] 劉連煜，《公司監控與公司社會責任》，臺北：五南，1995 年。

[6] 例如天下雜誌特別企劃 CSR2008 天下企業公民獎，請參閱《天下雜誌》2008 年 3 月 26 日 393 期，所公布「企業公民 TOP50」排行，頁 38 以下「不論先進的歐美市場，或急速發展的新興國家，『企業公民』已從掛在嘴邊的道德觀念，變為企業執行力的新角力場。」

而在國際上的類似議題發展，更是形形色色，組織發展也非常的多元，各具特色，完整的臚列根本是件不可能的事，但舉其重者，例如聯合國的「全球盟約」(the Global Compact)[7]，經濟合作暨發展組織(OECD)所公布的「公司治理準則」(Principles of Corporate Governance)[8]，國際勞工組織(ILO)[9]特別是對多國籍企業基本聲明與社會政策所揭櫫的 59 項工作條件[10]，或是「全球報告行動」(the Global Reporting Initiative, GRI)[11]所推動的永續報告(Nachhaltigkeitsberichten)。

至於，德國對此兩者的理念觀點與法制實踐如何，則為本文探討所在。內文論述主要分為三大部分：第一部分先就企業社會責任的概念內涵，尤其是面對全球化時代，藉 Corporate Social Responsibility 口號再啟新一波企業倫理責任的討論，利害關係人利益(stakeholder value)的理念發展，及歐盟綠皮書影響啟迪的思想重點，最後則回歸德國傳統「共同福祉條款」到「企業利益」的理念與實踐歷程，呈顯德國法制體現企業社會責任的特色。第二部分則以德國公司治理準則為綱，探討其發展背景、內容與公司治理新制。第三部分以深具德國法制特色的董事會、監事會所謂的雙軌制，勞工共同決定權及環境永續發展目標，申論公司治理與企業社會責任的實踐路徑。

最後，應先予說明者，雖說公司治理與企業社會責任，適用於所有公司

---

7 中文介紹請參賴英照，〈論全球盟約與公司社會責任〉，《法令月刊》，第 58 卷第 2 期，頁 4 以下。

8 OECD 公布的「公司治理準則」，請參閱網站：http://www.oecd.org/ document/49/0,2340,en_2649_34813_31530865_1_1_1_1,00.html

9 國際勞工組織是聯合國最古老的特別組織，早在 1919 年凡爾賽合約時即已成立，1946 年成為聯合國第一個所屬組織，總部設於瑞士日內瓦，以改善國際上勞工條件及促進社會安全為目的，並以勞工的結社自由與團體協約權、消除強制工作、禁止童工、禁止就業與工作歧視為四大基本原則，至今所制定攸關勞工權益的公約已超過 180 個。

10 Internationales Arbeitsamt, Dreigliedrige Grundsatzerklärung über multinationale Unternehmen und Sozialpolitik, 3. Auflage (2001), Genf (als pdf-Datei)。

11 A. Haller/J. Ernstberger, Global Reporting Initiative – Internationale Leitlinien zur Erstellung von Nachhaltigkeitsberichten, BB 2006, S. 2516。

種類，但為行文方便，企業對象以上市股份有限公司(die börsennotierte AG)[12]為主。

二、企業社會責任

(一) 企業社會責任的定義與內涵

在德國，企業社會責任的定義為何，並未有一致的共識[13]，原因在於大都依所涉專業領域的不同，而有各自的內涵闡釋重點，可謂仍是眾說紛紜。尤其是，如果純就法律規範的明確性來說，在現行公司法的規定架構下[14]，公司治理、企業社會責任依然並非法律概念[15]，因此，即使目前對於公司治理與企業社會責任已有普遍的認知，例如股份有限公司在追求經營績效，必須承負社會責任(Soziale Verantwortung)，但仍無改於兩者都非法律概念的事實，無法直接援引為法律義務(Rechtspflicht)[16]，而藉由國家強制手段予以實踐。

---

[12] 1994 年，德國股份法(AktG)修正時，為使中小型企業更易於選擇股份有限公司作為公司組織，而將股份有限公司區分為上市(börsennotierten)與非上市(privaten)兩類。Gesetz für kleine Aktiengesellschaften und zur Deregulierung des Aktienrechts vom 2. Aug. 1994 (BGBl. I 1994, 1961)。

[13] Beatrix Kuhlen, Corporate Social Responsibility (CSR) – Die ethische Verantwortung von Unternehmen für Ökologie, Ökonomie und Soziales, 2005, S. 7；Oliver M. Herchen, Corporate Social Responsibility – Wie Unternehmen mit ihrer ethischen Verantwortung umgehen, 2007, S. 25。

[14] 德國並無類似臺灣統一的公司法典，而是依公司種類而散見於商法、信用合作社法、股份法、有限公司法等不同的法典。

[15] Klaus J. Hopt, Die rechtlichen Rahmenbedingungen der Corporate Governance, in Hommelhoff/ Hopt/v. Werder (Hrsg.), Handbuch Corporate Governance, 2003, Verlag Dr. Otto Schmidt, S. 29 (30) (zitiert: Handbuch)。

[16] Hefermehl/Spindler in Münchener Kommentar zum Aktiengesetz, 2004, § 76 Rn. 69 (zitiert: MünchKomm AktG)。

當然，不能因此隨即斷言，德國公司法並無企業社會責任的理念與成就。事實上，在十九世紀隨著工業化的發展，經濟結構產生重大改變，小而地域性的營業漸失意義，企業體走向大型化，關係企業(Konzerne)挾其龐大的市場力量控制著經濟活動，企業必須擔負社會責任的理念就已萌芽[17]。因此，就有深受宗教薰陶或社會政策啟迪的企業主，將投入社會公益視為是文化當然之道(kulturelle Selbstverständlichkeit)[18]，為員工蓋住宅、設幼稚園、建療養院或改善工作環境等，以贊助者或發起人的角色，表現出這時期關懷社會福祉的特徵。例如 Werner von Siemens 在十九世紀末，就大筆捐獻柏林的土地及個人財力創立國有自然科學研究機構；Robert Bosch 在 1920 年代基於慈善胸懷，投入社會與健康照護的行動[19]。此種源自社會倫理或宗教情懷展現社會責任的傳統特色，據波昂(Bonn)中等企業研究所(Das Institut für Mittelstandsforschung)的研究顯示，依舊延續至今而生氣活潑，就有超過 80% 受訪的中等企業表示，目前它們在社會、文化、運動與教育等四大主要領域，仍然利用捐獻、免費提供產品或企業資源、榮譽職或志工投入社會公益活動[20]。

1930 年，隨著古典自由放任(laissez-faire)時代結束，轉向國家強力主導干預的經濟模式，以改善勞工的工作與生活環境，及社會其他領域的關懷為務，此種偏離「純資本利益政策」(rein kapitalistischen Interessenpolitik)而轉

---

17 Thomas Loew/Kathrin Ankele/Sabine Braun/Jens Clausen, Bedeutung der CSR-Diskussion für Nachhaltigkeit und die Anforderungen an Unternehmen, 2004, Future e.V. und Institut für Ökologische Wirtschaftsforschung GmbH (IÖW), S. 2。

18 Oliver M. Herchen, Corporate Social Responsibility – Wie Unternehmen mit ihrer ethischen Verantwortung umgehen, 2007, S. 19。

19 André Habisch/Martin Wildner/Franz Wenzel, Corporate Citizenship (CC) als Bestandteil der Unternehmensstrategie, in A. Habisch/R. Schmidpeter/M. Neureiter (Hrsg.), Handbuch Corporate Citizenship - Corporate Social Responsibility für Manager, 2008, Berlin: Springer, S. 5 (zitiert: Handbuch)。

20 Frank Heuberger, CC als Herausforderung an die Politik, in A. Habisch/ R. Schmidpeter/ M. Neureiter (Hrsg.), Handbuch, S. 465 (466)。

向「公利先於私利」(Gemeinnutz vor Eigennutz)的理念變更[21]，最具體的實例，即是 1937 年股份法的規定，要求公司的經營必須「本著事業與員工的福祉，及國民與帝國的共同利益」(§ 70 I AktG, 1937)，將「共同福祉條款」(Gemeinwohlklausel)舉世首見成文規定於法條之中。

第二次世界大戰後，1953 年 Howard R. Bowen 鑒於經濟影響人民的生活既已無孔不入，那就無可避免地必須提問企業的責任為何？因此，出版經典著作「企業家的社會責任」(Social Responsibilities of the Businessman)，認為企業的社會責任應該契合社會的期待與價值，開啟學界對此問題的探討，同樣地影響德國學理的發展。根據學者的研究，企業社會責任受美國法的影響，即便公司實務上亦見其重要性，而學術界在 1990 年代後期起雖有較為持續聚集的研究，但對於議題大都僅只於理論的詮釋，缺乏學術性的創見發現而仍顯不足[22]。

例如英文語詞「Corporate Social Responsibility」，對德國公司法而言，是一個外來移植的概念[23]，而德語亦可見對應字詞 Unternehmenssozialverantwortung 或 Unternehmerische Sozialverantwortung 的翻譯，但在學者的相關論著文獻上[24]，卻仍常見直接以英文 Corporate Social Responsibility (CSR)表達的作法，此種現象除了驗證全球化的時潮下，國與國的接觸愈益頻繁，國際化必然牽動既有法制的發展，亦顯示企業社會責任的理解，其實深受英語世界的影響。

---

[21] Holger Fleischer, Shareholders vs. Stakeholders: Aktien- und übernahmerechtliche Fragen, in Hommelhoff/ Hopt/v. Werder (Hrsg.), Handbuch, S. 129 (131)。

[22] Heribert Meffert/ Matthias Münstermann, Corporate Social Responsibility in Wissenschaft und Praxis – eine Bestandsaufnahme, Arbeitspapier Nr. 186, 2005, Wissenschaftliche Gesellschaft

[23] Holger Fleischer, Legal Transplants im deutschen Aktienrecht, NZG 2004, Heft 24, S. 1129 (1132)。

[24] 例如 A. Habisch/ R. Schmidpeter/ M. Neureiter (Hrsg.), Handbuch; Thomas Beschorner/ Matthias Schmidt (Hrsg.), Corporate Social Responsibility und Corporate Citizenship, 2007; Oliver M. Herchen, Corporate Social Responsibility – Wie Unternehmen mit ihrer ethischen Verantwortung umgehen, 2007; Beatrix Kuhlen, Corporate Social Responsibility (CSR) – Die ethische Verantwortung von Unternehmen für Ökologie, Ökonomie und Soziales, 2005。

當然，此種法律概念的湧進，不論是所謂的「法律移植」(legal transplants)[25]、「法律共振」(legal formants)[26]或是「法律刺激」(legal irritants)[27]必然造成當地國釋義論(Dogmatik)的衝擊，以致於如何取得法學說與法實務的最佳綜效，確實是件相當艱鉅的挑戰[28]。

再者，由 Archie B. Carroll[29]於 1979 年仿心理學家馬斯洛(A. H. Maslow)的需求階層(階梯理論，ladder theory)，所提出的責任金字塔(Verantwortungspyramide)模型(如下圖)，亦為德國學者所樂於引介[30]，而作為闡揚企業社會責任的論據：

25 Alan Watson, Legal Transplants, An Approach to Comparative Law, 2d. ed. (1993), S. 21ff.。

26 Rodolfo Sacco, Legal Formants: A Dynamic Approach to Comparative Law, 39 Am. J. Comp. L. 1 (1991)。

27 Gunther Teubner, Legal Irritants: Good Faith in British Law Or How Unifying Law Ends Up in New Differences. In: Modern Law Review 61, 1998, pp. 11-32; ders., Rechtsirritationen: Der Transfer von Rechtsnormen in rechtssoziologischer Sicht. In: Jürgen Brand and Dieter Stempel (eds.), Soziologie des Rechts: Festschrift Erhard Blankenburg, Nomos, Baden-Baden 1998, S. 233-244。

28 Holger Fleischer, Legal Transplants im deutschen Aktienrecht, NZG 2004, Heft 24, S. 1129 (1130)。

29 A Three-Dimensional Conceptual Model of Corporate Performance, Academy of Management Review, 4 (1979), 497-505; The Pyramid of Corporate Social Responsibility: Toward the Moral Management of Organizational Stakeholders. Business Horizons, 34 (1991), 39-48; Business and Society: Ethics and Stakeholder Management, 3 rd. Edition (1996), Ohio: South-Western College Publishing。 http://www.terry.uga.edu/profiles/?person_id=443，最後瀏覽日：2008/04/04。

30 Thomas Loew/Kathrin Ankele/Sabine Braun/Jens Clausen, aaO., S. 3; Oliver M. Herchen, aaO., S. 17; Beatrix Kuhlen, aaO., S. 8, 101; Thomas Beschorner/Kristin Vorbohle, Neue Spielregeln für eine (verantwortliche) Unternehmensführung, in Thomas Beschorner/Matthias Schmidt (Hrsg.), aaO., S. 105 (108)。

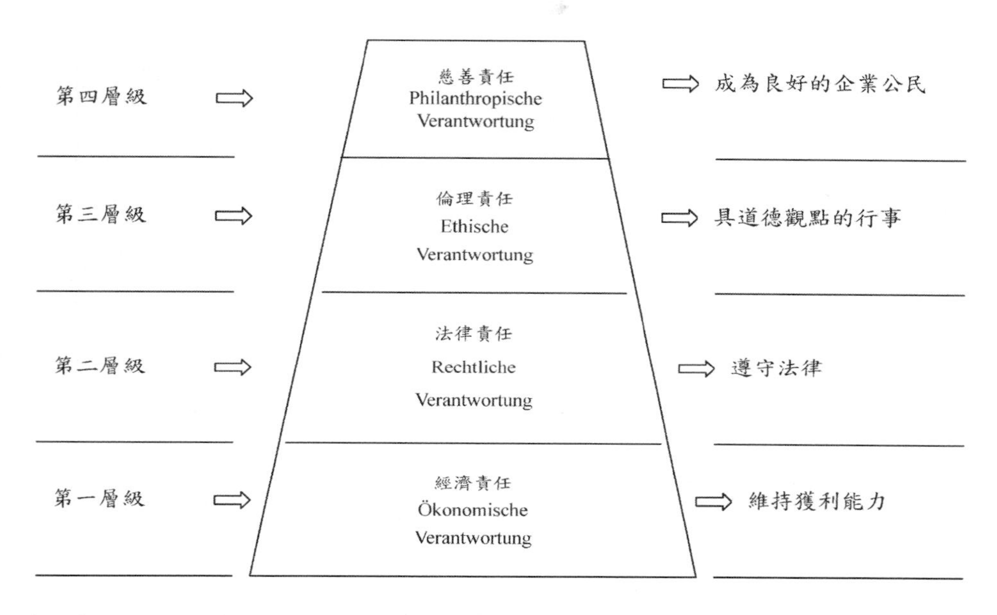

資料來源：Carroll (1996: 39) 圖為作者另繪

依上圖所示，底端第一層級為企業的經濟責任，以維持長期的獲利能力為重點，因為它是企業存在的基礎。如果企業無法生存，那企業社會責任必然成為奢談，況且，企業為求自身利益的成長，必須遵守市場相關法令，而由於法令乃社會整體利益轉化其間，亦可謂是企業對社會責任的體現；第二層級乃以遵守法律為尚的法律責任；第三層級則是倫理責任，藉此以實踐社會所標舉的倫理價值；而居模型最頂端的第四層級為慈善責任，目標在成為良好的企業公民[31]，其乃超越法律或倫理的要求，而以自由意願(Freiwilligkeit)

---

[31] 「企業公民」(Corporate Citizenship, CC)，常被一般大眾視為是企業社會責任(CSR)的同義詞。但事實上，兩者之間仍然有所差別。就企業公民的概念而論，它比較具有「地域聯結」的特性，主要是指企業在本身業務經營之外，投入社區參與解決問題這個面向，通常以捐獻、贊助、設立公益基金會，或是鼓勵員工直接參與推動社會公益等為主。Thomas Loew/ Kathrin Ankele/ Sabine Braun/ Jens Clausen, Bedeutung der CSR-Diskussion für Nachhaltigkeit und die Anforderungen an Unternehmen, 2004, Future e.V. und Institut für Ökologische Wirtschaftsforschung GmbH (IÖW) , S. 10。

動念，追求提昇社會福祉為職志。

如果以Corporate Social Responsibility所引發的新一波企業社會責任的探討為對象，則約略可以分成四個不同階段的理念模式與內涵重點[32]：1960 至 1970 年代後期屬第一階段，此時期將企業視為是社會的一部分，企業並非只為「錢」而存在，因此企業對社會負有義務而必須承擔相關的責任，因此，它可謂奠基企業社會責任(CSR)的理念，與提供其規範基礎；第二階段始於 1970 年代中期起，認為企業其實可以更積極主動承負企業社會責任，因此亦可說是「企業社會回應」(Corporate Social Responsiveness)。而為達此目的，企業必須著重內部分析、目標設定與計劃進程，以為後續發展提供事實可驗證的績效表現[33]。從 1980 至 1990 年代以後，則是第三階段與第四階段交錯發展，第三階段著重企業社會公義(Corporate Social Rectitude)，企業任何核心決策都必須具有倫理考量；第四階段以宇宙(Cosmos)、科學(Science)、宗教(Religion)為理念內涵，回歸自然面向，企業制度性的社會意義被相對化了。只是，第三階段與第四階段的理念發展正方興未艾，仍有待學說理論與企業實務予以落實。

(二) 價值的轉移：從股東利益到利害關係人利益

1. 股東利益的價值觀點(shareholder value)

企業追求經營績效，目的在於營利。我公司法第一條規定「公司以營利為目的」，以「營利」(Gewinnerzielung)為公司的構成要件，並以此標誌出公司有別於其他社團法人的特質。但在德國公司法上卻並沒有類似的明文，例如股份法第一條(§ 1 AktG)規定，「股份有限公司為具法人格的公司。就公司債務僅以公司資產對債權人負責。股份有限公司的資本，應分為股份」；有限

---

[32] Thomas Loew/ Kathrin Ankele/ Sabine Braun/ Jens Clausen, Bedeutung der CSR-Diskussion für Nachhaltigkeit und die Anforderungen an Unternehmen, S. 2；Oliver M. Herchen, aaO., S. 20。

[33] 「企業社會表現」(Corporate Social Performance)。

公司法第一條規定公司目的(Zweck)時，亦僅言「有限公司得依本法之規定，為任何法律所容許的目的，由一人或多人設立之。」(§ 1 GmbHG)；而無限公司則為「在共同商號下為經營商事行業之目的，且股東對於公司債權人所負責任並無限制時，所設立的公司」(§ 105 HGB)[34]。法文中雖都未明言營利目的，但即使如此，「營利目的」仍被通說視為是公司的本質目的[35]。

問題是，公司經營究竟為誰利益[36]？傳統企業經營的觀點，股東是公司經濟上的所有者，公司是股東的公司，以股東利益的最大化為其主導思維，一切以股東價值(shareholder value)是尚[37]，除此之外，公司的經營無庸再行關注勞工、投資者、供應商等其他族群的權益。

在德國，shareholder-value 成為傳誦的通用語詞，起於 Alfred Rappaport 同名著作的印行[38]，但它並非是法律概念，而是歸屬於經濟學的思考範疇[39]。以股東利益為尚的理念，在於架構股東與經營管理階層的關係，等於是本人與代理人的身分(Principle-Agent-Beziehung)。一般而言，股東崇尚維持零風險，以及追求利益最大化(Streben nach Maximierung ihrer Kapitalrendite)為

[34] 無限公司(Offene Handelsgesellschaft)依德國商法(HGB)之規定，並不具有獨立的法人格，異於臺灣公司法制。

[35] Vgl. Semler/Spindler in MünchKomm AktG, Vor § 76 Rn. 79「營利目的(Gewinnerzielung)」；Seibt in K. Schmidt/Lutter (Hrsg.), AktG, 2008, § 23 Rz. 34 「持續獲利目的(dauerhafte Renditeerzielung)」；Heymann/Emmerich, HGB, § 1 Rdn. 8 「營利意圖 (Gewinnerzielungsabsicht)」；Scholz/Emmerich, GmbHG, 10. Auflage (2006), § 1 Rdnr. 2b 「營利目的 (Gewinnerzielung)」，但也未必然僅限於經濟性之目的，例如為獎掖學術研究而設立者亦可。

[36] 歷史上 Edwin Merrick Dodd 與 Adolf Berle 的經典論戰，及相關理論發展的介紹，請參閱賴英照，〈從尤努斯到巴菲特──公司社會責任的基本問題〉，《台灣本土法學》，93 期(2007)，頁 150 以下。

[37] 德國法觀點並非如是，而以多元(pluralistisch)利益考量執行業務，詳細說明請參閱下文有關「共同福祉條款」節次。

[38] Alfred Rappaport, Creating Shareholder Value, The New Standard for Business Performance, New York 1986。

[39] Holger Fleischer, Shareholders vs. Stakeholders: Aktien- und übernahmerechtliche Fragen, in Hommelhoff/ Hopt/v. Werder (Hrsg.), Handbuch, S. 129 (130)。

務，因此，在這樣的權力結構下，管理階層既受委任經營企業，則能否為股東創造利潤，自然成為擔(續)任該等職務與否的關鍵因素，致使其業務執行經營決策，自不免股東利益單向的思考，造成經營管理階級短視唯利是尚，甚或為己私利而犧牲企業長期利益，變成現實的機會主義者，此種疑慮亦正是近來公司治理所以蓬興的原因。

至於，德國現行法對於股東利益的價值理念規範如何呢？依股份法第七十六條第一項規定，「董事會自負責任經營公司」[40]，一般的共識即含有股東價值的理念(shareholder value)，公司負有為股東創造利益的義務，即便是以今最為廣義企業利益(Unternehmensinteresse)的理解[41]，亦無疑義[42]。法制上明顯的例證，譬如放寬公司取得自我股份的限制，建構企業經營利益取向(wertorientiert)的聯結、引進經營團隊股票選擇權與國際會計原則的認定適用。

在放寬公司取得自我股份的限制，作法上先在 1998 年公布強化企業管控與透明的法律[43]，並在此新局情勢的基礎上，增訂股份法第七十一條第一項第八款，規定公司得依股東會授權最高 18 個月的期限內，在所定最低價與最高價的價額內，不超過資本額百分之十的授權額度內，購買公司自我股份。但公司購買自我股份，不能是以交易公司自我股份為目的，不在授權的理由之內。

而且，1998 年股份法修正時，亦將 1965 年即已明定適用於員工的股票選擇權(Aktienoptionen)，對象擴及於公司的經營管理團隊。該條規定股東會得以同意或授權決議的方式，為提供員工、公司或結合企業執行業務

---

[40] § 76 I AktG (1965) “ Der Vorstand hat unter eigener Verantwortung die Gesellschaft zu leiten.”。

[41] 請參本文「企業利益」(Unternehmensinteresse)節次的說明。

[42] Holger Fleischer, Shareholders vs. Stakeholders: Aktien- und übernahmerechtliche Fragen, in Hommelhoff/Hopt/v. Werder (Hrsg.), Handbuch, S. 129 (135)。

[43] Das Gesetz zur Kontrolle und Tansparenz im Unternehmensbereich (KonTranG) vom 27.4.1998 (BGBl. I 1998, 786)。

(Geschäftsführung)成員[44]的新股認購權(Bezugsrecht)，條件增資(bedingte Kapitalerhöhung)(§ 192 II Nr. 3 AktG)。至於，明定適用國際會計原則，主要受到1993年賓士(Daimler Benz)在紐約證券交易所上市的刺激[45]，目的在於改善德國關係企業在國際上的競爭能力，因此在商法增訂編制義務的免除條款(§ 292a HGB)，使得關係企業得依國際上認可的會計原則，與歐盟第七號準則(7. EG-Richtlinie)規定，製作關係企業合併書及關係企業現狀報告書。至於，國際上認可的會計原則，主要是指美國一般通用會計原則(US GAAP)與國際會計標準(IAS)而言[46]。

2. 利害關係人利益的價值觀點(stakeholder value)

企業社會責任的理念，開拓了公司經營的思考面向，不再侷限於股東中心主義，僅只創造股東利益為務，而是擴展到利害關係人利益(stakeholder value)的多維價值觀點。在這樣的思維下，任何在經濟上與企業間具有契約上或法令上利害關係者，例如勞工、供應商、消費者、投資者、債權人、經理人、社會大眾等皆為利害關係族群[47]。據此，企業的經營決策，必須考量此等不同利害族群的共同利益，而德國董事會執行業務本於自負責任的理念，可謂吻合此種利害關係人利益價值觀點[48]。

當然，如果從嚴謹審慎的角度來說，利害關係人的多元思維，概念上除

---

[44] 此成員包括董事會成員、部門主管及其他歸屬業務執行的高階同事，Veil in K. Schmidt/Lutter (Hrsg.), AktG, 2008, § 192 Rz. 18。

[45] 除了編製會計表冊的昂貴成本外，依不同會計規定，竟使當年從原本的6億多馬克(615 Mio DM)年度盈餘，變成虧損18億多(1839 Mio DM)，Baumbach/Hopt, HGB, 30. Auflage (2000), § 292a Rn. 1。

[46] Baumbach/Hopt, HGB, 30. Auflage (2000), § 292a Rn. 5。

[47] Axel v. Werder, Ökonomische Grundfragen der Corporate Governance, in Hommelhoff/Hopt/v. Werder (Hrsg.), Handbuch, S. 3 (9)。

[48] Reinhard H. Schmidt/Marco Weiß, Shareholders vs. Stakeholders: Ökonomische Fragenstellungen, in Hommelhoff/Hopt/v. Werder (Hrsg.), Handbuch, S. 107 (109)。德國過去曾經風行一時的「從公司法到企業法」學術研究討論熱潮(vom Gesellschaftsrecht zum Unternehmensrecht)，亦可見此種價值典範的轉移。

了仍乏統一確切的定義，內涵界線亦充滿不確定性，而且，眾多不同的利害關係族群，如果出現利益衝突時，究竟應優先保障那個族群的利益，在取捨上即出現疑義，理論學說至今仍未定調[49]。但即便如此，董事會執行業務時，基於法律或法律所容許的裁量空間(Ermessensspielraum)決行作為，必須具利害關係人的多元思維，考量企業整體或長期利益，如此始具有合目的性(Zweckmäßigkeit)[50]，例如為員工所為之社會給付(Sozialleistungen)，只要其並未逾越企業長期效能限度，應屬企業利益概念所及範圍之作為；對存在於企業目的(Unternehmenszweck)任務外的捐獻(Spenden)，只要在公眾領域上有助於加強公司形象，應為法所許，但是，如果純為特定政治意圖，而且並不合乎客觀企業利益之判斷者，則不可行，所以董事不能因自己的政治信念，而動用公司財產捐獻。當然，董事會亦須以義務意識善盡受託者管理他人財務的注意義務，評斷所作所為是否為了企業利益，或者只是個人善行而已[51]

(三) 歐盟綠皮書的影響

歐洲，可說是過去十年來發展 Corporate Social Responsibility，最具積極與動能的區域，而且，是以寬廣的視野，包括永續經濟、公司治理、家庭與職業的整合、經濟倫理、社會的市場經濟等等，理論與實務兼顧切入此主題[52]。1993 年，時任執委會主席的 Jacques Delors 即公開呼籲，為對抗社會隔離，必須強化所有參與者的行動力，與發展歐洲的企業網絡。2000 年 3 月歐盟理事會在里斯本集會確定發展策略，號召揭舉企業的社會責任意識，引領終身學習、勞工組織、機會平等、社會融入與永續發展等範疇最佳典範的推廣。

---

[49] 學者 Holger Fleischer 主張應以股東為優先，Shareholders vs. Stakeholders: Aktien- und übernahmerechtliche Fragen, in Hommelhoff/ Hopt/v. Werder (Hrsg.), Handbuch, S. 129 (135)。

[50] 以下舉例說明，請參 Thomas Raiser, Recht der Kapitalgesellschaften, 1983, 70ff。

[51] Semler/Spindler in MünchKomm AktG, Vor § 76 Rn. 82。

[52] René Schmidpeter/Doris Palz, Corporate Social Responsibility in Europa, in A. Habisch/ R. Schmidpeter/ M. Neureiter (Hrsg.), Handbuch, S. 493。

2001 年 7 月，歐盟執委會通過所謂的綠皮書(Grünbuch, KOM [2001] 366)[53]，乃是歐盟對企業社會責任的第一份關鍵文書。依歐盟綠皮書的定義[54]，企業社會責任，乃是企業就其行為及與利害關係人相互關係上，在自願的基礎上整合社會與環境的利益，並據以之為根本理念。因此，此種理念主要是由利害關係人相互關係(Wechselbeziehungen mit den Stakeholdern)、自願性(Freiwilligkeit)、社會與環境利益(soziale Belange und Umweltbelange)等三個核心要點所組成，從而可將企業社會責任視為是個整合的企業理念，藉此企業超越遵守法令規定的要求，自願承負社會責任，付出社會的、生態的與經濟上的貢獻。由此可知，歐盟企業社會責任的理念，乃是建構於社會、經濟與生態的三柱模型(das Drei-Säulen-Modell)，或是所謂的「魔術三角」(das magische Dreieck)[55]。

歐盟綠皮書將企業社會責任主要分成兩個面向[56]：一是企業的內部層次，一是企業的外部層次。在企業的內部層次，主要涉及人力資源管理、勞工保護、適應變遷，環境影響與天然資源的管理等，藉此以減緩勞工面對經濟結構轉型與企業潛在關廠的惶恐，及建立企業生產利用天然資源時的環境意識。因此，人力資源管理上，就以終身學習、強化自信、良善的資訊政策、整合工作家庭與休閒、女性薪資與機會平權、工作職缺的保障等，以培養資格職能優秀的員工為目標。而在勞工保護上，如改善工作環境，並經由保護績效的認證方式，建立以指標提供企業間購買產品或選擇服務交易的參考。另外，企業必須隨時提供員工經濟轉型的資訊，並注意其權益影響狀況，以適應變遷。而企業環境意識的落實，目標在減少天然資源的消耗與廢棄物的增加，減緩環境的負荷，創造企業與環境雙贏(win-win)的結果。

至於，企業的外部層次，則可從在地社區、企業夥伴、供應商、消費者、

---

53 http://eur-lex.europa.eu/LexUriServ/site/de/com/2001/com2001_0366de01.pdf（德文版）。

54 Grünbuch, KOM (2001) 366, S. 7。

55 Beatrix Kuhlen, aaO., S. 24。

56 Grünbuch, KOM (2001) 366, S. 9ff.。

人權與全球環境保護(包括非營利組織)等對象切入。在社區主義的影響下，企業必須融入在地社區，應無疑義，除了企業員工一般多來自當地，工作機會與人力投注、薪資與稅負都是一體兩面攪和在一起，企業對於當地社區的發展與穩定扮演相當重要的角色，因此，企業投入社區，設立教育培訓機構、幼兒照護設施、捐助獎掖文化活動或運動項目，除可提昇社區生活品質，對企業本身的形象與名譽都有正面的效益。而對經濟活動的參與者，例如企業、供應商、消費者等應建立企業夥伴的共識，認知唯有緊密與信賴的共同合作，才能提供價廉物美的產品，維持企業的競爭力。

再者，企業社會責任必須具備人權保障的面向，目前大都藉由設立最低標準(Mindeststandard)或行為準則(Verhaltenskodizes)予以落實，例如 2004 年國際標準組織(International Standards Organisation, ISO)決議，在 2009 年前制定國際上通用的社會責任指標(ISO 26000)；或國際勞工組織(ILO)制定保障工會自由(1948)、結社自由與團體協約權(1949)、給付確保生存所需的工資(1951)、消除強制工作(1957)、禁止就業與工作歧視(1958)、禁止童工(1999)等公約；或 2000 年經濟合作暨發展組織(OECD)會員國所公布的跨國企業準則；或聯合國「全球盟約」(the Global Compact)所揭櫫的九大原則，或 1996 年成立的國際社會責任(Social Accountability International, SAI)人權組織所推動的社會責任 8000 (SA 8000)指標[57]。

企業社會責任理念的倡導外，歐盟亦藉由組織來落實，如 2002 年促成「歐洲多元利害關係人論壇」(European Multi-Stakeholder-Forum, EMS-Forum)[58]，藉由此論壇平台，以強化專家與利益團體間的資訊流通，以及研議有助提昇企業社會責任的建議對策。論壇的運作模式，可分為兩種層面：在高階會議分成四個工作小組，以圓桌會議(Runde Tische)方式確定方向、流程與議題，並提出期中結論；與此平行的，則是由國家代表所組成的工作小組，主要是

[57] http://www.sa-intl.org/。

[58] http://circa.europa.eu/irc/empl/csr_eu_multi_stakeholder_forum/info/data/en/csr%20ems%20forum.htm。

建立會員國間系統化的資訊流通為務。或者組設歐洲企業社會責任聯盟(Europäischen Allianz für Corporate Social Responsibility)，啟發企業自由意願地實踐社會責任，不只是單純出自利他主義(Altruismus)，亦能著眼於企業長期的經營績效[59]。

在歐盟綠皮書的影響下，德國企業明顯有配合的創新措施，例如有名的郵購企業 Otto-Versand 即依據 SA 8000 而制定影響實務深遠的準則，或成衣商 Hess Natur 率先採行的乾淨衣物活動(Kampagne saubere Kleidung, CCC)的行為準則；或是由企業聯盟、非營利組織與工會所共同合作推動的認證(Zertifikate)與標章(Gütersiegel)制度，例如 Rugmark 標章或花章計畫(Flower Label Program)[60]。

而在政府層級中，諸如德國聯邦環境、自然保護與核能安全部(Bundesministerium für Umwelt, Naturschutz und Reaktorsicherheit, BMU)為環境保護基礎，推動設立規範委員會(DIN-NAGUS)，並於 2006 年，特別製作「企業社會責任—環保觀點」(Corporate Social Responsibility – Eine Orientierung aus Umweltsicht)的手冊，倡導企業社會責任理念及措施，尤其是著重在環境保護管理的面向。聯邦經濟合作與發展部(Bundesministerium für wirtschaftliche Zusammenarbeit und Entwicklung, BMZ)推動的 2015 行動計畫(Aktionsprogramm 2015)。

(四) 從「共同福祉條款」到「企業利益」的理念與實踐

不同於英美判例先決(stare decisis)的法制特色，德國乃採行大陸法系的成文傳統，經由立法制定法律，並依據法條文字的釋義，闡述並實踐企業社會

[59] Otmar Philipp, Soziale Verantwortung der Unternehmen, EuZW 2003, S.451; CSR Europe, DStR- KR 2003, S. 20。

[60] Eva Kocher, Unternehmerische Selbstverpflichtungen zur sozialen Verantwortung – Erfahrungen mit sozialen Verhaltenskodizes in der transnationalen Produktion, RdA 2004, S. 27 (28)。

責任的理念，例如以「董事會自負責任經營公司」[61]，配合著綿密的法律規範網絡，促使公司營利追求股東利益外，同時必須兼顧勞工、環保、工會、競爭、健康、退休或教育等權益，此從早期「共同福祉條款」到現今「企業利益」的理念發展，可謂粲然豐富，具有獨特風格。

1. 傳統「共同福祉條款」(Gemeinwohlklausel)

「共同福祉條款」之所以獨樹一幟，乃是起於一九三七年股份法修正時，第七十條第一項規定，「董事會應本著事業及其員工之福祉，國民和帝國之共同利益，自負責任經營公司」，將「共同福祉條款」(Gemeinwohlklausel)[62]成文規定於條文之中，可謂是立法史上舉世首見，而語彙其實也反應出當時國家社會主義的時代價值[63]。

然而，如果再探究此中因緣，不難看出共同福祉條款深受 1917 年 W. Rathenau 論股份本質(Vom Aktienwesen)理論觀點的影響，主張現時大型企業絕非只是個私法律利益組織體而已，而即使是具私法關係的純營利企業，無論就其個體或整體而言，均屬於國家整體經濟實體的一份子，仍然必須長期持續創造公共利益[64]。

除此之外，威瑪憲法時代的社會福利氛圍，應有推波助瀾的效果。在此之前，十九世紀自由市民社會，某種程度以社會中性(sozial-neutral)是尚[65]，國家僅只擔負保護市民自由的功能，社會福祉的問題由社會本身自行解決。直至威瑪憲法始首次經由法律的保障，與提供給付擔保的方式，著手於社會

---

[61] 如德股份法 § 76 I AktG (1965): Der Vorstand hat unter eigener Verantwortung die Gesellschaft zu leiten。

[62] Karsten Schmidt 稱之為「激情語彙」(pathetisches Vokabular), Gesellschaftsrecht, 2. Auflage, 1991, S. 675。

[63] Meyer-Landrut in Großkommentar AktG, 1973, § 76 Einleitung。

[64] Walter Rathenau, Vom Aktienwesen, Eine geschäftliche Betrachtung, Berlin 1917；dazu H. Wiedemann, Rechtsethische Maßstäbe im Unternehmens- und Gesellschaftsrecht, ZGR 1980, S. 147 - 176。

[65] Karl Doehring, Staatsrecht der Bundesrepublik Deutschland, 3. Auflage (1984), S. 251。

福祉，例如威瑪憲法第一百五十一條規定，經濟生活的秩序必須合乎正義原則，並以確保所有人人性尊嚴的存在為目的；法律的強制，僅限於為實現受侵犯的權利，或為有助達成共同福祉較高的利益。

社會福祉的理念，在德國基本法同樣被傳承下來，基本法第二十條第一項明言德意志聯邦共和國乃「民主的與社會的聯邦國」、第二十八條第一項規定「共和的、民主的與社會的法治國」。社會國原則(Sozialstaatsprinzip)，在確定國家的功能，不僅在保障人民的自由與財產，亦須顧及社會平等正義的實踐[66]，是以，此等理念當然影響企業社會責任的建構與實踐，而社會國與民主(Demokratie)、聯邦(Föderalismus)、法治(Rechtsstaatlichkeit)等共同被稱為國家組織四大原則[67]。

2. 企業利益(Unternehmensinteresse)

1945 年二次世界大戰後，納粹思潮雖已灰飛散滅，但因修法不及，「共同福祉條款」依舊是現行法，而有適用的餘地[68]。直至 1965 年股份法修正後，共同福祉條款才真正走入歷史。然而，當時對於是否繼續保留此條文，則出現不同的聲音[69]。最後，因為共同福祉條款的概念，即使定義並非不可能，但總是極其困難；而為了確定兼顧股東與勞工等權益的妥當，使用共同福祉條款其實幫助有限，不太能夠具體化；或僅因擔負全民共同福祉，即認可董事會使用公司財產的處分權限，並不清楚明確；而且，以德國作為一個社會的法治國，根據基本法第十四條第二項，「所有權負有義務。其利用必須同時兼顧公眾利益」[70]，亦可同樣導出共同福祉的理念。因此，「共同福祉條款」

---

[66] BverfGE 5, 85 (198)。

[67] Jörn Ipsen, Staatsorganisationsrecht (Staatsrecht I), 2. Auflage (1989), Alfred Metzner Verlag, S. 263。

[68] Meyer-Landrut in Großkommentar AktG, 1973, § 76 Einleitung。

[69] 不同團體所提不同立場與修正意見，請參考 Hefermehl/Spindler in MünchKomm AktG, § 76 Rn. 53; Bruno Kropff, Aktiengesetz, Düsseldorf, 1965, S. 97ff.。

[70] Art. 14 II GG "Eigentum verpflichtet. Sein Gebrauch soll zugleich dem Wohle der Allgemeinheit dienen."

被視為不具法律本質，沒有獨立的意涵，更涉及不同當事人利益排序的困擾，而且立法理由亦明確指出「董事會經營上必須顧及股東和勞工之權益，乃是不言可喻的(versteht sich von selbst)，故終而未將條文保留下來[71]。但學者間具支配性的看法，仍然認為新法的規定，並未改變原本法律追求目標[72]，公司依舊必須在社會法治國的理念，繼續實踐此憲法原則。當然，也不能因此即認定，董事會執行業務或企業經營時，存在著一共同福祉條款的基線(eine allgemeine Richtlinie)，而是應該就企業包括資本、勞工、共同福祉三利益面向的多元結構，作出最妥適的決定[73]。

1965 年，股份法第七十六條第一項文字內，並未保留共同福祉條款，而只規定「董事會自負責任經營公司」。此規定明確董事會的獨立性(Selbständigkeit)，與不受指示的自由權(Weisungsfreiheit)，自我裁量判斷(nach eigenem Ermessen)來經營公司。董事會並不受股東會、監事會、(大)股東、第三者(如債權人、評等機構、財務分析師)之指示，而其與公司股東間或股東會間，更不存在委任(Auftrag)或類似委任的法律關係[74]。

因此知德國股份法規定董事會「自負責任」(unter eigener Verantwortung)經營公司，有著完全不同於類如臺灣「董事會執行業務，應依照法令章程及股東會之決議」的法制設計，其目的乃在於劃定明確的界線，法律上(de iure)排除公司機關間的功能混淆[75]。所以，在與監事會(Aufsichtsrat)的權職關係上，監事會並非是董事會的上級機關，不可介入公司之經營，其權職僅限於監督(überwachen)董事會業務之執行(§ 111 I AktG)，而且，公司經營措施亦

---

[71] Meyer-Landrut in Großkommentar AktG, 1973, § 76 Einleitung ; § 76 Anm. 9 ~ 12。

[72] 但仍有持反對意見者，如 Fritz Rittner, Zur Verantwortung des Vorstands nach § 76 Abs. 1 AktG, 1965, FS für Geßler, S. 139 (142ff.)。

[73] Hefermehl/Spindler in MünchKomm AktG, § 76 Rn. 53。

[74] BGH NJW 1967, 1462; LG Detmold AG 1959, 140; Seibt in K. Schmidt/Lutter (Hrsg.), AktG, 2008, § 76 Rz. 10; Hefermehl/Spindler in MünchKomm AktG, § 76 Rn. 21-22。

[75] Hefermehl/Spindler in MünchKomm AktG, § 76 Rn. 21。

禁止託與監事會(§ 111 IV 4 AktG)；雖然，為確保管控功能，公司章程或監事會仍得規定(§ 111 IV 2 AktG)，特定業務行為必須監事會之同意，但此亦只事理限定的否決權(ein sachlich begrenztes Vetorecht)而已，因為，即使監事會拒絕同意，董事會亦得請求股東會對此同意案決議是否(§ 111 IV 3 AktG)。而在與股東會(Hauptversammlung)相互間的權能關係上，股東會有關公司經營之決議，董事會並不受其拘束，除非是由董事會請求者(auf sein Verlangen)，乃屬例外(§ 119 II AktG)；或者是因為已經嚴重侵犯股東之權利義務，否則即便是風險萬分的經營措施，董事會亦無庸得到股東會的同意；當然，並非如此股東會對公司之經營就全無是處，它仍然可以藉由公司經營項目(Unternehmensgegenstand)與企業目的(Unternehmensziele)之設定，發動其影響力。

因此，在「自負責任」的規範下，通說認為董事會執行業務，必須以企業利益(Unternehmensinteresse)為依歸，企業利益被視為是對不同的請求團體與利益族群(stakeholder)，例如股東、債權人、勞工、消費者、供應商甚或一般公眾同等平權關注的簡稱(Abbreviatur)[76]，是董事會執行業務的準則(Handlungsmaxime)。但由於企業利益缺乏統一的定義，概念上並非精確，是以學者無不嘗試利用可理解的要素，以充實企業利益的定義[77]。但是，經過三十幾年的討論，至今仍無法發展出明確的標準，以之作為董事會執行業務的導引(Orientierungshilfe)，概念依舊是開放與不精確，以致於它的實用性如何，仍然值得存疑[78]。

---

[76] Seibt in K. Schmidt/Lutter (Hrsg.), AktG, 2008, § 76 Rz. 12。

[77] Jürgenmeyer, Das Unternehmensinteresse, Diss. 1984; Hüffer, AktG, 5. Auflage, 2002, § 116 Rn. 5; Mertens in Kölner Kommentar § 76 Rn. 22; Lutter/Krieger, Rechts und Pflichten des Aufsichtsrats, 4. Auflage, 2000, Rn. 765; J. Semler, Leitung und Überwachung der Aktiengesellschaft, 2. Auflage, 1996, Rn. 49; Junge, Das Unternehmensinteresse, FS v. Caemmerer, 1978, S. 547; Grossmann, Unternehmensziele im Aktienrecht, 1980; Peter O. Mülbert, Shareholder Value aus rechtlicher Sicht, ZGR 1997, S. 129 (155)。

[78] Hefermehl/Spindler in MünchKomm AktG, § 76 Rn. 59。

雖然如此，仍然可見不同時代的詮釋重點，學者 H. Fleischer 就將其歸納成三個發展階段[79]：第一階段起於 1965 年股份法施行後，理論的爭議，在於威瑪時代「企業自身」(Unternehmen an sich)的概念是否延續？贊同者將企業視為是與股東或其他利益族群並列的主體，以致於法院裁判時，認為董事會不僅應保障企業利益，亦應保障股東之利益，原因在於，此乃資本提供者(Kapitalgeber)功能所在，更不因其為大股東或是少數股東而受影響[80]。反對者則援引基本法第十四條第二項所有權具社會義務(Sozialbindung)的規定，著重整體經濟的認知，例如聯邦憲法法院在判決監察人酬勞課稅爭議時，認為監事會作為公司機關，乃在為公司服務，並不可以與股東相提並論，同樣地，監事會的勞工代表不可以自視為僅是勞工的利益代理人(Interessenvertreter)而已，就如同於由股東所選派的監事會成員一樣，都應該以關心企業的利益(Interessen des Unternehmens)為務[81]。

1976 年，德國制定勞工共同決定法(Gesetz über die Mitbestimmung der Arbeiter, Mitbestimmungsgesetz)，致使 70 年代後期與 80 年代前期聚焦在這部法典的辯論上，是為第二階段。有將勞工共同決定權視為是法律平權(paritätisch)的落實，主張企業所追求的是利益多元的目標，並以聯邦法院在拜耳案(Bayer-Urteil)確認監察人守密義務(Verschwiegenheitspflicht)為據[82]，認為裁判的勝負，主要是企業的利益(Interessen des Unternehmens)作為關鍵立論。但有不同的聲音，強調公司營利經濟目標乃最為重要的義務，因此，公司經營應以公司利益(Gesellschaftsinteresse)為指標，企業層面的參與權並未改變什麼，而如果有的話，亦只是再次強調長期營利的最佳化原則。

第三階段則是 90 年代以後，漸漸地不再執著於企業利益的爭論，出現對

---

[79] Holger Fleischer, Shareholders vs. Stakeholders: Aktien- und übernahmerechtliche Fragen, in Hommelhoff/Hopt/v. Werder (Hrsg.), Handbuch, S. 129 (132)。

[80] BGHZ 15, 78。

[81] BverfGE 34, 103 (112); 其實更早的“Feldmühle”釋憲案(BverfGE 14, 263)即持此觀點。

[82] BGHZ 64, 325 (330)。

此疲弱的現象，例如司法實務上，聯邦法院民事庭揚棄企業利益或公司利益截然二分的作法，不僅不再耗盡心力在概念的描述，而且兩個概念亦常見交互使用[83]。而所有出版的教科書與逐條釋義書，都將股東(資本)、勞工、大眾(共同福祉)等視為是重要的利益主體，這中間並沒有誰最重要，誰利益優先的問題，而只是董事會遇有股東、少數股東、公司債權人、勞工或公眾利益衝突時，能夠找出妥適最佳的利益選擇，或者更直接明白地說，就是採行利害關係人(stakeholder value)的觀點。在這種寬廣的裁量空間(Ermessenspielraum)[84]下，董事會外觀上所受的限制，就只在於如何維持企業的存在與長期的獲利能力[85]。

為明此種學理立論的轉變，僅以聯邦法院的判決事例以證之[86]。被告 K 為經營地方上公車運輸業務的公司董事長，因長期贊助捐獻由另一同案被告 S 擔任主席的當地運動社團(Sportverein)[87]，被訴以背信罪，S 在早期曾擔任該邦經濟與環境交通邦部長。聯邦法院在本案中引據[88]，董事會依股份法第七十六條與第九十三條之規定，承負對公司內部的義務，董事會依法自負責任經營公司，實際擁有相當寬廣的行事空間(Handlungsspielraum)，此在過去聯邦法院處理董事會，是否須對公司負賠償責任的相關判決中迭經確認，因為要非如此，董事會其實難以有所作為(BGH, Urteil vom 21. April 1997 – II ZR 175/95 = BGHZ 135, 244 “ARAG”; Henze NJW1998, 3309)。

---

[83] 判決中使用「企業利益」者 BGHZ 64, 325 (331);「企業觀點的公司利益」(Interesse der Gesellschaft aus unternehmerischer Sicht) BGHZ 136, 133 (139);「正當的企業利益」(sachliches unternehmerisches Interesse) BGHZ 125, 239 (243);「公司利益」BGHZ 71, 40 (44); 83, 319 (321); 125, 239 (241-2); 136, 133 (139-140)。

[84] Marsch-Barner in in Marsch-Barner/Schäfer (Hrsg.), Handbuch börsennotierte AG, 2005, § 2 Rz. 7。

[85] 當然董事會執行業務仍受如股份法第九十三條注意義務(Sorgfaltspflicht)之節制，如有違反，即應負相關法律責任，相關介紹請見後文節次之說明。

[86] BGH, Urteil vom 6. Dezember 2001 – 1 StR 215/01。

[87] 從地方上的運動社團到區域性的聯盟競賽，是德國全民運動與發展的特色，臺灣的「大一體育必修科」對德國人而言，是個奇聞，也因此地方運動社團的發展如何，可是在地的一件大事。

[88] BGH, Urteil vom 6. Dezember 2001 – 1 StR 215/01。

而寬廣的行事空間表，同樣適用於董事會以整體或個別成員的身分提供獎掖藝術、學術、社會機構與運動的資源贊助。尤其是，贊助運動項目相當有助於企業形象推銷(Imagewerbung)，例如賓士(Daimler-Benz)、寶馬(BMW)、德國郵局(Deutsche Post)贊助汽車競技運動，或德國電信(Telekom)投入自行車賽等。何況，要在純然的利他，或是長期但自利的以穩定周遭環境強化商譽追求企業成就，兩者間劃定明確的界線，並不容易，因此，即使是無償付出，僅為改善企業的社會接受度，成為優良企業公民(good corporate citizen)，贏取好形象(gutes Ansehen)，這仍然合乎董事會規矩的行為義務。因此判定「股份有限公司董事會以公司財產，捐贈獎掖藝術、學術、社會或運動者，並不能因此即視為是違背義務而成立刑法二百六十六條背信罪之構成要件。」當然，仍應注意「當贊助者與公司營業項目間的聯結愈鬆散，則董事會之行為空間愈限縮，內部的說明要求愈擴大。[89]」

(五) 小結

各國的法制發展上，都有其傳統與特色，例如美國過去的shareholder-value，德國傳統上則著重債權人的保障，因此在公司法及會計法上設有相當細密的規定；為關懷勞工弱勢的權益，落實社會正義，創設監事會勞工共同決定權的法制，而隨著利害關係人價值(stakeholder value)理念的討論，董事會經營公司亦從「共同福祉條款」(Gemeinwohlklausel)轉移到「企業利益」(Unternehmensinteresse)， 在公司法制上表彰對企業社會責任議題的關注。

何況事實上，企業承負社會責任，與良好的公司治理是不可分的，因此，如果今天仍然在意股東與利害關係人(shareholder vs. stakeholder value)的區別，可說徒具學術性而已，因為它並不是「非此即彼」(Entweder-Oder)的單

[89] BGH DB 2002, 626 (627)。

獨選項，實際上也無法對企業長期獲利的經營績效提供有益的視野[90]。

三、德國的公司治理

一般而言，公司治理與企業社會責任，通常被視為是兩個不同的領域[91]，尤其是，企業社會責任本質上歸屬道德性的抽象觀念，如果無法配合具體落實的方法，必將淪為純粹道德化的訴求，終究成為落空口號而已，而其具體落實的方法，就是公司治理(Corporate Governance)[92]。

而德國學者就曾明言，以追求業務執行及管控監理效率為核心的公司治理，雖是近年來的熱門議題，但從來就是公司法所持續關懷的重點，十九、二十世紀以來每次的股份法修正莫不著力於此，因此，對德國法而言，並非是個新鮮事兒(nichts Neues)[93]。但隨著經貿全球化與國際化的發展，跨國企業在世界各地設立據點，德國為了維持國際的競爭力，加上各國對於公司治理議題的風行，明顯的證據，即是法人機構將公司治理的績效視為投資與否的重要指標[94]，尤其是，1998 年英國公布最佳行為結合法(Combined Code of Best Practice)，1999 年經濟合作暨發展組織(OECD)公布公司治理準則(Principles of

---

[90] Joachim Schwalbach/Anja Schwerk, Corporate Governance und Corporate Citizenship, in A. Habisch/ R. Schmidpeter/ M. Neureiter (Hrsg.), Handbuch Corporate Citizenship - Corporate Social Responsibility für Manager, S. 71 (83)。

[91] Joachim Schwalbach/ Anja Schwerk, Corporate Governance und Corporate Citizenship in A. Habisch/R. Schmidpeter/M. Neureiter (Hrsg.), Handbuch, S. 71。

[92] 劉連煜，《公司監控與公司社會責任》，1995 年，頁 15。原書作者使用「公司監控」一詞，今從通說「公司治理」。

[93] Marcus Luttter, Deutscher Corporate Governance Kodex, in Hommelhoff/Hopt/v. Werder (Hrsg.), Handbuch, S. 738。

[94] Axel v. Werder/Jens Grundei, Evaluation der Corporate Governance, in Hommelhoff/Hopt/v. Werder (Hrsg.), Handbuch, S. 676。

Corporate Governance)[95]，提供會員國與非會員國驗證公司治理績效的參考，德國也就在這樣的風潮下，除了原有的法制規範外，更制定德國公司治理準則以為企業的參考準據。

(一) 德國公司治理準則制定背景

德國公司治理準則制定的背景，可從三個層面來說：除了前述國際上的因素外，歐盟亦因 OECD 的影響有心同步邁進，然由於會員國各自紛歧的法制，與歐洲共同體條約第五條第二項補充性原則(Subsidiaritätsprinzip)的限制，至今尚未達成歐盟一體適用的公司治理準則，所以在 2002 年先於布魯塞爾成立「歐洲公司治理研究所」，作為獨立的科際整合學術研究機構，研議提出整合對策[96]。臺灣的因素則主要起於接連爆發 Philip Holzmann AG、Flortex AG、Balsam AG 等重大企業弊端，尤其是德國營建巨人 Philip Holzmann AG[97]，就因為遊走法律邊緣，不當經營而宣告破產，百多年的基業毀之一旦，當時甚至動用德國總理 Gerhard Schröder 介入，希望能夠號召銀行團疏困而不得，更是關鍵的推力。

2000 年 5 月 29 日，德國總理發文就「公司治理-企業經營-企業管控-股份法現代化」，組公司治理政府委員會(Regierungskommission Corporate Governance)，責成委員會「應該根據 Holzmann 企業弊案中，整理德國法制就企業經營與企業管控所發現的缺失，除此之外，更應著眼於資本市場全球化與國際化的影響，就我企業與市場結構的改變，提出我國法制工程現代化的建議」。委員會隨即在主席 Theodor Baums 領導下，匯聚產、官、學界 23 位專家學者進行研議，並在 2001 年 7 月 10 日提出了多達 130 條的建議報告

[95] OECD 公布的「公司治理準則」，其 2004 年最新修正版本，請參閱網站：http://www.oecd.org/document/49/0,2340,en_2649_34813_31530865_1_1_1_1,00.html

[96] Semler/Spindler in MünchKomm AktG, § Vor 76 Rn. 224。

[97] 公司創始於 1849 年，而於 2002 年宣告破產。http://de.wikipedia.org/wiki/Philipp_Holzmann_AG 最後瀏覽日：2008/05/19。

[98]，內容有諸多特別是針對現行股份法(AktG)或商法(HGB)的變更或補充對策，而且，報告中亦提出制定德國公司治理準則的呼籲。

2001 年 8 月 24 日，德國法務部(Bundesministerium der Justiz, BMJ)隨後成立公司治理準則政府委員會(Regierungskommission Deutscher Corporate Governance Kodex)，此委員會由 Gerhard Cromme 博士領軍[99]，以提高企業資訊透明度(Transparenz)，並強化公司管理階層的經營責任，保障股東及利害關係人的權益為重點，研擬德國公司治理準則，以作為上市公司行為準則。2002 年 2 月確定德國公司治理準則，同年 8 月德國公司治理準則 (Deutscher Corporate Governance Kodex)正式由法務部公布實施[100]。但是，這委員會的任務並未就此結束，而是被視為是常設機構(Dauereinrichtung)，必須每年固定評估準則，並針對後續發展適時提出建議。

德國公司治理準則前言(Präambel)明白表示，準則適用的對象，主要是以上市股份有限公司為主[101]，因此，對於德國上市公司的特質(Charakteristika)有所認識[102]，應有助於掌握其公司治理的圖像。

德國目前約有六百多家的上市股份有限公司[103]，絕大多數的股份有限公

---

[98] Theodor Baums (Hrsg.), Bericht der Regierungskommission Corporate Governance: Unternehmensführung, Unternehmenskontrolle, Modernisierung des Aktienrechts, Köln 2001。Zitiert: Baums-Kommission。

[99] 其他成員尚有 Dr. Achleitner, Dr Breuer, Dr. Gelhausen, Hocker, Kley, Prof. Lutter, Potthoff, Putzhammer, Strenger, Schatz, Dr. Wiedking, Prof. v. Werder 等 12 人。

[100] 德國公司治理準則從公布至今已歷經多次修訂，最新者為 2007 年 6 月 14 日公布之版本。該準則全文可參閱網站：http://www.corporate-governance-code.de

[101] Marsch-Barner in Marsch-Barner/Schäfer (Hrsg.), Handbuch börsennotierte AG, 2005, § 2 Rz. 4。

[102] D. Feddersen/P. Hommelhoff/U. H. Schneider (Hrsg.), Corporate Governance – eine Einführung, Verlag Dr. Otto Schmidt, 1996, S. 2ff。

[103] 649 家，Stand September 2006, DAI-Factbook, Oktober 2006。相較於臺灣公司種類的分布情形，股份有限公司都以逾公司總家數¼以上的比例發展，德國則長期有家數不多的特性，在二次世界大戰後(1952 年)的家數僅 2449 家，兩德統一後首度跨越三千家(3219: 1952 年)，而後才出現持續性的增加，2006 年登記有 15,422 家。至於有限公司則亦如臺灣為最大族群的公司種類，依德國統計在 2005 年初有 975,000 家登記在案，Scholz/Emmerich, GmbHG, 10. Auflage (2006), Einleitung Rdnr. 34。

司都未上市；而上市的這六百多家公司，基本上都具有關係企業(Konzern)的組織模式，資料顯示僅有低於 50 家的上市公司不具有從屬的、關係企業的身分；上市總市值的 86%集中在 30 家的上市股份有限公司手中，法人投資機構(institutionelle Anleger)扮演關鍵的角色(這可從下圖左邊表格的數據看出)，如以 1993 年為例，法人機構持有德意志銀行 60%，西門子 40%，VEBA 54%，Thyssen 78%的股權。而前 171 大的上市公司的股權結構，85.4%乃由持股超過 25%的大股東所持有，股權相當地集中。因此，小股東可謂無足輕重，據統計公司的持股，約略僅 17%的是分散屬於個人持股的，這可從下圖右邊比較各國股民的人口比重，清楚顯示德國的股民數，相對而言偏低。但隨著外國投資機構的持續增加，德國股東族群所顯見的特性，可謂機構化(Institutionalisierung)與全球化(Globalisierung)兼具。

Tabelle 2: Anteilseignerstruktur der 171 größten deutschen börsennotierten Industrie- und Handelsunternehmen im Jahre 1990

	>25%	>50%	>75%
Gesellschaften mit Großaktionär;[1] Großaktionär ist	85,4%	57,3%	22,2%
1. ein anderes dt. Unternehmen	27,5%	21,1%	9,9%
2. ein Versicherungsunternehmen	1,8%	0,0%	9,9%
3. eine Stiftung/übrige institut. Investoren	12,9%	6,4%	1,8%
4. Privatpersonen/Familien	20,5%	16,4%	5,3%
5. eine ausländische Gesellschaft (einschl. ausl. Holdings)	9,9%	8,8%	5,3%
6. ein Kreditinstitut	5,8%	0,0%	0,0%
7. öffentliche Hand	4,7%	4,1%	0,0%
8. unbekannt	2,3%	0,6%	0,0%

[1] Großaktionär ist, wer mehr als 25 % der stimmberechtigten Aktien hält.

Quelle: Franks/Mayer, The Ownership and Control of German Corporations. LSE und Oxford University Working Paper (1994)

取自 Thodor Baums, Rechtstatsachen zu Institutionelle Investoren und Publikumsgesellschaft, 1996, S. 326

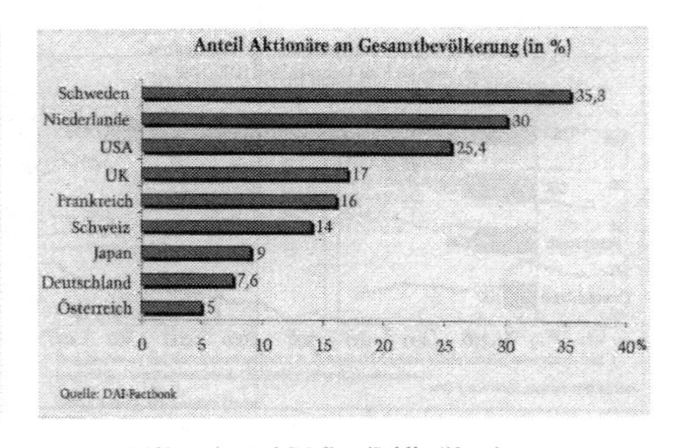

取自 Rudolf in Habersack/Mülbert/Schlitt (Hrsg.), Unternehmensfinanzierung am Kapitalmarkt, 2005, § 1 Rn. 34

公司股權結構外，經營(Unternehmensführung)與管控(Unternehmenskontrolle)分離的雙軌制，由董事會(Vorstand)與監事會(Aufsichtsrat)各司其職，乃為德國法制傳統；尤其是監事會的勞工代表成員，共同參與執行企業的監察職權，更是獨具特色；當然，金融機構的地位，特別是「家主銀行」(Hausbanken)對德國企業而言，更是不容忽略的事實。除此之外，公司法與資本市場法(Kapitalmarktrecht)的相互關係亦應注意，因為傳統上資本市場法制是法律形式與機構取向的，股東的保障問題，均由股份法所規定。

(二) 德國公司治理準則內容

依 Baums 教授的觀點，德國公司治理準則的核心[104]，在增加透明度、強化經營責任，監事會的功能與責任，主要在提供上市公司董事會與監事會的行為準則(Verhaltenskodex)，以供企業經營者自我規範依循，並對臺灣或國際投資者提高企業透明度，特別強調會計表冊是本於真實與公平關照原則(True-and-fair-view- Prinzip)，如實反應德國企業確切真正的資產、財務與獲益狀況，以鞏固其對德國企業的信心。

準則的內容，分為七大部分：一、前言(Präambel)；二、股東及股東會(Aktionäre und Hauptversammlung)；三、董監共治(Zusammenwirken von Vorstand und Aufsichtsrat)；四、董事會(Vorstand)；五、監事會(Aufsichtsrat)；六、透明度(Transparenz)；七、會計及審核(Rechnungslegung und Abschlussprüfung)。內容細目則分別由包括 80 條以助動詞「應為」(soll)表達的建議(Empfehlungen)，與 23 條以助動詞「原該、可以」(sollte, kann)表示的鼓勵(建議)(Anregungen)。

德國公司治理準則原本是根植於非拘束性(Unverbindlichkeit)的理念，除非是準則內容原本就是現行法律規定，不然的話，無論是建議或是鼓勵，都是任由企業自願地參酌適用。但 2002 年制定透明與公開法[105]，具體規範企業信息揭露，資訊更為公開透明，對於股東會的撤銷權、機關的責任，及配合資訊時代，公司法制應用電腦通信新式傳媒工具，都有與時俱進的規定。該法隨後被納入股份法第一百六十一條「呼應說明」(Entsprechenserklärung)的規定中[106]，明言「上市公司之董事會與監事會應每年說明，對聯邦法務部在

---

[104] Baums-Kommission, Rn. 18。

[105] Das Transparenz- und Publizitätsgesetz vom 19. 7.2002, BGBl. I 2002, 2681，本法於 2002 年 07 月 26 日起施行。

[106] Eingefügt durch Art. 1 Nr. 16 des Gesetzes zur weiteren Reform des Aktien- und Bilanzrechts, zu Transparenz und Publizität (TransPuG) vom 19.7.2002, BGBl. 2002 I S. 2681。

聯邦電子公報，所公告的公司治理準則政府委員會所提建議，是否與將予呼應，或者那些建議並未或將未遵行利用。此等說明必須長期對股東處於取得狀態。」每年的「呼應說明」，成為法律義務(Rechtspflicht)[107]，致使事實上德國公司治理準則，已具有較強的規範效力。

然而，不論準則是否具直接法律效力，僅以準則間接對企業實務的影響，推行至今已可看出相當成就。2008 年 4 月，柏林公司治理中心(Berlin Center of Corporate Governance, BCCG)所公布的最新實證研究顯示[108]，六百多家受訪的上市公司，適用準則應為建議的比例，平均高達 95,6 % (2007: 97,3 %)，顯示企業對德國公司治理準則的態度，相當的正面，接受度亦持續地上揚，而且公司治理準則的增修，都能適時反應企業的時實需求。

(三) 公司治理新制

1. 審計(稽核)委員會

德國因為採行董監雙軌制，對於公司業務經營之監督管控，悉由監事會所職司，對於美制在董事會(Board)內部制度性設置審計(稽核)委員會(Audit Committee)原本並不熟悉。然而，即便是從國際的比較上，董監雙軌制仍自視是具有正面評價的企業組織模式[109]，監事會能否發揮其監督管控的功能績效，其實繫於其組織的合理性，適中而不可以太大太小，與職權行使的獨立性與專業性等要件，尤其是德國股份法依舊沿習監察人兼差(nebenberuflich)執行職務的形象，專業性遂向來被視為亟需改善的問題。

---

[107] 就準則的「法律性質」(Rechtsnatur)言，準則並非法律，也不應是法律，更不會是法律。它本身並不具有直接法律效果，但如將其採為法律行為如章程、董監任用契約的內容，則有直接的法律效果。

[108] http://www.corporate-governance-code.de/ger/download/080418_Pressemitteilung_2008.pdf，最後瀏覽日：2008/05/23。

[109] Christian Strenger, Corporate Governance und Anteilseigner, insbesondere institutionelle Anleger, in Hommelhoff/Hopt/v. Werder (Hrsg.), Handbuch, S. 706。

德國公司治理準則正式對此作出回應，準則 5.3.2 項中明言，監事會應設立審計委員會(Prüfungsausschuss)，特別是針對會計表冊、風險管理、遵守法令、查核簽證會計師(Abschlussprüfer)必要獨立性與委任授權、查核重點、薪酬約定等問題負責處理。審計委員會的主席，對於會計原則的適用與內部管控程序，必須擁有專業的知識與經驗。再者，為了維持其獨立性，審計委員會的委員，不可以是過去公司董事會的成員。而且，監事會主席雖然目前得與董事會協商相關契約，準備召集監事會會議，並為其他委員會的主席，但卻禁止同時擔任審計委員會的主席(Kodex 5.2)。

2. 經營判斷法則

董事會自負責任經營公司，但董事的行為義務，仍須受法律的規範。2005 年以前，股份法第九十三條第一項規定，董事會成員在執行業務時，適用規矩且負責的公司經營者之注意義務(Sorgfalt eines ordentlichen und gewissenshaften Geschäftsleiters)，如有違反義務時，對公司負有損害賠償的責任(Innenhaftung der Organe)，或者亦稱為「機關責任」(Organhaftung)。

如此規定，絕大多數都認為具有兩個功能[110]：董事會客觀行為義務的一般條款化，與確定責任的過失標準。然而，如此規定，仍為學者所批評[111]，質疑這樣的標準設定，是否正確？致使機關責任呈現出太多與太少的窘境，因為只要經營失利，即有可能存在違反義務的行為，董事必須背負賠不起的損害賠償責任，機關責任的界線失之過寬。而另一方面，實務經驗亦顯示，機關責任太少適用，因為企業經營通常都是預估未來發展，所作出的經營判斷，本質上既不可測與充滿諸多可能，那何者違反注意義務，事後諸葛亮(ex post)總是輕鬆容易判定，但回歸事件當時是否確信如此，卻又有點說不準，以致於如果真的必須追究責任時，就只能硬擠出那幾滴過失罪責，有時公司

---

[110] Krieger/Sailer in K. Schmidt/Lutter (Hrsg.), AktG, 2008, § 93 Rz. 5。

[111] Hans-Joachim Mertens, Unternehmensleitung und Organhaftung, in D. Feddersen/P. Hommelhoff/ U.H. Schneider (Hrsg.), Corporate Governance, S. 155。

都完蛋了，問題還是沒有解決。因此，主張學界素所建議的「經營判斷法則」(business judgment rule)，應能有效防堵這種風險。

公司治理政府委員會所提報告中，即明確提出正式引進「經營判斷法則」的建議[112]。德國公司治理準則 3.8 項中亦明言，「董事會與監事會應遵守合乎道理的企業經營規則，當董事與監事會成員違反規矩且負責的注意義務時，即須對公司負損害賠償責任。但董事會或監事會成員，在作企業決策時，如果根據適當的資訊，為公司福祉所為合理的行為，應不存在違反義務。

2005 年，股份法修正時，增訂第九十三條第一項第二款[113]，「董事於其企業決策時，如據適當的資訊，為公司福祉所為合理的行為，應不存在違反義務」，「經營判斷法則」正式成為德國法制度。但此增修條文，卻被認為僅具宣示意義而已(deklaratorische Bedeutung)[114]，原因在於聯邦法院早已肯認董事會執行業務，具有寬廣的行事空間，因為唯有如此企業始能有所作為，至於，董事違反義務責任與否的問題，則僅其已無可替代的判斷時為限[115]。

3. 公司治理報告

事實上，「呼應說明」(§ 161 AktG)外，德國公司治理準則更制定「公司治理報告」(Corporate Governance Bericht)新制，目的在於提供公司治理的透明度。依準則 3.10 明文「董事會與監事會應該每年在營業報告書中，報告有關企業的公司治理，其中包括任何偏離準則建議的說明，同時對於準則中的鼓勵都可以提出意見。公司在其網頁上，應不再對準則現實的呼應說明保有五年公開。」

---

112 Baums-Kommission, Rn. 70。

113 Gesetz zur Unternehmensintegrität und zur Modernisierung des Aktienrechts (UMAG) vom 22. 9. 2005, BGBl. I 2005, 2802。

114 Begr. RegE UMAG BR-Drucks. 3/05, S. 18; Krieger/Sailer in K. Schmidt/Lutter (Hrsg.), AktG, 2008, § 93 Rz. 10。

115 BGH v. 21.4.1997 – II ZR 175/95 (ARAG/Garmenbeck), BGHZ 135, 244, 253 = AG 1997, 377; BGH v. 3.12.2001 – II ZR 308/99, NZG 2002, 195, 196。

功能上，公司治理報告提供外部評估(externe Evaluationen)的可能，因為過去外界評估企業經營情況如何，最困難的就是相關資訊的取得，例如向來隱而未顯的董監報酬(Vergütung)，即無從去評估其給付合理性的問題，今企業既已固定提供公司治理報告，內容所及所有的資訊，自可給予外界評估時更積極的作為，甚至發展出董監的浮動指標，以作為兩者合作品質的溫度計[116]。

四、公司治理與企業社會責任的實踐法制

就法律上而言，企業社會責任，仍非法定責任(Rechtspflicht)[117]，公司治理亦非法律概念，而直接可以援引適用，藉由國家強制手段予以實現。但若詳細之觀，卻可以發現兩者間具有同體共生的特質，企業社會責任必賴公司治理予以落實，而公司治理績效良好，企業社會責任的實踐品質，自亦不差。因此，僅以幾例獨具德國法制特色之雙軌制、勞工共同決定權、永續發展，以明公司治理與企業社會責任的實踐。

(一) 雙軌制與單軌制

股份有限公司(Aktiengesellschaft, AG)，依法必須(de lege lata)設置股東會(Hauptversammlung)、董事會(Vorstand)與監事會(Aufsichtsrat)等三法定必要機關，而由董事會負責經營公司(Unternehmensführung)，監事會職司企業管控(Unternehmenskontrolle)，採行所謂的董事會與監事會分離的雙軌制。此種組織強制三分(Dreigliederung der Organisation)的法制，依然為現行法所堅實奉行，即便是目前公司治理風潮盛行，英美董事會(Board of Directors)單軌法制備受矚目，亦全然不受影響。唯一例外者，除非是歐洲股份有限公司(Societas

116 Axel v. Werder/Jens Grundei, Evaluation der Corporate Governance, in Hommelhoff/Hopt/v. Werder (Hrsg.), Handbuch, S. 675 (689)。

117 Hefermehl/Spindler in MünchKomm AktG, § 76 Rn. 69。

Europaea, SE)，始得享有自由選擇權(Wahlrecht)，自行決定究係採行單軌抑或雙軌(Art. 38 lit. b SE-VO)[118]。

雙軌制被視為是德國法制特色，但其實並非從頭就是如此，在十九世紀剛剛發軔時期，股份有限公司採行的是單軌(monistisch)經營理事會(Verwaltungsrat)的組織。直到 1861 年，一般德國商法典(das Allgemeine Deutsche Handelsgesetzbuch)草案時，始開創性地區分監察(Aufsicht)與執行(Führung)不同功能，即所謂的雙軌制。但企業實務上，究竟採行雙軌抑或單軌，則任由公司自行決意，法律並未強制。1897 年，商法典(HGB)第二百四十八條，正式將董事會與監事會雙軌制強制規定，自茲而後傳承至今，成為德國法制特色[119]。

不同於臺灣「董事由股東會就有行為能力之人選任之」(公 192 I)，在德國則由監事會選任之(§ 121 II AktG)[120]，並且，監事會解任董事，如董事任期尚未屆滿者，僅限於存在重大事由，始可提前解任之(§ 84 III AktG)。而且，董事會作為集體決議機關(kollektives Beschlussorgan)經營公司，公司議程(Tagesordnung)悉由其決定，而非監事會，以致於對股東而言，董事會實際執行業務的權限非常的大。

依股份法規定形式以觀，董事會與監事會平行並立，各司其職，無所謂誰大誰小，孰較為重要的問題。德國公司治理準則明顯重點放在監事會，董事會退居其後，或許「企業經營的品質，唯有聚焦於監督機關與會計查核深入企業內部檢查」為其背後思維[121]，但實際上，誰都不能否認，真正決定公司禍福(Wohl und Wehe)的是董事會，而非監事會，因為，弱勢的監事會，公司仍

---

[118] Art. 38 der Verordnung Nr. 2157/2001 des Rates über das Statut der Europäischen Gesellschaft , Societas Europaea, vom 8. Oktober 2001。

[119] Peter Böckli, Konvergenz: Annäherung des monistischen und des dualistischen Führungs- und Aufsichtssystems, in Hommelhoff/Hopt/v. Werder (Hrsg.), Handbuch, S. 201 (202)。

[120] 勞工參與選派的代表除外，詳後節次說明。

[121] Martin Peltzer, Vorstand/Board: Aufgaben, Organisation, Entscheidungsfindung und Willensbildung – Rechtlicher Rahmen, in Hommelhoff/Hopt/v. Werder (Hrsg.), Handbuch, S. 223 (224)。

可繼續存在，但弱勢的董事會，公司可就問題重重了。但是，並非如此董事會即可胡作非為，「董事會自負責任經營公司」(§ 76 AktG)與「董事注意義務」(§ 93 AktG)等，既為其權力的大憲章(magna charta)，亦為其權力的緊箍咒。

至於，究竟雙軌制與單軌制孰優孰劣？是雙軌制優於單軌制，或者是剛好相反；還有，雙軌制與單軌制間誰較值得信賴？的確都是有趣的問題。但是，答案除了各說各話外[122]，或者倡導聚合論(Theorie der Konvergenz)[123]，期待兩制互向中間靠攏，或者回歸現實驗證，反正這邊有 Balsam/Procedo, Flowtex, Holzmann 等企業弊案，而你那邊亦有安隆(Enron), Arthur Andersen, Worldcom 相互輝映[124]。

(二) 勞工共同決定權(Mitbestimmungsrecht)

勞工共同決定法(Mitbestimmungsgesetz, MitbestG)[125]，向來被視為是德國實踐企業社會責任的最具獨特性的法制，內容主要是改變「公司是股東所有的公司」的看法，而認同「公司亦是員工所有的公司」的理念，其具體的作法，即是勞工得選派代表，與股東所選任的代表組成監事會，共同參與公司的運作。其理念可以上溯到 1848 年，法蘭克福(Frankfurt/am Main)保羅教會(Paulskirche)革命時的主張[126]。立法的因緣，除受德國自由主義思想 (deutsche

[122] Christian Strenger, Corporate Governance und Anteilseigner, insbesondere institutionelle Anleger, in Hommelhoff/Hopt/v. Werder (Hrsg.), Handbuch, S. 706。

[123] Peter Böckli, Konvergenz: Annäherung des monistischen und des dualistischen Führungs- und Aufsichtssystems, in Hommelhoff/Hopt/v. Werder (Hrsg.), Handbuch, S. 201 (203)。

[124] Martin Peltzer, Vorstand/Board: Aufgaben, Organisation, Entscheidungsfindung und Willensbildung – Rechtlicher Rahmen, in Hommelhoff/Hopt/v. Werder (Hrsg.), Handbuch, S. 223 (224)。

[125] Gesetz über die Mitbestimmung der Arbeitnehmer (Mitbestimmungsgesetz –MitbestG) vom 4. Mai 1976 (BGBl. I S. 1153), zuletzt geändert durch Artikel 18 des Gesetzes vom 14. August 2006 (BGBl. I S. 1911)。本法制定後，資方曾以侵害財產所有權而提起違憲審查，聯邦憲法法院判決並未違憲，其全文請參閱 BVerfGE 50, S. 290ff。

[126] Thomas Raiser, Kommentar zum Mitbestimmungsgesetz, 2. Auflage (1984), Berlin: Verlag Walter de Gruyter, S. 30。

Liberalismus)的影響外，主要亦受社會主義理念的薰陶(sozialistisches Gedankengut)，認為保障勞工的權益，須賴勞工以更積極主動的態度，參與企業的經濟活動，以及來自社會倫理學說(die sozialethishe Lehre)的啟迪，確信唯有賦予勞工共同決定權，始能改善勞工的階層地位[127]。

依股份法之規定，監事會(Aufsichtrat)有權任用與解任董事會(§ 84 AktG)，並作為企業管控機關，負責監督(überwachen)董事會執行業務(§ 111 I AktG)，甚或提供諮詢建議(beraten)[128]。監事會的管控之責，不僅限於對企業經營合法性的檢驗，尚包括監督其目的性與經濟性的問題[129]，而且，不只針對過往發生之事，亦包括企業策略性的規畫，與未來企業發展的根本性議題[130]。

監事會之組織，成員分別來自股東代表與勞工代表兩個不同的族群，而且，勞工代表所占比例，更依所據法律之不同，而有不同的模式，範圍從勞工代表居監事會的三分之一(§ 76 I BetrVG)，到二分之一(§ 7 MitbestG, § 4 Montan-MitbestG, § 5 Montan-MitbestErgG)的比例不等。依股份法第九十六條第一項規定，監事會的組成，有高達六種可能的型態[131]：

一、是依勞工共同決定法(MitbestG)，企業採行股份有限公司(Aktiengesellschaft, AG)、股份兩合公司(Kommanditgesellschaft auf Aktien, KGaA)、有限公司(Gesellschaft mit beschränkter Haftung, GmbH)、信用合作社(Genossenschaft)之組織者，如其勞工數達二仟人以上，勞工享有共同決定權(§ 1IMitbestG)，並依股東代表與勞工代表平等(paritätisch)同數的作法，員工數

---

[127] Thomas Raiser, Kommentar zum Mitbestimmungsgesetz, 2. Auflage (1984), Berlin: Verlag Walter de Gruyter, S. 30。

[128] BGHZ 114, 127 = ZIP 1991, 653 = DB 1991, 1212; BGHZ 126, 340 = ZIP 1994, 1216 =DB 1994, 1666 = DStR 1994, 1388 mit Anmerkung Goette。

[129] Franz Jürgen Säcker, BB-Forum: Corporate Governance und Europäisches Gesellschaftsrecht – Neue Wege in der Mitbestimmung, BB 2004, 1462; Drygala, in K. Schmidt/Lutter (Hrsg.), AktG, 2008, § 111 Rz. 15ff.。

[130] BGHZ 114, 127 (131)；135, 244 (251)。

[131] Drygala, in K. Schmidt/Lutter (Hrsg.), AktG, 2008, § 96 Rz. 4。

不足一萬者，監事會成員 12 名，不足二萬者 16 名，超過二萬人者 20 名，而且此數為法定最低數，尚得依章程規定提高人數(§ 7 Abs. 1 S. 2 MitbestG)，如將前述 12 之數，提高為 16 或 20 個成員。

二、是根據煤鋼聯盟勞工共同決定法(Montan-MitbestG)，監事會成員 11 名，分別由股東代表與勞工代表各 5 名與 1 中立代表所組成，其中股東代表與勞工代表人選由股東會選任之，但勞工代表部分須受營業理事會(Betriebsrat)建議的拘束。至於，唯一的中立代表，則先由其他監事會成員推薦後，再經股東會選任之，但如果監事會對該人選並不同意，或是股東會不願接受推薦人選，則須組成調查委員會(Vermittlungsausschuss)向股東會提供選舉建議。而監事會的成員數，尚可依公司資本額如超過一千萬歐元者，提高為 15 人，超過二千五百萬歐元者，提高為 21 人。

三、是根據擴大煤鋼聯盟勞工共同決定法(Montan-MitbestErgG)，監事會成員 15 名，但如公司資本額超過二千五百萬歐元者，提高為 21 人。同樣地分由股東代表與勞工代表依等數與 1 中立代表所組成，股東代表由股東會選任之，勞工代表則由勞工直選，或者關係企業勞工數超過 8000 人者，則改為派遣(Delegierte)。

四、是根據三(分)一參與法(Drittelbeteiligungsgesetz)，本法於 2004 年 7 月 1 日正式施行，取代營業組織法(Betriebsverfassungsgesetz, BetrVG)的規定，目的在簡化與精實選舉程序。對於勞工人數不足 500 人者，只要公司登記在 1994 年 8 月 10 日之前，且非家族企業時，本法亦有適用。而法典之所以稱為三一的原因，就是指監事會的成員，必須有三分之一是為勞工代表，此等勞工代表，由上年度的勞方代表選舉之。至於，股東代表則由股東會來選出。

五、是根據跨國合併勞工共同決定法(MgVG)[132]，本法適用於任何因在歐

[132] Gesetz über die Mitbestimmung der Arbeitnehmer bei einer grenzüberschreitenden Verschmelzung (MgVG) vom 21. 12. 2006, BGBl. I 2006, 3332。

盟(EU)歐洲經濟共同體(EWR)境內，因跨國合併在德國設有所在地(Sitz)的公司。

六、是免勞工共同決定的公司(Mitbestimmungsfreie Gesellschaften)，乃是指不具上述任一型態的公司，此類公司如勞工數不足 500 人，且公司登記在 1994 年 8 月 10 日之後者(Kleine AG)；或如勞工數不足 500 人，且為單獨一自然人股東的公司，或股東相互間具親屬或姻親關係者(家族公司 Familiengesellschaft)；或如直接與主要以政治、政治聯盟、宗教、慈善、教育、學術、藝術為宗旨，或為報導或意見表達之目的所設立的企業；或如無勞工的公司等。此等公司監事會之組成，依法至少三人，但公司章程得提高成員數，而且此提高之數，必須能夠為 3 所整除。而且法律亦定有最高數，如公司資本額低於一百五十萬歐元者，最多 9 人，超逾一百五十萬歐元者 15 人，超逾一千萬歐元者 21 人(§ 95 AktG)。

由上所述，可知勞工參與所組成的監事會，法律規定相當的複雜，而且，動則由 20 個成員所組成的監事會，其規模(Größe)是否能夠發揮工作績效，或是在公司治理的觀點下，能夠建構與董事會溝通討論的平台，實在不無疑問[133]。而且，如前(「三、(一)」)所言，在組織的合理性外，職權行使的獨立性(Unabhängigkeit)與專業性(Professionalisierung)，從來都是監事會為人詬病的問題。至於，是否因此即需改弦易轍，甚至取法英美董事會(Board)，德國學界的態度，如果借用德國前財政部長 Otto Graf Lambsdorff 的話，「同樣在這單軌的董事會法制下，仍然會出現引起轟動失靈的例子，例如美國的金融機構危機，Maxwell 王國的解體，或是啤酒飲料大廠 Guiness 的問題，單軌制亦非完善，所以制度的改變，並無法自動帶來改善。[134]」

---

[133] Meinrad Dreher, Die Organisation des Aufsichtsrats, in D. Feddersen/P. Hommelhoff/U. H. Schneider (Hrsg.), Corporate Governance, S. 33 (44)。

[134] Otto Graf Lambsdorff, Überwachungstätigkeit des Aufsichtsrats – Verbesserungsmöglichkeit de lege lata und de lege ferenda, in D. Feddersen/P. Hommelhoff/U. H. Schneider (Hrsg.), Corporate Governance, S. 217 (218)。

(三) 環境永續發展的理念與實踐

德國基本法第二十 a 條規定，「國家有責任，在合憲秩序的範圍內，經由立法以及經由行政與司法，依據法律(Gesetz)與法(Recht)之規定，為未來世代保護自然生活基礎與動物(Art. 20a GG)。」此種直接明確地科以國家保護自然生態與動物(物種多樣性)的憲法責任，規定背後的思維，可謂與 1987 年，由挪威總理 Gro Harlem Brundtland 所提出「我們共同的未來」(Our Common Future) 報告書中[135]，所揭櫫的「永續發展」(sustainable development, Nachhaltigkeit)概念相通，指出人類在滿足當代的需求，應同時不損及後代滿足其需要的發展，以之作為代間正義的目標。

事實上，1970 年代後期起，德國對環境保護的呼籲日隆，逐漸成為社會共同追求的價值理念，尤其是 1990 年代，諸多大型企業回應社會的期待，競相自願投入環境報告，以及追求營業與製品的生態平衡，更是強烈影響人民的環保意識(Umweltbewusstsein)，亦促使政府擴充環保職能與環境保護法制的發展[136]。而且，如前(「二、(三)」)所述，2001 年 7 月，歐盟執委會通過綠皮書，揭示企業社會責任的理念，提出社會、經濟與生態並重的三柱模型，亦為德國所效法實踐。所以，2006 年，德國聯邦環境自然保護與核能安全部所提出的手冊「企業社會責任—環保觀點」，即是依據上述模型，並特別強調環保生態面向，理念的推廣與落實的進程策略。

就法律規範層面而言，一般都聚焦在人民(企業)是否確實遵行相關的環

---

[135] 事實上，在這之前或之後的國際環保行動，都值得關懷，如 1968 年聯合國科文教組織於法國巴黎召開全球第一個國際生物圈會議；1972 年聯合國於瑞典斯德哥爾摩召開聯合國人類環境會議(The United Nations Conference on Human Environment)，通過「人類環境宣言」，揭示「環境權」的理念；1992 年於巴西里約舉行全球高峰會，擬定「廿一世紀議程」(Agenda 21)及 1997 年京都議定書(2005 年 2 月 16 日起正式生效)，規定三十八個工業國家及歐洲聯盟，應在 2008 年至 2012 年間將溫室氣體的排放量，降至 1990 年排放水準平均再減少 5.2%。

[136] 德國環境法制不同時期的發展歷程，請參閱 Michael Kloepfer, Umweltrecht, 3. Auflage, 2004, § 2 Umweltrechtsgeschichte, insbes. Rn. 76ff.。

境保護法令，並針對不同的環保特性或目的，採用不同的對策措施，以期保護環境的實效，例如藉由管制性的環保措施，在蘿蔔與棍棒(carrot and stick)「命令控制」的交互作用下，確保環保法令規章的推行，此時立法的品質與執法的效率，就扮演關鍵性的角色；或是利用低率貸款、稅捐優惠、國家補貼(Subvention)等獎勵性環保措施，提供環境保護的誘因，例如近來德國為推行太陽能源，對於太陽能設備提供「要五毛給一塊」的政策即是；或是著重「防患未然」預防規畫性環保措施，例如德國對於土地利用與建築規劃所推動的權衡原則(Abwägungsgebot)、相互考量原則(Rücksichtnahmegebot)、分離原則(Trennungsgebot)、計劃地衝突解決原則(Grundsatz planerischer Konfliktbewältigung)[137]。

問題是，此種強調規範外部性的作法，受到企業社會責任利害關係人多元價值的關照，能否對公司治理產生內部性規範的轉化，亦即促使企業法律替代措施(Alternativen zum Recht)應運而生，依自我監督義務(Eigenüberwachungspflicht)，在企業的管理階層，設置專業環境代理人(Betriebsbeauftragte)，以收自我規範，自我落實環境保護的目標，例如在水源法(WHG)設立水資源保護代理人，回收業與廢棄物法(KrW/AbfG)設廢棄物環境代理人，污染防制法(BImSchG)設排放保護代理人等。德國在其聯邦污染防制法[138]，第五二條 a 第一項規定，公司應向主管機關申報，公司內部擔任「污染防護代理人(Immissionsschutzbeauftragte)」之董事或股東，以負責掌管須依本法與本法授權制定的規章，及依現行行政法令規定應受許可核准，方得使用之設備。但是，即使公司內部 有專人專職的規定，亦不影響管理階層的整體責任，因此，如有違法須負責任時，公司其他董事或執行業務股東仍須共同承擔，以求實踐績效。

---

[137] Michael Kloepfer, Umweltrecht, 3. Auflage, 2004, § 10 Rn. 121ff.。

[138] Bundes-Immissionsschutzgesetz vom 15.03.1974. in der Fassung der Bekanntmachung vom 14. Mai 1990 (BGBl. I, S. 880), zuletzt geändert durch Gesetz vom 19. Oktober 1998 (BGBl. I, S. 3178)。

五、結論

全球化與國際化的時代趨勢，企業經營的環境，已經發生根本性的變遷，國界樊籬愈益不明，尤其是受到資訊科技現代化驅力影響，溝通訊息快速流通的特性，資訊取得更為容易，對於企業經營與管控績效、企業透明度等的要求，自然相對提高。而且，企業過去以股東利益為尚的經營目標，亦明顯並不符合目前批判大眾(kritischere Öffentlichkeit)的口味，企業不僅必須要能獲利，可以提供在地工作機會，亦要能夠維持環境品質，更要懂得回饋社會，贊助捐獻藝文活動、醫療健康或教育運動等，如此始具有經營執照(licence to operate)的正當性[139]。

而向來以為企業遵守法令，即善盡其企業社會責任[140]，應已不足以呼應當前社會的期待，如今或許只能視為是基本標準而已。尤其是，利害關係人多元價值(stakeholder value)，以及歐盟推動企業社會責任的影響，即使共同福祉條款已隨風而逝，但由法說(Rechtsprechung)法院實務所發展出的「企業利益」概念[141]，已是學界通用的語詞，並成為企業實踐社會責任的指標。何況德國公司法制傳統，原本即具有社會思想理念，勞工共同決定權乃是例證，因此，企業的經營如何在「自負責任」的規範下，追求企業經營的最佳綜效，經營判斷法則適時提供管理階層寬廣的行事空間，應有助於企業社會責任與公司治理極積的正面聯結。

---

[139] 此處「經營執照」，並非是法律上「依公司法組織、設立登記而取得執照」之義，而是泛指開業經營的正當性而言，Andreas Suchanek/ Nick Lin-Hi, Eine Konzeption unternehmerischer Verantwortung, Wittenberg-Zentrum für Globale Ethik, Diskussionspaper Nr. 2006-7, S. 3。

[140] 筆者過去即持此觀點，楊君仁，〈企業社會責任之法律規範〉，《經社法制論叢》，第十六期，1995，頁 75。

[141] BGHZ 62, 197; 64, 329; BverfGE 34, 112; 50, 290 (374)。

當然，吾人不能片面依賴經營者的良善，仍然必須藉由法制度以監督管控業務的執行，雙軌制的監事會扮演著與經營同等重要的角色，而確實也發揮相當的功能，但仍不免存在組織合理、獨立性與專業性的問題，然而，卻不能因此即崇尚「制度的改變，自然帶來改善」的信仰。德國在原有法制傳統，隨時修正缺點漏失，並適時加入新養分，其對企業社會責任與公司治理兩者理論與實務的發展，實有值得參考借鏡之處。

＊本文發表於《台灣法學雜誌》，第 109 期（2008.08）

參考文獻

一、中文著作（依人名筆畫順序）

方嘉麟，〈論資本三原則理論體系之內在矛盾〉，《政大法學評論》，第 59 期，1998 年 6 月，頁 155 - 226。

五南圖書法律小組，《公司法修訂資料彙編》，臺北：五南圖書，2001 年 11 月。

王文宇，〈論類推適用與法律解釋〉，《民商法理論與經濟分析》，臺北：元照，2000 年 5 月，頁 277 - 300。

王文宇，《公司法論》，臺北：元照，2003 年 10 月。

王文宇，〈董監事酬勞之種類與分配〉，《月旦法學教室》，第 33 期，2005 年 7 月，頁 28 - 29。

王文宇，〈論董事會、常董會與委員會之權責劃分〉，載於《現代公司法制之新課題──賴英照大法官六秩華誕祝賀論文集》，臺北：元照，2005 年 8 月，頁 355 - 370。

王文宇，〈法律移植的契機與挑戰──以公司法的受託、注意與忠實義務為中心〉，《月旦民商法》，第 19 期，2008 年 3 月，頁 81 - 91。

王志誠，〈董事會決議瑕疵之效力，《法學講座》，第 32 期，2005 年 3 月，頁 65 - 81。

王志誠，〈我國公司治理之實務發展及檢討──以並列制經營機關之改革為中心〉，載於《現代公司法制之新課題──賴英照大法官六秩華誕祝賀論文集》，臺北：元照，2005 年 8 月，頁 371 - 395。

王泰銓，《公司法爭議問題》，臺北：五南圖書，1999 年 2 月。

王泰銓，《公司法新論》，臺北：三民書局，1998 年 1 月。

王銘勇，〈董事會決議瑕疵之效力〉，《新竹律師會刊》，第 1 卷第 3 期，1996 年 3 月，頁 22 - 26。

王澤鑑，《債編總論》，第一卷，《民法實例研習叢書(3)》，著者自版，1988 年 1 月。

王澤鑑，〈舉重明輕、衡平原則與類推適用〉，載於氏著：《民法學說與判例研究》，第八冊，著者自版，1996 年 10 月。

王澤鑑，《請求權基礎理論體系》，著者自版，2000 年 9 月。

王澤鑑，《民法總則》，著者自版，2000 年 9 月。

王澤鑑，《人格權法》，著者自版，2012 年 4 月。

史尚寬，《債法各論》，著者自版，1986 年 11 月。

永然法律事務所，《公司合夥爭訟運籌要覽》，臺北：永然文化，1998 年 12 月。

立法院秘書處編印，《公司法第六次修正案》，《法律案專輯》第 38 輯，1981 年 8 月，臺北：立法院。

立法院編，《新公司法》，北平：中行股份公司有限公司文化事業部，1946 年。

何曜琛，〈論股份有限公司股東會、董事會決議之瑕疵及其效力〉，《東吳大學法律學報》，第 14 卷第 2 期，2002 年 12 月，頁 97 - 142。

吳庚，《憲法的解釋與適用(三版) 》，著者自版，2004 年 6 月。

吳明軒，《中國民事訴訟法(上冊) 》，修訂三版，臺北：三民書局，1985 年 7 月。

巫鑫，《如何規劃及召開股東會》，臺北：勤業財稅諮詢顧問股份有限公司，2005 年 5 月。

周何(總主編)，《國語活用辭典》，臺北：五南圖書， 2007 年 8 月。

林山田，〈法事實研究──一個亟待加強的法學研究〉，《法學叢刊》，第 88 期，1977 年，頁 48 - 54。

林仁光，〈董事會功能性分工之法制課題──經營權功能之強化與內部監控機制之設計〉，《臺大法學論叢》，第 35 卷第 1 期，2006 年 1 月，頁 157 - 266。

林咏榮，《商事法新詮(上)》，臺北：五南圖書，1985 年 3 月。

林宛瑩/汪瑞芝/游順合，〈研發支出、內部董事與經營績效〉，《會計審計論叢》，第 2 卷第 1 期，2012 年 6 月，頁 61 - 90。

林郁馨，〈從美國法論獨立董事獨立性之法律規制〉，公司治理法制學術研討會，政治大學公司治理法律研究中心，2013 年 12 月，頁 1 - 36。

林國全，〈有限公司法制應修正方向之檢討〉，《月旦法學雜誌》，第 90 期，2002 年 11 月，頁 198 - 204。

林國全，〈現行有限公司法制解析〉，《政大法學評論》，第 73 期，2003 年 1 月，頁 51 - 118。

林國彬，〈以有瑕疵之董事會為基礎所召集之股東會決議具有無效或得撤銷之事由──最高法院九十九年台上字第一六五〇號判決〉，《月旦裁判時報》，第 8 期，2011

年4月，頁48-54。

林穎芬/洪晨桓/陳佳成，〈臺灣上市公司董事薪酬影響因子之研究〉，《臺大管理論叢》，第23卷第1期，2012年1月，頁175-208。

武憶舟，《公司法論》，臺北：三民書局，1992年9月。

邱筱茜，《董事會監督強度決定性因素之實證研究》，國立政治大學會計研究所碩士論文，2008年。

邵慶平，〈論股東會與董事會之權限分配——近年來公司法修正之反思〉，《東吳法律學報》，第17卷第3期，2006年4月，頁139-182。

邵慶平，〈董事受託義務內涵與類型再思考——從監督義務與守法義務的比較研究出發〉，《臺北大學法學論叢，第66期，2008年6月，頁1-43。

邵慶平，〈規範競爭理論與公司證券法制的建構：兼論對台灣法制的可能啟示〉，《臺大法學論叢》，第38卷第1期，2009年3月，頁1-60。

姜聯成，《新公司法精釋》，著者自版，1966年。

施智謀，《公司法》，著者自版，1991年7月。

柯芳枝，《公司法論》，臺北：三民書局，1999年10月。

洪秀芬，〈公司對董事責任追究之探討——以股份有限公司董事之民事賠償責任為研究對象〉，《輔仁法學》，第36期，2008年12月，頁57-112。

孫震，《經濟發展的倫理基礎》，臺北：臺灣商務，2006年8月。

國民政府，《修正公司法》，臺北：立信會計圖書用品社，1946年。

張心悌，〈股東提案權之省思——兼以代理成本與Arrow定理觀察之〉，載於《現代公司法制之新課題——賴英照大法官六秩華誕祝賀論文集》，臺北：元照，2005年8月，頁279-308。

張肇元，《新公司法解釋》，《現代國民基本知識叢書》第五輯，臺北：中華文化出版，1957年。

梁宇賢，《公司法論》，臺北：三民書局，1986年7月。

梁宇賢，〈公司股東會委由董事會決定各個董事分配之報酬是否有效——評最高法院93年度台上字第1224號判決〉，《月旦法學雜誌》，第121期，2005年5月，頁222-228。

梅仲協，《商事法要義》，上冊，著者自版，1956年3月。

陳俊仁，〈論股東於公司之地位——股東於公開發行公司角色與功能之檢視〉，《成大法學》，第12期，2006年12月，頁185-246。

陳俊仁，〈董事會違法決議之董事責任與免責規定〉，《台灣法學雜誌》，第 138 期，2009 年 10 月，頁 169 - 174。

陳俊仁，〈公司治理與股東權益維護——論股東會章訂專屬決議權限之規範缺失〉，《月旦法學雜誌》，第 184 期，2010 年 9 月，頁 41 - 59。

陳俊仁，〈論董事會召集程序與決議方法瑕疵之效力——評最高法院 99 年度台上字 1401 號民事判決〉，《中正財經法學》，第 3 期，2011 年 7 月，頁 1 - 42。

陳彥良，〈有限公司不執行業務股東監察權相關認定問題——評臺灣高等法院九十八年度上字第一一九八號民事判決〉，《月旦法學雜誌》，第 204 期，2012 年 4 月，頁 205 - 220。

陳愛娥(中譯)，《法學方法論》，臺北：五南圖書，2004 年 5 月。

陳顧遠，《商事法(中冊) 》，臺北：復興書局，1968 年 8 月。

傅豐誠，〈從公司治理的微觀基礎探討我國強制設立獨立董事之必要性〉，《經社法制論叢》，第 34 期，2004 年 7 月，頁 41 - 76。

曾宛如，《公司管理與資本市場法制專論(一) 》，臺北：元照，2002 年 10 月。

曾宛如，《證券交易法原理》，臺北：元照，2005 年 3 月。

曾宛如，〈少數股東之保護與公司法第二三條第二項——兼評台南高分院八十七年度重上更(一)字第二二號判決及九十六年度台上字第一八六號判決〉，《月旦法學雜誌》，第 159 期，2008 年 7 月，頁 264 - 273。

曾宛如，〈董事會決議瑕疵之效力及其與股東會決議效果之連動——兼評九十七年台上第九二五號判決〉，《台灣法學雜誌》，第 120 期，2009 年 1 月，頁 189 - 192。

曾宛如，〈股東會與公司治理〉，《臺大法學論叢》，第 39 卷第 3 期，2010 年 9 月，頁 109 - 166。

曾捷民，《董事會決議瑕疵之效力》，國立成功大學法律系碩士班碩士論文，2006 年 6 月。

游啟璋，〈公司法的功能、問題與法律策略〉，載於《現代公司法制之新課題——賴英照大法官六秩華誕祝賀論文集》，臺北：元照，2005 年 8 月，頁 3 - 31。

游啟璋，〈常務董事法制之檢討〉，《法令月刊》，第 54 卷第 5 期，2003 年 5 月，頁 25 - 28。

游啟璋，〈常務董事與董事職權之分際〉，2004 年 12 月 7 日經濟部公司法研修會議專題報告。

黃立，《民法總則》，臺北：元照，1999 年 10 月。

黃立，《民法債編總論》，臺北：元照，2000 年 9 月。
黃茂榮，《法學方法與現代民法》增訂六版，臺北：植根法學，2011 年 9 月。
黃銘傑，《公開發行公司法制與公司監控——法律與經濟之交錯》，臺北：元照，2001 年 11 月。
楊仁壽，《法學方法論》，著者自版，1994 年 1 月。
楊竹生，〈論董事注意義務中監督公司業務執行之義務〉，《中原財經法學》，第 13 期，2004 年 12 月，頁 1 - 64。
楊君仁，〈企業社會責任之法律規範〉，《經社法制論叢》，第 16 期，1995 年 7 月，頁 75 - 87。
楊君仁，《有限公司股東退股與除名》，臺北：神州，2000 年 12 月。
楊君仁，〈公司治理新挑戰——論監察人制度〉，《社會文化學報》，第 19 期，2004 年 12 月，頁 57 - 83。
楊君仁，〈新世紀的公司治理〉，載於《新世紀的法律課題》，臺北：威仕曼文化事業，2006 年 3 月，頁 271 - 308。
楊健華，《公司法要論》，臺北：三民書局，1986 年 1 月。
楊敏華，〈兩岸上市公司獨立董事與監事會(監察人)制度運作之研究〉，《法令月刊》，第 57 卷第 6 期，2006 年 6 月，頁 63 - 74。
葉匡時/劉韻僖/鍾喜梅，〈我國上市公司家族控制力與董事會運作關係之探討〉，行政院國家科學委員會贊助計畫編號：NSC 89-2416-H-110-010，2000 年。
葉保強，《企業倫理》，臺北：五南圖書，2005 年。
葉宣模，《股市紅黑板——台灣證券交易市場傳奇》，臺北：工商時報出版，1993 年 5 月。
葉銀華/李存修/柯承恩，《公司治理與評等系統》，臺北：商智文化事業，2002 年 10 月。
廖大穎，《公司法原論》，臺北：三民書局，2002 年 2 月。
廖大穎，〈論股東行使表決權迴避之法理 c 兼評臺北地院九十一年度訴字第三五二一號民事判決，《月旦法學雜誌》，第 99 期，2003 年 7 月，頁 236 - 253。
廖大穎，《證券交易法導論》，臺北：三民書局，2005 年 5 月。
廖大穎，〈公司負責人之注意義務與商業判斷原則的適用——臺北地院 93 年度重訴字第 144 號民事判決〉，《月旦裁判時報》創刊號，2010 年 2 月，頁 111 - 118。
臺灣商務印書館編，《辭源》，臺北：臺灣商務，1976 年 2 月。
趙維穎，《董事會屬性、董事會功能與企業經營績效之關聯性研究》，中原大學企業管理學系碩士論文，2004 年 1 月。

劉甲一，《公司法新論》，臺北：五南圖書，1971 年 9 月。
劉清波，《商事法》，臺北：臺灣商務，1988 年 10 月。
劉紹樑，〈從莊子到安隆—A+公司治理〉，《天下雜誌》，2002 年 11 月。
劉連煜，《公司監控與公司社會責任》，臺北：五南圖書，1995 年 9 月。
劉連煜，〈股東會決議解任董監事及董監事因無正當理由遭解任所得請求賠償之範圍〉，《月旦法學雜誌》，第 30 期，1997 年 11 月，頁 101 - 113。
劉連煜，〈論監察人之股東會召集權限〉，載於氏著，《公司法理論與判決研究（三）》，著者自版，2002 年 5 月。
劉連煜，〈健全獨立董監事與公司治理之法制研究——公司自治、外部監控與政府規制之交錯，《月旦法學雜誌》，第 94 期，2003 年 2 月，頁 131 - 154。
劉連煜，《新證券交易法實例研習》，臺北：元照，2004 年 9 月。
劉連煜，《現代公司法》，增訂二版，臺北：新學林，2007 年 2 月。
劉連煜，〈董事責任與經營判斷法則〉，《月旦民商法》，第 17 期，2007 年 9 月，頁 178 - 196。
蔡宏瑜，〈美國法關於公司外部董事之義務與責任之規定〉，《玄奘法律學報》，第 11 期，2009 年 6 月，頁 261 - 295。
蔡昌憲，〈從內控制度及風險管理之國際規範趨勢論我國的公司治理法制：兼論董事監督義務之法律移植〉，《臺大法學論叢》，第 41 卷第 4 期，2012 年 12 月，頁 1819 - 1897。
鄭玉波，《公司法》，臺北：三民書局，1980 年 9 月。
鄭玉波，《法諺（一）》，再版，著者自版，1986 年 6 月。
賴英照，〈中國公司立法之回顧與前瞻〉，氏著《公司法論文集》，臺北：財團法人中華民國證券市場發展基金會，1986 年 9 月。
賴英照，《公司法論文集》，臺北：財團法人中華民國證券市場發展基金會，1988 年 5 月。
賴英照，〈論全球盟約與公司社會責任〉，《法令月刊》，第 58 卷第 2 期，2007 年 2 月，頁 4 - 25。
賴英照，〈從尤努斯到巴菲特——公司社會責任的基本問題〉，《台灣本土法學》，93 期，2007 年 4 月，頁 150 – 180
賴英照，《最新證券交易法解析》，2009 年 10 月，臺北：著者自版。
賴英照，〈法制的移植——從公司律到獨立董事〉，《臺北大學法學論叢》，第 84 期，2012

年 12 月，頁 1 - 70。
賴源河，《公司法問題研究（一）》，臺北：國立政治大學法律學系法學叢書編輯委員會編印，1982 年。
賴源河，《實用商事法精義》(修訂新版)，臺北：五南圖書，1998 年 10 月。

二、外文著作

Altmeppen, Holger, in: Gesellschaftsrechtliche Vereinigung (Hrsg.), *Die GmbH-Reform in der Diskussion* (2006, 2007), Köln: Verlag Dr. Otto Schmidt.

Arnold, Michael, Verantwortung und Zusammenwirken des Vorstands und Aufsichtsrats bei Compliance-Untersuchungen, *ZGR* (2014), S. 76 - 109.

Assmann, Heinz-Dieter/Schneider, Uwe H. (Hrsg.), *Kommentar zum Wertpapierhandelsgesetz* (WpHG), 6. Auflage (2012), Köln: Verlag Dr. Otto Schmidt

Bainbridge, Stephen M., The Convergence of Good Faith and Oversight, *55 UCLA L. REV. 559* (2008), 592 - 593.

Bartl/Henkes/Schlarb, *Kommentar zum GmbH-Recht*, 3. Auflage (1990), Heidelberg: C. F. Müller

Baumbach/Hopt, HGB, 30. Auflage (2000), München: C. H. Beck.

Baumbach/Hueck, *GmbHG*, 16. Auflage (1996), München: C. H. Beck

Baums, Theodor (Hrsg.), *Bericht der Regierungskommission Corporate Governance: Unternehmensführung, Unternehmenskontrolle, Modernisierung des Aktienrechts* (2001), Köln: Verlag Dr. Otto Schmidt

Baums, Theodor, Managerhaftung und Verjährung, *ZHR* 174 (2010), S. 593 - 615.

Bayer, Walter, Grundkapital, Kapitalaufbringung, Kapitalerhaltung, in Bayer/Habersack (Hrsg.): Aktienrecht im Wandel, Band II: *Grundsatzfragen des Aktienrechts* (2007), S. 708 - 762, Tübingen: Mohr Siebeck

Bayer, Walter, *Unwirksame Leistungen auf die Stammeinlage und nachträgliche Erfüllung* – Zugleich Besprechung der Entscheidung des BGH v. 2.12.2002, II ZR 101/02, GmbHR 2004, S. 445 - 457.

Beck'sches Handbuch der GmbH, 2. Auflage (1999), München: C. H. Beck

Bernhardt, Wolfgang/ Witt, Peter, Die Beurteilung der Aufsichtsräte und ihrer Arbeit in Hommelhoff/ Hopt/ v. Werder (Hrsg.), *Handbuch Corporate Governance* (2003), S. 323

- 334, Köln: Verlag Dr. Otto Schmidt.

Beschorner, Thomas /Kristin Vorbohle, Neue Spielregeln für eine (verantwortliche) Unternehmensführung, in Thomas Beschorner/Matthias Schmidt (Hrsg.), *Corporate Social Responsibility und Corporate Citizenship*, 2007, S. 105 - 112, München: Hampp.

Beschorner, Thomas/ Matthias Schmidt (Hrsg.), *Corporate Social Responsibility und Corporate Citizenship*, 2007, München: Hampp.

Blaurock, Uwe, Mindeskapital und Haftung bei der GmbH, *Festschrift für Thomas Raiser* (2005), S. 3 - 22, Berlin: De Gruyter

Block, Dennis J. /Barton, Nancy E. /Radin, Stephen A., *The Business Judgment Rule*, Fifth Edition (1998); Cumulative Supplement (2002), New York: Aspen Law & Business。

Bochmann, Christian, Diskussionsbericht, *ZHR* 179 (2015), S. 207 - 213。

Böckli, Peter, Konvergenz: Annäherung des monistischen und des dualistischen Führungs- und Aufsichtssystems, in Hommelhoff/Hopt/v. Werder (Hrsg.), *Handbuch Corporate Governance* (2003), S. 201 - 222, Köln: Dr. Otto Schmidt

Bokelmann, Gunther, Rechtsmissbrauch des Anfechtungsrechts durch den Aktionar?, *BB* 1972, S. 733 - 737.

Brox/Walker, *Besonderes Schuldrechts*, 33. Auflage (2008), München: C. H. Beck

Bruns, Alexander, *Haftungsbeschränkung und Mindesthaftung* (2003), Tübingen : Mohr Siebeck

Bürgers, Tobias, Compliance in Aktiengesellschaften, Arbeitsteilung zwischen Vorstand unf Aufsichtsrat sowie innerhalb der Organe, *ZHR* 179 (2015), S. 173 - 206.

Canaris, Claus-Wilhelm, *Die Feststellung von Lücken im Gesetz*, 2. Auflage (1983), Berlin: Duncker & Humblot

Carroll, Archie B., A Three-Dimensional Conceptual Model of Corporate Performance, *Academy of Management Review*, 4 (1979), 497 - 505.

Carroll, Archie B., *Business and Society*: Ethics and Stakeholder Management, 3 rd. Edition (1996), Ohio: South-Western College Publishing.

Carroll, Archie B., The Pyramid of Corporate Social Responsibility: Toward the Moral Management of Organizational Stakeholders. *Business Horizons*, 34 (1991), 39 - 48.

Chiotellis, Aristide /Fikentscher, Wolfganf (Hrsg.), *Rechtstatsachenforschung* (1985), Köln: Dr. Otto Schmidt.

Davies, Paul L., *Gower & Davies' Principles of Modern Company Law*, 7th. Ed. (2003), London: Sweet & Maxwell

Diederichsen, Uwe, *Der Allgemeine Teil des Bürgerlichen Gesetzbuches für Studienanfänger*, 5. Auflage (1984), Heidelberg: C. F. Müller.

Doehring, Karl, *Staatsrecht der Bundesrepublik Deutschland*, 3. Auflage (1984), Frankfurt am Main: Alfred Metzner Verlag

Dreher, Meinrad, Die Organisation des Aufsichtsrats, in Feddersen, Dieter / Hommelhoff, Peter / Schneider, Uwe H. (Hrsg.), *Corporate Governance*, 1996, S. 33 - 60, Köln: Verlag Dr. Otto Schmidt

Easterbrook, Frank H. & Fischel, Daniel R., Antitrust Suits by Targets of Tender Offers, *80 MICH. L. REV. 1155* (1982), 1168 n.36.

Engisch, Karl, *Einführung in das juristische Denken*, 8. Auflage (1983), Stuttgart: Kohlhammer

Erman/Harm Peter Westermann (Hrsg.), *Handkommentar zum BGB* , 12. Auflage (2008), Köln: Verlag Dr. Otto Schmidt.

Fabricius, Fritz, Das Stammkapital der GmbH – Zur Frage seiner Rechtfertigung und der Rechtfertigung seiner Höhe – Gedanken zum Referentenentwurf auf eines GmbH - Gesetzes 1969, *GmbHR* 1970, S. 137 - 144.

Feddersen, Dieter / Hommelhoff, Peter / Schneider, Uwe H., Corporate Governance – eine Einführung, in Feddersen, Dieter / Hommelhoff, Peter / Schneider, Uwe H. (Hrsg.), *Corporate Governance*, 1996, S. 1 - 8, Köln: Verlag Dr. Otto Schmidt

Feine, Hans Erich, *Die Gesellschaft mit beschränkter Haftung*, in: Handbuch des gesamten Handelsrechts, herausgegeben von Victor Ehrenberg, 3. Band, 3. Abteilung, 1929, O. R. Reisland, Leipzig

Fischer, Robert, *Die Weiterbildung des Rechts durch die Rechtsprechung*, 1971, Karlsruhe: C. F. Müller

Fleischer, Holger Shareholders vs. Stakeholders: Aktien- und übernahmerechtliche Fragen, in Hommelhoff/ Hopt/v. Werder (Hrsg.), *Handbuch Corporate Governance* (2003), S. 129 - 155, Köln: Verlag Dr. Otto Schmidt

Fleischer, Holger, *100 Jahre GmbH-Reform und 100 Jahre GmbH-Rundschau*, GmbHR 2009, S. 1 - 13

Fleischer, Holger, Aktienrechtliche Legalitätspflicht und “nützliche” Pflichtverletzungen von Vorstandsmitgliedern, *ZIP* (2005), S. 141 - 154.

Fleischer, Holger, Das Gesetz zur Angemessenheit der Vorstandsvergütung (VorstAG), *NZG* 2009, 801

Fleischer, Holger, Legal Transplants im deutschen Aktienrecht, *NZG* 2004, Heft 24, S. 1129 - 1137.

Fleischer, Holger, Zur Angemessenheit der Vorstandsvergütung im Aktienrecht, *DStR* 2005, 1279

Fleischer, Holger, Zur Verantwortlichkeit einzelner Vorstandsmitglieder bei Kollegialentscheidungen im Aktienrecht, *BB* 2004, S. 2645 - 2652

Flume, Werner, Das Video-Urteil und das GmbH-Recht, *DB* 1992, S. 25 - 29.

Garner, Bryan A. (Editor in Chief), *Black's Law Dictionary*, 8th. Ed. (2004), West Publishing Co.

Großkommentar zum Aktiengesetz, 3. Auflage (1970ff.), Berlin: De Gruyter, zitiert: *Bearbeiter* in Großkomm. AktG

Großmann, Adolf, Unternehmensziele im Aktienrecht, 1980, Köln: Carl Heymanns Verlag

Grunewald, Barbara, Einsichts- und Auskunftsrecht des GmbH-Gesellschafters nach neuem Recht, *ZHR* 146 (1982), S. 211 - 237.

Grunewald, Barbara, *Gesellschaftsrecht*, 7. Auflage (2008), Tübingen: Mohr Siebeck

Grunewald/Noack, Zur Zukunft des Kapitalsystems der GmbH – Die Ein-Euro-GmbH in Deutschland, *GmbHR* 2005, S. 189 - 195.

Gündel, Matthias/Katzorke, Björn, *GmbH-Reform 2008* (MoMiG) (2008), Weil im Schönbuch: HDS-Verlag

Habersack, Mathias, Perspektiven der aktienrechtlichen Organhaftung, *ZHR* 177 (2013), S. 782 - 806.

Habisch, André /Martin Wildner/Franz Wenzel, Corporate Citizenship (CC) als Bestandteil der Unternehmensstrategie, in A. Habisch/R. Schmidpeter/M. Neureiter (Hrsg.), *Handbuch Corporate Citizenship - Corporate Social Responsibility für Manager* (2008), S. 3 - 43, Berlin: Springer.

Hachenburg, *Kommentar zum GmbHG*, 8. Auflage (1991), Berlin: De Gruyter

Haft, Fritjof, *Juristische Rhetorik*, 7. Auflage (2007), München: Karl Alber Freiburg

Hall, Timothy L., *The U. S. Legal System*, Vol. 1, 2004, Pasadena: Salem Press

Haller, A. / Ernstberger, J., Global Reporting Initiative – Internationale Leitlinien zur Erstellung von Nachhaltigkeitsberichten, *BB* 2006, S. 2516 - 2524.

Harbarth, Stephan, Anforderungen an die Compliance-Organisation in börsennotierten Unternehmen, *ZHR* 179 (2015), S. 136 - 172。

Hemeling, Peter, Editorial: Reform der Organhaftung? *ZHR* 178 (2014), S. 221 - 226.

Henn, Günter, *Handbuch des Aktienrechts*, 4. Auflage (1991), Heidelberg: C. F. Müller

Herchen, Oliver M., Corporate Social Responsibility – Wie Unternehmen mit ihrer ethischen Verantwortung umgehen, 2007, Verlag: Books on Demand (Norderstedt)

Heuberger, Frank, CC als Herausforderung an die Politik, in A. Habisch/R. Schmidpeter/M. Neureiter (Hrsg.), *Handbuch Corporate Citizenship - Corporate Social Responsibility für Manager* (2008), S. 465 - 492, Berlin: Springer.

Heymann/Volker Emmerich, *Kommentar zum Handelsgesetzbuch*, 1989, Berlin: De Gruyter

Hoffmann/Liebs, *Der GmbH-Geschäftsführer, Handbuch des Unternehmers und Managers*, 2. Auflage (2000), München: C. H. Beck

Hommelhoff, Peter, in: Gesellschaftsrechtliche Vereinigung (Hrsg.), *Die GmbH-Reform in der Diskussion* (2006), Köln: Verlag Dr. Otto Schmidt.

Hopt, Klaus J., Aktienrecht unter amerikanischem Einfluss, *Festschrift für Claus-Wilhelm Canaris* (2007), Band II, S. 105 - 128, München: C. H. Beck

Hopt, Klaus J., Die rechtlichen Rahmenbedingungen der Corporate Governance, in Hommelhoff/ Hopt/v. Werder (Hrsg.), *Handbuch Corporate Governance* (2003), S. 29 - 50, Köln: Verlag Dr. Otto Schmidt

Hübner, Ulrich, Mindestkapital und alternativer Gläubigerschutz – rechtsvergleichende Anmerkungen zur Entwicklung des GmbH-Rechts, *Festschrift für Claus-Wilhelm Canaris* (2007), Band II, S. 129 - 145, München: C. H. Beck

Hüffer, Uwe, *Aktiengesetz*, 10. Auflage (2012), München: C. H. Beck

Hüffer, Uwe, *Aktiengesetz*, 5. Auflage (2002), München: C. H. Beck

Hüffer, Uwe, Die Gesellschafterversammlung–Organ der GmbH oder bloßes Beschlußverfahren?), *Festschrift 100 Jahre GmbH-Gesetz*, 1992, S. 521 - 527, Köln: Dr. Otto Schmidt.

Immenga, Ulrich, *Die personalistische Kapitalgesellschaft*. Eine rechtsvergleichende Untersuchung nach deutschem GmbH-Recht und dem Recht der corporations in den Vereinigten Staaten, 1970, Bad Homburg

Internationales Arbeitsamt, Dreigliedrige Grundsatzerklärung über multinationale Unternehmen und Sozialpolitik (pdf-Datei), 3. Auflage (2001), Genf

Ipsen, Jörn, *Staatsorganisationsrecht* (Staatsrecht I), 2. Auflage (1989), Frankfurt am Main: Alfred Metzner Verlag

Junge, Werner, Das Unternehmensinteresse, Festschrift für Ernst von Caemmerer (1978), S. 547 - 558, Tübingen: J.C.B. Mohr (Paul Siebeck)

Jürgenmeyer, von Michael, Das Unternehmensinteresse, Dissertation Universität Freiburg in Br., 1984, Heidelberg: Verlagsgesellschaft Recht und Wirtschaft.

Kallmeyer, Harald, Bereinigung der Finanzverfassung der GmbH – Vorschlag für eine GmbH-Reform, *GmbHR* 2004, S. 377 - 383.

Kipp, Theodor, Über Doppelwirkungen im Recht, insbesondere über die Konkurrenz von Nichtigkeit und Anfechtbarkeit, *Festschrift für Ferdinand von Martitz* (1911), S. 211 - 233, Berlin: Verlag von Otto Liebmann

Kitagawa, Zentaro, *Rezeption und Fortbildung des europpäischen Zivilrechts in Japan*, 1970, Verlag: Frankfurt/M Metzner

Kloepfer, Michael, *Umweltrecht*, 3. Auflage (2004), München: C. H. Beck

Klunzinger, Eugen, *Grundzüge des Gesellschaftsrechts*, 15. Auflage (2009), München: Franz Vahlen

Kocher, Eva, Unternehmerische Selbstverpflichtungen zur sozialen Verantwortung – Erfahrungen mit sozialen Verhaltenskodizes in der transnationalen Produktion, *Recht der Arbeit* (2004), S. 27 - 31

Kölner Kommentar zum Aktiengesetz, 2. Auflage (1989), Köln: Carl Heymanns

Kraft/Kreutz, *Gesellschaftsrecht*, 11. Auflage (2000), Neuwied and Kriftel: Luchterhand

Kramer, Ernst A., *Juristische Methodenlehre*, 2. Auflage (2005), Bern: Stämpfli Verlag

Kropff, Bruno, *Aktiengesetz* (1965), Düsseldorf: Verlagsbuchhandlung des Instituts der Wirtschaftsprüfer GmbH.

Kübler, Friedrich, Fragen und Wünsche des Gesellschafts- und Kapitalmarktrechts an das Recht der Recherungslegung, *ZGR* 2000, S. 550.

Kübler, Friedrich, *Gesellschaftsrecht*, 5. Auflage (1999), Heidelberg: C. F. Müller

Kuhlen, Beatrix, *Corporate Social Responsibility* (CSR) – Die ethische Verantwortung von Unternehmen für Ökologie, Ökonomie und Soziales, 2005, Baden-Baden: Deutscher Wissenschafts-Verlag.

Lambsdorff, Otto Graf, Überwachungstätigkeit des Aufsichtsrats – Verbesserungsmöglichkeit de lege lata und de lege ferenda, in Feddersen, Dieter / Hommelhoff, Peter / Schneider, Uwe H. (Hrsg.), Corporate Governance, 1996, S. 217 - 233, 1996, Köln: Verlag Dr. Otto Schmidt

Larenz, Karl, *Allgemeiner Teil des deutschen Bürgerlichen Rechts*, 7. Auflage (1989), München: C. H. Beck

Larenz, Karl, *Lehrbuch des Schuldrechts*, Band II, Halbband 1: Besondesrer Teil, 13. Auftrag (1986), München: C. H. Beck

Larenz, Karl, *Methodenlehre der Rechtswissenschaft*, 6. Auflage (1991), Berlin: Springer Verlag

Larenz, Karl, *Methodenlehre der Rechtswissenschaft*, 6. Auflage (1991), Berlin: Springer.

Loew, Thomas /Kathrin Ankele/Sabine Braun/Jens Clausen, *Bedeutung der CSR* - Diskussion für Nachhaltigkeit und die Anforderungen an Unternehmen, 2004, Berlin: Future e.V. und Institut für Ökologische Wirtschaftsforschung GmbH (IÖW).

Loos, Alexander (General Editor), *Directors' Liability: A Worldwide Review*, 2006, Kluwer Law International

Löwisch, Gottfried, *Eigenkapitalersatzrecht, Kommentierung zu §§ 32a, b GmbHG* (2007), München: C. H. Beck

Luhmann, Niklas, *Legitimation durch Verfahren*, 1969, 6. Auflage (2001), Berlin, Neuwied

Luhmann, Niklas, *Rechtssoziologie*, 4. Auflage (2008), Wiesbaden: VS Verlag

Lutter, Marcus, Deutscher Corporate Governance Kodex, in Hommelhoff/ Hopt/ v. Werder (Hrsg.), *Handbuch Corporate Governance* (2003), S. 737 - 748, Köln: Verlag Dr. Otto Schmidt.

Lutter/Hommelhoff, *Kommentar zum GmbHG*, 17. Auflage (2009), Köln: Dr. Otto Schmidt

Lutter/Krieger, *Rechte und Pflichten des Aufsichtsrats*, 4. Auflage (2000), Köln: Dr. Otto Schmidt

Lutter/Krieger, *Rechte und Pflichten des Aufsichtsrats*, 5. Auflage (2008), Köln: Dr. Otto Schmidt

Luttter, Marcus, Deutscher Corporate Governance Kodex, in Hommelhoff/ Hopt/v. Werder (Hrsg.), *Handbuch Corporate Governance* (2003), S. 737 - 748, Köln: Verlag Dr. Otto Schmidt.

Marsch-Barner, Reinhard/Schäfer, Frank A. (Hrsg.), *Handbuch börsennotierte AG* (2005), Köln: Dr. Otto Schmidt.

Marsch-Barner/Schäfer (Hrsg.), *Handbuch börsennotierte AG* (2005), Köln: Dr. Otto Schmidt

Martens, Klaus-Peter, Grundlagen und Entwicklung des Minderheitensschutzes in der GmbH, *Festschrift 100 Jahre GmbH-Gesetz*, 1992, S. 607 - 630, Köln: Dr. Otto Schmidt.

Meffert, Heribert/ Matthias Münstermann, *Corporate Social Responsibility in Wissenschaft und Praxis* – eine Bestandsaufnahme, Arbeitspapier Nr. 186, 2005, Münster : Wissenschaftliche Gesellschaft für Marketing und Unternehmensführung.

Meier-Hayoz, Arthur, in: *Berner Kommentar zum schweizerischen Zivilgesetzbuch* (1962), Einleitungsband: Art. 1 ~ 10 ZGB, Bern: Verlag Stämpfli & Cie

Merkt, Hanno, Der Kapitalschutz in Europa – ein rocher de bronze, *ZGR* 2004, S. 305 - 323.

Mertens, Hans-Joachim, Anmerkung zum Urteil des BGH vom 23. 9. 1991 – II ZR 135/90, *AG* 1991, S. 434

Mertens, Hans-Joachim, Unternehmensleitung und Organhaftung, in Feddersen, Dieter / Hommelhoff, Peter / Schneider, Uwe H. (Hrsg.), *Corporate Governance*, 1996, S. 155 - 164, Köln: Verlag Dr. Otto Schmidt

Möller, Christian, *Die materiell unterkapitalisierte GmbH* (2005), München: C. H. Beck

Mülbert, Peter O., Shareholder Value aus rechtlicher Sicht, *ZGR* 1997, S. 129 - 172.

Münchener Handbuch des Gesellschaftsrechts, Band 3: *Gesellschaftt mit beschränkter Haftung*, 2. Auflage (2003), München: C. H. Beck

Münchener Handbuch des Gesellschaftsrechts, *Band 4: Aktiengesellschaft*, 2. Auflage (1999), München: C. H. Beck

Münchener Kommentar zum Aktiengesetz, 2. Auflage (2000ff.), München: C. H. Beck

Mylich, Falk, Probleme und Wertungswidersprüche beim Verständnis von § 135 Abs. 1

Alt. 2 Nr. 2 InsO n.F., *ZGR* 2009, S. 474 - 503.

Peltzer, Martin, Vorstand/Board: Aufgaben, Organisation, Entscheidungsfindung und Willensbildung – Rechtlicher Rahmen, in Hommelhoff/ Hopt/v. Werder (Hrsg.), *Handbuch Corporate Governance* (2003), S. 223 - 244, Köln: Verlag Dr. Otto Schmidt

Plate, Jürgen, *Das gesamte examensrelevante Zivilrecht*, 4. Auflage (2008), Berlin: Springer.

Priester, Hans-Joachim, Kapitalaufbringung, *Festschrift 100 Jahre GmbH-Gesetz*, 1992, S. 159 - 187, Köln: Verlag Dr. Otto Schmidt.

Radu, Magnus, Der Mißbrauch der Anfechtungsklage durch den Aktionär, *ZIP* 1989, S. 980

Raiser, Thomas, Die Haftungsbeschränkung ist kein Wesensmerkmal der juristischen Person, *Festschrift für Marcus Lutter* (2000), S. 637 - 650, Köln: Verlag Dr. Otto Schmidt.

Raiser, Thomas, *Kommentar zum Mitbestimmungsgesetz*, 2. Auflage (1984), Berlin: Verlag Walter de Gruyter

Raiser, Thomas, *Recht der Kapitalgesellschaften*, 1983, München: Verlag Vahlen

Raiser/Veil, *Recht der Kapitalgesellschaften*, 5. Auflage (2010), München: Verlag Franz Vahlen

Rappaport, Alfred, *Creating Shareholder Value*, The New Standard for Business Performance, 1986, New York: Free Press.

Rathenau, Walter, *Vom Aktienwesen*, Eine geschäftliche Betrachtung, 1917, Berlin: Fischer Verlag

Rittner, Fritz, Zur Verantwortung des Vorstands nach § 76 Abs. 1 AktG, *Festschrift für Ernst Geßler* (1965), S. 139 – 158, München: Verlag Franz Vahlen.

Roth, Günter H./Altmeppen, Holger, *Kommentar zum GmbHG*, 6. Auflage (2009), München: C. H. Beck (zitiert: Roth/Altmeppen, GmbHG, §... Rn...)

Rowedder, *Kommentar zum GmbHG*, 2. Auflage (1990), München: Franz Vahlen

Sacco, Rodolfo, Legal Formants: A Dynamic Approach to Comparative Law, 39 *American Journal of Comparative Law*, (1991), pp. 1 - 34.

Säcker, Franz Jürgen, BB-Forum: Corporate Governance und Europäisches Gesellschaftsrecht – Neue Wege in der Mitbestimmung, *BB* 2004, 1462 - 1464

Schmidpeter, René /Doris Palz, Corporate Social Responsibility in Europa, in A. Habisch/R. Schmidpeter/M. Neureiter (Hrsg.), *Handbuch Corporate Citizenship - Corporate Social Responsibility für Manager* (2008), S. 503 - 508, Berlin: Springer.

Schmidt, Karsten, /Lutter, Marcus (Hrsg.), *Aktiengesetz* (2008), Kommentar, Köln: Dr. Otto Schmidt

Schmidt, Karsten, Editorial: Gewaltenteilung im Gesellschaftsrecht, *ZHR* 171 (2007), S. 2 - 9

Schmidt, Karsten, *Gesellschaftsrecht*, 2. Auflage (1991), Köln: Carl Heymanns Verlag

Schmidt, Karsten/ Lutter, Marcus (Hrsg.), *Aktiengesetz* (2008), Köln: Dr. Otto Schmidt.

Schmidt, Reinhard H./Marco Weiß, Shareholders vs. Stakeholders: Ökonomische Fragenstellungen, in Hommelhoff/ Hopt/v. Werder (Hrsg.), *Handbuch Corporate Governance* (2003), S. 107 - 127, Köln: Verlag Dr. Otto Schmidt

Scholz, *Kommentar zum GmbHG*, 10. Auflage (2007), Köln: Dr. Otto Schmidt

Scholz/Emmerich, GmbHG, 10. Auflage (2006), Köln: Dr. Otto Schmidt.

Schön, Wolfgang, Wer schützt den Kapitalschutz? *ZHR* 166 (2002), S. 1 - 5.

Schwalbach, Joachim/Anja Schwerk, Corporate Governance und Corporate Citizenship, in A. Habisch/R. Schmidpeter/M. Neureiter (Hrsg.), *Handbuch Corporate Citizenship - Corporate Social Responsibility für Manager* (2008), S. 71 - 85, Berlin: Springer.

Semler, Johannes, Leitung und Überwachung der Aktiengesellschaft, 2. Auflage (1996), Köln: Carl Heymanns Verlag

Serick, Rolf, *Durchgriffsprobleme bei Vertragsstörungen unter Berücksichtigung von Organschafts- und Konzernverhältnissen*, Schriftenreihe 42, Juristische Studiengesellschaft Karlsruhe (1959), Karlsruhe: C. F. Müller

Serick, Rolf, *Rechtsform und Realität juristischer Personen* (1955), 2. unveränderte Auflage 1980, Berlin: Walter de Gruyter

Slabschi, Peter, *Die sogenannte rechtsmißbräuchliche Anfechtungsklage* (1997), Berlin: Duncker & Humblot

Soroko, Jakob, *Die materiell unterkapitalisierte GmbH in Deutschland und Polen* (2009), Frankurt/Main: Peter Lang

Spindler, Gerald, Organhaftung in der AG – Reformbedarf aus wissenschaftlicher Perspektive, *AG* (2013), S. 889 - 904.

Strenger, Christian, Corporate Governance und Anteilseigner, insbesondere institutionelle Anleger, in Hommelhoff/ Hopt/v. Werder (Hrsg.), *Handbuch Corporate Governance* (2003), S. 697 - 713, Köln: Verlag Dr. Otto Schmidt

Teubner, Gunther, Legal Irritants: Good Faith in British Law Or How Unifying Law Ends Up in New Differences. In: *Modern Law Review* 61 (1998) , pp. 11 - 32.

Teubner, Gunther, Rechtsirritationen: Der Transfer von Rechtsnormen in rechtssoziologischer Sicht. In: Jürgen Brand and Dieter Stempel (Hrsg.), *Soziologie des Rechts: Festschrift Erhard Blankenburg* (1998), S. 233 - 244, Baden-Baden: Nomos.

Thole, Christoph, Managerhaftung für Gesetzesverstöße, Die Legalitätspflicht des Vorstands gegenüber seiner Aktiengesellschaft, *ZHR* 173 (2009), S. 504 - 535.

Tillmann/Mohr, *GmbH-Geschäftsführer*, 9. Auflage (2009), Köln: Dr. Otto Schmidt

Wagner, Gerhard, Organhaftung im Interesse der Verhaltenssteuerung – Skizze eines Haftungsregimes, *ZHR* 178 (2014), S. 227 - 281.

Watson, Alan, *Legal Transplants*, An Approach to Comparative Law, Second edition. (1993), Publisher: University of Georgia Press.

Werder, Axel v., Ökonomische Grundfragen der Corporate Governance, in Hommelhoff/ Hopt/v. Werder (Hrsg.), *Handbuch Corporate Governance* (2003), S. 3 - 27, Köln: Verlag Dr. Otto Schmidt

Wiedemann, Herbert, *Gesellschaftsrecht* (1980), Ein Lehrbuch des Unternehmens- und Verbandsrechts, Band I: Grundlagen, München: C. H. Beck

Wiedemann, Herbert, Rechtsethische Maßstäbe im Unternehmens- und Gesellschafts-recht, *ZGR* 1980, S. 147 - 176.

Wiedemann, Herbert, Verantwortung in der Gesellschaft – Gedanken zur Haftung der Geschäftsleiter und der Gesellschafter in der Kapitalgesellschaft, *ZGR* (2011), S. 183 - 217.

Wiedemann/Frey, *Gesellschaftsrecht*, 6. Auflage (2002), München: C. H. Beck

Wilhelm, Jan, *Kapitalgesellschaftsrecht*, 3. Auflage (2009), Berlin: De Gruyter Recht

Winter-Report : http://ec.europa.eu/internal_market/company/modern/index_en.htm

Zippelius, Reinhold, *Juristische Methodenlehre*, 10. Auflage (2006), München: C. H. Beck

Zöllner, Wolfgang, *Die Schranken mitgliedschaftlicher Stimmrechtsmacht bei den privatrechtlichen Personenverbänden*, 1963, München: C. H. Beck

Zweigert, Konrad/ Kötz, Hein, *Einführung in die Rechtsvergleichung*, 3. Auflage (1996), Tübingen: J.C.B. Mohr (Paul Siebeck)

國家圖書館出版品預行編目(CIP) 資料

新世紀公司法研究論叢 / 楊君仁著. -- 初版. --
臺北市 : 元華文創, 民106.11
面 ; 公分

ISBN 978-986-393-928-3(平裝)

1.公司法 2.論述分析

587.207 106015552

新世紀公司法研究論叢

楊君仁 著

發 行 人：陳文鋒
出 版 者：元華文創股份有限公司
聯絡地址：100 臺北市中正區重慶南路二段 51 號 5 樓
電　　話：(02) 2351-1607
傳　　真：(02) 2351-1549
網　　址：www.eculture.com.tw
E-mail：service@eculture.com.tw
出版年月：2017（民 106）年 12 月 初版二刷
定　　價：新臺幣 480 元

ISBN：978-986-393-928-3(平裝)

總 經 銷：易可數位行銷股份有限公司
地　　址：231 新北市新店區寶橋路 235 巷 6 弄 3 號 5 樓
電　　話：(02) 8911-0825　　傳　　真：(02) 8911-0801